日本代表論

スポーツのグローバル化とナショナルな身体

有元 健・山本敦久 編著
ARIMOTO Takeshi　YAMAMOTO Atsuhisa

せりか書房

日本代表論——スポーツのグローバル化とナショナルな身体　目次

有元 健・山本 敦久 編著

第Ⅲ部　メディア／ジェンダー／身体　183

序章　「日本代表」を論じるということ

山本　敦久

「グローバル化が進行する世界において、W杯のようなスポーツの祭典は、ナショナリズムが儀礼的に表現され祝福される最後の痕跡の一つである」[1]。

1　現象としての「日本代表」

国境を越えた選手の移動が活発になり、世界各地のスポーツチームが多国籍・多人種によって構成されることがあたりまえとなったこの時代にありながら、国際的なスポーツイベントでの国家代表チームの躍進が人びとを魅了し続けている。サッカーのようなメジャースポーツの代表戦ともなれば、多くの人びとがテレビに釘付けになり、SNS上で歓喜が共有される。試合を分析したネット記事を資源として組み立てられた各々の試合評は、翌日の職場や学校での話題にかかせないものともなるだろう。

このようにサッカーのW杯やオリンピック、そして大きな国際試合が行われるたびに、私たちは「日本代表」という現象のなかに包み込まれる。代表チームが勝利すれば、渋谷のスクランブル交差点に「ニッポン」コールを叫ぶ群衆が現われ、日本各地のパブリックビューイング会場が盛りあがり、選手の地元が歓喜に沸き、人々が涙する姿が繰り返し画面に映し出される。Twitter のタイムラインも喜びを表す投稿で埋め尽くされていく。

トランスナショナルな移動や共同体の流動化・多様化を推し進めるグローバル化の時代にありながら、私たちが繰り返し目撃しているのは「日本代表」を祝福する人びとの歓喜や感動が織りなすナショナリズムとそれを表現する集合的な儀礼である。この儀礼は、「みんな」で盛りあがるという振る舞いを共有する空間を生成させ、スポーツが生み出す興奮や情緒のような意識化の手前で発露する情動を特定の枠組みのなかに押し込んでいく。

スポーツを観て、応援して、そこで身が震えるような喜びや悲しみを感じるような経験は、どこか非日常的な世界へと私たちを連れて行ってくれることがある。そこでは祝祭やカーニバルのように、私たちの身体を枠づける日常的な囲い――貧富の格差や報われない仕事だったり、マイノリティであることの苦しみであったり、国民性という身体化された既存の同一性（アイデンティティ）など――が破れ、規範に縛られ、何かに支配されている人生に新たな別の可能性を与えることもあるだろう。もっとも本来、スポーツはそのようなものであるべきなのだが。

しかし「日本代表」に歓喜し盛りあがる儀礼は、スポーツに内在する祝祭性とは異なるようだ。むしろ、それは周到にパッケージ化された現象となっている。渋谷のスクランブル交差点は、警察によって注意深く管理された空間である。そこは何台ものテレビカメラに囲まれたメディア空間でもある。盛りあがる群衆の映像は、有力なメディアコンテンツそのものである。選手の家族や地元の後援者たちの涙も「日本代表」に感動するというメディアの仕掛けに組み込まれている。

こうして「日本代表」なるものは、その日の試合や代表選手たちのプレーを指し示すだけにとどまらず、スタジアムで応援する者たち、メディア、広告会社、警察、企業、選手の地元の人びとや家族、友人や後援者、渋谷で盛りあがる若者たち、それをテレビで見る視聴者、ＳＮＳで投稿する人たちが、それぞれの思惑や欲望をもって共同で作り上げていく広範な現象となって現れるのである。

2 「みんな」とは誰なのか？

この現象の主人公は、代表選手のみならず、「日本代表」に魅了され、盛りあがりを共有する「みんな」という存在だ。いまの日本社会のなかでは、自分の欲望をストレートに表現することは非難の的になりやすい。だが、代表の試合に歓喜し、一緒に感動することは絶対的に許される正しい行為となっているようだ。誰にも非難されないもの、炎上しないもの、それが代表を応援して盛りあがる「みんな」という存在になることなのである。

会社に行けば嫌いな上司がいる。満員電車に乗り合わせる他人たちに関心など寄せたくもない。隣の住人が誰なのか知らない。だが、「日本代表」という現象のなかでは、普段は関心すらなかった他人たちと一緒に「みんな」になれる。会ったことも話したこともない代表選手に感情移入することもできる。収入、住む地域、職業、キャリア、ジェンダー、セクシュアリティ、年齢、ルックス……、数え上げればきりがないほどの無数の差異や争いとそこから生じる格差や差別が、この日本社会を生きるリアルであることは誰もが知っているはずだ。

それでも「日本代表」という現象の力は、日常に張り巡らされた差異を解消してくれるかのように振る舞う。こうして代表選手の喜びは、みんなの喜びとなり、選手たちの涙は、私たちみんなの涙ともなるのだ。

ここでの「みんな」とは、「日本人」であるというアイデンティティに与えられた名前である。日本代表という現象は、ナショナル・アイデンティティが表現される場を提供してくれる。スポーツの試合が触発する興奮や情緒のような意識化の手前で発露する情動――それは主体を持たない、あるいは未だ意味を持たないもの――は、特定の枠組み、つまり「日本人」というアイデンティティや主体を構成する要素として利用される。いまだ意味を持たない、主体を持たないスポーツの情動が、どのように日本人アイデンティティの構築資源となっていくのか。これが本書の底流にあるテーマとなる。

国民というアイデンティティの位置取りは、そこから排除される他者があってはじめて成立する。スポーツ競技は、敵と味方に分かれ、競い合い、その結果が優劣として現れるという仕組みをもっている。このシンプルな構図は、「私たち」というアイデンティティや帰属を確認したり、折衝したりするためのわかりやすい資源となる。この確認や折衝のプロセスが、国民性をめぐって行われるときに、誰が国民なのか、誰は他者なのかという境界が作り出されることになる。

そのとき、代表を応援する「みんな」＝日本人という主体位置のなかに入れない人たちの存在も生み出されるだろう。在日コリアンやアジアやアフリカからの移民たち、その子孫たちは「みんな」に含まれているのだろうか。勝ち馬に乗って喜ぶことは否定しないが、その喜びを享受する「みんな」という存在が、日本代表という現象を通じて作られていくその仕組みとプロセスを解き明かすことが本書のひとつの目的となる。

したがって、本書は以下のような問いに向き合うことから逃れられない。メディアが「列島が沸いた」、「国民みんなが感動した」と日本代表現象をパッケージ化するとき、そこに生じる「みんな」という集合性は、その内部に矛盾やズレを持たない一枚岩的なものなのだろうか。誰もが応援し、熱狂する「日本代表」という現象とそれを作り出す仕組みは、それほど安定したものなのだろうか。「みんな」という存在と、その彼ら／彼女らが欲望し、自己を投影する「日本代表」が表象するものは、どれほど一致したものなのだろうか。もし、それらの一致関係にズレが生じているとするならば、それを縫合して「みんな」という存在が立ち現れるのはどのような仕組みによって成り立っているのだろうか。

こうしたいくつもの問いを手掛かりにして、本書「日本代表論」は編まれている。そのため、本書は、スポーツを論じながら、同時にメディアやナショナリズムの力学を論じることにもなる。第一章で有元健が的確に指摘しているように、国際試合を応援して出来上がる「みんな」は、同時に敵対する人間をグループ化し、特徴づけ、他者化することで構成される。この境界線や同一化の作用は、例えばサッカーであれば、「九〇分間」で終わるものではないだろう。戦後の東アジアの緊張関係にスライドすることもある。二〇〇二年の日韓W杯がネット右翼の存在にとって重要な起点であったように、「同一化／他者化の力がサッカーの文脈を超えてイデオロギーとしての自民族中心主義や排他主義の資源」にもなりうる（本書、有元論文）。だからこそ、本書は日本代表という現象をより真剣に扱うのである。

3 「日本代表」の構築性

スポーツには私たちを興奮させ、歓喜させ、情緒を揺さぶる力がある。まずもって本書は、この力を肯定しているということは確認しておきたい。スポーツは、言葉や意識の手前で、未だ形を持たない、つまり主体という位置取りに収まる以前の情動を触発する力を持つ。すでに述べたように、本書で私たちが問題とするのは、この力が特定の回路――ナショナリズムの政治――へと枠づけられていくプロセスである。

以前、安倍晋三首相は著書『新しい国へ――美しい国へ完全版』（文春新書）のなかで、自らの政治的信条としてナショナリズムを説明する際に、日本代表への思い入れを情緒たっぷりに語った。日本代表が、国際試合で活躍し、表彰台で国旗が掲揚され、国家が吹奏されるときには、観客誰もが荘厳な気持ちを抱くのであり、ナショナリズムとはこうしたときに生み出される「自然な感情」のことだと述べた。もちろん、歴史的に多くの代表選手たちがそうしたナショナリズムに触れて感動を覚えてきたことは確かである。スタジアムで、あるいはメディアを通じて代表選手たちを応援する人たちも、情動を揺さぶられ、情緒的にナショナリズムを感じてきたことも事実である。まぎれもなく日本代表という現象においては、人びとの歓喜や興奮や情緒といったスポーツが生み出す非定型の情動をナショナリズムや国民というアイデンティティの主体へと導く、ある種の魔術的とも言える力が作用する。

本書が明らかにしたいのは、この魔術的な力の出どころであり、この力が作用する磁場の力学である。この魔術的としか例えようのないものは、歴史性を帯びた営為や人びとの欲望の交錯によって作り上げられるものが、あたかも最初からそうであったように、つまり「自然なこと」「あたりまえのこと」として無意識に共有させる力を有している。代表を応援し、歓喜する人たちが、ナショナリズムの感情を抱き、日本人というアイデンティティに定位していくプロセスが、あたかも「自然なこと」のように思えるその仕組みを解き明かしていく必要があるのだ。

どのような歴史的経緯が「日本代表」という現象を生み出し、どのような社会的・文化的・政治的・経済的諸力が「日本代表」に特定の意味や価値を与えているのか。日本代表が当然そこにある、日本代表を応援することが当然だとする現象はけっして当たり前のことではない。そこには、様々な人たちの思惑や欲望が投影されてきた歴史的かつ人為的な努力の痕跡がある。

そうした痕跡を注意深く掘り起こしながら、本書は、「日本代表」なるものが自然な現象ではなく、ましてや安倍首相が好む「悠久の歴史」でもなく、それは選手、協会、観客、視聴者、街中の群衆、メディア、国家、企業といった多様なアクターが「日本代表」に自己を投影し、戦略的に欲望や資本を投企して出来上がる、いわば人為的に「構築」された歴史的・文化的産物であることを解き明かしていく。

4 本書の構成

第Ⅰ部は、サッカーの日本代表について社会学的な視点、そして現場の視点から考察するものである。第1章の有元論文では、サッカーの日本代表をめぐって語られるステレオタイプ的な言説がどのように生み出され、社会に流通するようになったのかを紐解こうとする。日本代表のサッカーは規律や勤勉さなど「日本人の国民性」を反映するものだと考えられているが、そうした国民性概念が歴史的に見ても首尾一貫性を持たないものであることを明らかにしながら、サッカー代表をめぐるステレオタイプ的言説がもつ危険性を示していく。

第2章と第3章は日本代表の現場に深くかかわってこられた方々との対談である。第2章では日本代表の守護神として長く活躍してきた川口能活氏との対談である。川口氏が語るメディアとの関係や代表選手の意識の変化、そして日本代表のスタイル論などは私たちがあらためて日本代表を客観的に考察する手掛かりを提供してくれる。第3章は現なでしこジャパン監督の高倉麻子氏に日本の女子サッカーの現状、および指導論について語っていただいた。急激な進化を続ける世界（特にヨーロッパの）の女子サッカーに後れを取らないようにするために、日本の女子サッカーがどのように育成を行っていけるのか。日本の女子サッカーの未来を見据えた高倉氏の意見は非常に貴重なものである。

第4章の稲葉論文は日本の女子サッカー代表の歴史を辿りながら、「なでしこジャパン」と名付けられたチームがメディア言説の中でどのように表象され、それがどのような機能を演じてきたのかをジェンダー論の観点から論じたものである。「なでしこ」たちが感動を与えつつも、日本社会が求める「女らしさ」に収まらないという事実は何を意味するのだろうか。稲葉論文はそうしたなでしこの両義性を深く考察していく。

一九世紀に生み出された西洋の近代スポーツは帝国主義や植民地主義とともに世界中に伝搬し、各地に根付き始める。そして二〇世紀初頭に国際大会が発展していくなかで国家代表チームが形成されていく。第Ⅱ部に収められた論考は、日本においてそうした経緯がどのようなものであったのか、そしてスポーツを通じて日本が象徴される空間性が時代の中でどのように構築されてきたのかについて考察するものである。

第5章佐々木論文は、国家や国民の期待が投影される「日本代表」がいつ活動しはじめたのか、また「日本代表」なるものが国民たちに明確に意識され、共有されるのはいつごろなのかを歴史的資料をもとに詳細に描き出す。そのなかで佐々木は、スポーツがナショナリズムの政治に利用されるという従来のイメージを修正し、むしろ国際大会に出場するための財政支援を受けるために、スポーツ界が国家権力に接近していった痕跡を辿る。

続く第6章において佐々木は、「日本代表」にナショナルな意識が重ね合わされ、国家が支援し、国民が熱狂するようになっていく状況の誕生を探る。佐々木は、歴史的文脈を丹念に読み解き、「日本代表」なるものが、様々な人々、スポーツ界、国家、メディアの思惑や欲望が交錯するなかで歴史的に構築されたものであることを明らかにする。

第7章白井論文は、代表が活躍する空間としてのナショナル・スタジアムをめぐる論考である。白井は一九四〇年（未開催）、一九六九年、二〇二〇年の東京オリンピックとナショナル・スタジアム建設の歴史を場所、デザイン、人という観点から跡付け、「日本らしさ」が反映される空間としてのナショナル・スタジアムがいかに構築されたのかを明らかにしていく。

第8章竹崎論文は、一九六四年の東京オリンピックの最終聖火ランナーであった坂井義則の身体とその象徴性について歴史的資料から分析する。最終ランナーの選考過程とその文脈を探りながら、国民たちは坂井の身体に何を想起したのか、国家の代表としてどのような象徴性を託したのかを探っている。聖火が列島を移動するという空間的事象のなかで、ローカルな戦後の記憶が新しい戦後日本のナショナリズムに節合されていく過程を読み解く本論は、「代表」の身体の歴史的構築性を描き出そうとする。

第Ⅲ部では、現代のメディア空間のなかに立ち現れる「日本代表」のイメージが、どのように作られ、消費されるのかをジェンダーや身体に注目して論じながら、代表の身体に付与される意味や価値を読み解いていく。

第9章山口論文は、フィギュアスケーターの羽生結弦とそのファンたちに対するバッシング言説をジェンダーやセクシュアリティの揺らぎや不安に注目して分析する。理想的な男性性の表現をつねに逸れていく羽生へのまなざしを通して、山口は「日本代表」の象徴性や代表に歓喜する「みんな」という存在がひとつのアイデンティティに収まりきらないことを逆照射する。

第10章清水論文では、「日本代表」がテレビの有力なコンテンツとなっていく過程を、全日本バレーチームの事例から分析している。「根性」や「壮絶な練習」に象徴される「東洋の魔女」の伝説は、テレビアニメやドラマの物語世界に引き継がれ、そこで現実と虚構が相互に絡まり合いながらバレーボールは絶大な人気を獲得していく。メディア製作者への聞き取り調査をもとに、清水は、テレビ局のビジネス的戦略が主導する形で全日本バレーチームがメディア消費の対象となり、国民に欲望される「日本代表」となっていった経緯を描きだす。

第11章下竹論文は、オリンピックでのメダル獲得の国民的期待を集める代表選手の身体が、人為的に生産されているエリートスポーツ界の現実を描き出している。下竹は、エリートアカデミーを題材としながら、「日本」のプレゼンスを世界に示すという国家の欲望がエリート選手の身体をどのような「代表」へと組み替えようとしているのかを考える素材を提供してくれる。

本書『日本代表論――スポーツのグローバル化とナショナルな身体』は、以上のような論文とコラムから構成されている。各論文は、「日本代表」の歴史性を描き出し、現在のメディア化され、消費される「日本代表」の特質を提示しながら、あたりまえに目の前にある「日本代表」が、様々なアクターの思惑や欲望のうえに出来上がってきた歴史的・文化的・経済的な事象であることを主張している。東京オリンピック開催が予定される二〇二〇年という節目の年に、あらためて「日本代表」を考えるための一冊になればと思う。読者のみなさんには、オリンピックやスポーツのナショナリズム、ナショナルな身体の象徴性などについて考える端緒となれば幸いである。

※

本書は、平成二八年度に採択された「私立大学研究ブランディング事業」のプロジェクトの一環として行われた研究及び、シンポジウムの成果をまとめたものである。成城大学グローカル研究センターの出版助成を受けて出版された本書は、グローバルなスポーツイベントにおける「日本代表」をめぐる言説や表象を題材にして、ローカルな身体がナショナルな身体へと編制されていくプロセスや力学を読み解くことを目的としたものである。

注

1 「グリンゴズ、レゲエギャイルズ、そして「黒と白と青?」」――ディアスポラ、アイデンティティ、コスモポリタニズム」、レス・バック+ティム・クラッブ+ジョン・ソロモス、有元健訳、『現代思想』二〇〇二年四月号。

第Ⅰ部　サッカーと代表

第1章　サッカー日本代表と「国民性」の節合

有元　健

パワーや高さでは劣っても、日本人は俊敏性に優れ、細かいテクニックもある。さらに協調性を持ち、戦術を理解して実行する能力が高い。強い相手に立ち向かう勇気もあり、何よりも、試合を最後まであきらめない。それが日本人だ。[1]

はじめに：サッカーとプレースタイル

なぜステレオタイプは繰り返されるのだろうか。私たちはそれが現実を反映していないステレオタイプであることにどこかで気づきながらも、その気づきに気づかないふりをしてステレオタイプが与えてくれる居心地よさに身を委ねてしまう。それはたしかに社会心理学が分析してきたように脳の情報処理における認知資源の節約なのかもしれない。複雑なものをまずは単純化して認知しなければ、その後の理解にいたらないというわけだ。しかしその一方で、信念ともいえるような執着をともなうステレオタイプは言説として社会に流通し、増殖し、力を振るう。複雑なものの理解は抑圧され、人々は単純化された他者の姿に憧れを抱いたり、あるいは憎悪し侮蔑する。またその反転としてたち現れる単純化された自己の姿を嘆いてみたり、逆に自己陶酔に浸る。かつてロラン・バルトは言語という媒体そのものが群集性と反復という性質をもつファシズム的なものであると論じたが（バルト 一九八四、一五頁）、私たちが繰り返し同じ言葉を語り続けることは、情報処理というだけではすまされない歴史的・社会的な諸条件をめぐる権力の問題なのだ。

スポーツは人々に熱狂と歓喜を呼び起こす情動的な文化現象であると同時に、特定の社会的文脈とたしかに結びつき、その社会の文化的・イデオロギー的な編制に力を行使する。サッカーを語るという行為は、私たちが応援する人間、そして敵対する人間をグループ化し、特徴づけ、同一化／他者化していくようなプロセスをともなっている。二〇〇二年の日韓ワールドカップはいわゆるネット右翼の人々にとってエポックメーキングだったといわれるが（安田 二〇一二、清 二〇一六）、それはこうした同一化／他者化の力がサッカーの文脈を超えてイデオロギーとしての自民族中心主義や排他主義の資源となりうることを示している。

本章では、サッカーをめぐるステレオタイプ言説を「国民性」という概念を通じて考えていく。とくに日本代表チームを頂点とする日本のサッカーがどのように「国民性言説」と結びついてきたのかを歴史的に跡づけ、批判的に考察していきたい。サッカーとステレオタイプ的な国民性を結びつける言説については、これまでも私を含めいくらかの論者が批判してきた。山本（二〇〇二）は二〇〇二年の日韓ワールドカップにおけるメディア報道が「ドイツのゲルマン魂」や「アフリカ勢の高い身体能力」といったステレオタイプ的表象に偏っていたことを指摘し、有元（二〇〇三）、Arimoto (2004) はそうした他者へ向けたステレオタイプは反転して日本人をめぐるステレオタイプと対になっていること、とりわけ「組織力」といったキーワードによってサッカーと日本人らしさが節合されていることを論じた。さらに森田（二〇〇七、二〇〇九）はそれを新聞報道やテレビ実況など具体的なメディア言説を通じて詳細に分析し、ロラン・バルトのいう「神話」として、ステレオタイプ的な日本人らしさがある種の「日本人種論」を形成していることを論じた。また五十嵐（二〇一二）は別の角度から日本サッカーの指導現場やメディア報道が、集団主義を基調とする日本人論の影響を強く受けてきたことを批判した。私はその後も折にふれサッカーと日本人らしさを結びつける言説を指摘し、批判してきた（有元 二〇一三、二〇一八）。というのも、このステレオタイプ言説は何度も繰り返し現れ、いっこうに弱まる気配がないからである。日本人らしさとサッカーを結びつける言説の圧倒的な力を前にして、私たちの批判の声はあまりにも小さかった。[2]

具体的な分析の前に、まずはサッカーについて語ること、特にプレースタイルへの言及が、そのチームを応援する人々の集合的アイデンティティ、すなわち「私たち」の感覚と強く結びついているという議論をあらためて確認しておこう。遡ると、イギリスのサッカー文化研究に大きな影響を与えたのは一九八〇年代から九〇年代にかけてヨーロッパのサッカークラブのファン文化を研究したクリスチャン・ブロンベルジェの議論だった (Bromberger,et al. 1993a,1993b)。彼は集合的イマジナリーという概念を導入し、ファンの人々が、プレースタイルを媒介として自分の応援するチームと自分たち自身を想像的に重ね合わせながら、そのチームを町や国家の象徴として捉え、そこに同一化していくことを明らかにした。ファンは「自分たちのチームはこのようにプレーするはずだ」というイメージを抱いており、またそのイメージはそのチームが象徴する町や国家の歴史や文化を反映するものであって、ファンはそうした想像力の中でサッカー観戦を通じて「私たち」のアイデンティティを獲得していくというのである。このようにプレースタイルに注目した研究として、イギリスのスポーツ社会学者スティーブン・ホプキンスとジョン・ウィリアムズの編書『パスのリズム：リバプールＦＣとサッカーの変容』があげられる(Hopkins & Williams 2001)。その中でホプキンスは当時のリバプールＦＣ監督ジェラール・ウリエに聞き取りを行っているが、そこでウリエはリバプールというクラブがパスサッカーの伝統を持っていることに触れ、それがリバプールの人々の想像力に訴えるために、選手にもそうした想像力からかけ離れたプレーを要求できないと答えている。日本のサッカー文化研究の第一人者である小笠原博毅もまた、スコットランドのグラスゴーを本拠地とするクラブ「セルティック」のファン文化を描いた『セルティック・ファンダム』において、ブロンベルジェ以降のプレースタイル論を発展させながら、セルティック・ファンが想像する「アタッキング・プレー」がいかに日常的な会話の中で「変化する同じであること」として構築／再構築されているかを論じている（小笠原 二〇一七、第四章）。

これらの議論がすぐれて興味深いのは、まずファンが自分たちのチームのプレースタイルを自分たちの人生や文化、社会のあり方と照応関係におき、それによってチームに強く自己同一化するプロセスを明らかにしたことである。それによってファン文化がピッチ上の出来事から切り離されるものではなく、可変性のある選手のプレーやチーム戦術といったパフォーマンスと結びついていることが考察できるようになった。だがさらに重要な論点は、そうしたファンの自己投影が、彼ら／彼女らの想像力の領域で生じているということである。例えば小笠原がセルティック・ファンとの対話の中で明らかにするように、そこで語られるプレースタイルは現実的に「これだ」としっかりと同定できるようなものではなく、ファンたちがそのスタイルを語る言葉を紡いでいく中で揺らぎやズレを生じさせるような不安定なものなのだ（同書、一五五―一五七頁）。そもそもブロンベルジェが集合的イマジナリーとしてプレースタイルを論じたとき、そこで想像されるプレースタイルは必ずしも現実のプレーに対応するのではなく、「その集合性が自分自身に与え、そして他者に与えようとするような、伝統に根付いたステレオタイプ化されたイメージと呼応する」と彼は述べている(Bromberger, et al. 1993b, pp.119-120)。つまりこうした研究が明らかにしているのは、プレースタイルがチームを通じた集合的アイデンティティ構築の鍵となるが、それは想像力の領域で特定のステレオタイプを媒介として形成されるのであって、現実のピッチ上の出来事と必ずしも対応するものではないということである。

これらの議論を土台としながら本章ではサッカー日本代表と国民性言説の節合をみていくが、その前に二つの点に触れておきたい。一つは、本論は日本のサッカーを強くするといった類の動機を持つものではないということである。例えば五十嵐宬岑の『サッカーと日本人論』（二〇一二）は、一九八〇年代以降のサッカー専門誌や新聞、雑誌などを広範囲にあたりながらサッカーと日本人らしさを結びつけてきた言説を探り、それをサッカー日本人論として批判していく労作である。彼は杉本良夫やハルミ・ベフといった日本人論批判の論者に依拠しながら、「農耕民族」や「タテ社会」といった鍵概念を用いて日本人を集団主義として語るステレオタイプを厳しく批判する。つまり、日本人のサッカーがダメなのは私たちの文化が抱える集団主義によるものだ、という言説を批判していくのである。しかしながら五十嵐によれば、そうしたサッカー日本人論の問題点は、日本サッカーが現実的に解決できる問題を隠蔽し、自虐的なサッカー観を導いてきたことであるという（同書、二五六―二五七頁）。そして彼は、それによって惨敗してしまう日本サッカーをもう見たくないというのである。こうして、五十嵐のステレオタイプ批判は皮肉にもナショナリスティックな動機と結びついてしまう。彼は「アカデミズムによる「サッカー日本人論」批判は、悪く言えば輸入学問に留まっている」というが（同書、二六七頁）、むしろアカデミズムのサッカー批判は日本のサッカーをどうするかに中心的な関心があるのではなく、サッカー日本人論がサッカーを超えて日本社会に排他的なナショナリズムの資源を提供することを批判してきたのである。であるから、私や森田は、日本人は集団主義だとネガティブに語る言説よりもむしろ、日本人は組織力があり勤勉であり…とポジティブに語る言説のほうがよりナショナリズムの資源としての有用性が高いと判断し、批判してきた。

もう一つは、サッカーと日本人らしさを結びつける言説が、決してファンやメディアだけのものではないことにも注目しなければならないということだ。例えば日本サッカー協会が開催した二〇一八年七月二六日のSamurai Blue（森保）新監督就任会見に先立って登場した田嶋幸三会長と関塚隆技術委員長は、二〇〇六年に立ち上げられた「Japan's Way」について映像を交えて説明した。そこでは日本人の「素晴らしさ」[3]「世界の中でも秀でている部分」として技術力（器用さ）、俊敏性、持久力、組織力（和を大切にする文化）、勤勉性、粘り強さ、フェアであるという特徴があげられた。後ほど詳しく検討するが、日本サッカー協会が発行してきた指導者向けの冊子などでもこうしたステレオタイプは繰り返されており、サッカー文化の上からの発信そのものに国民性言説が組み込まれているのである。

本章はこうした状況をあらためて分析していきたい。そもそも、いつごろからどのように日本人らしさの固定化されたイメージがスポーツをめぐる言説に登場し始めたのか。そして、サッカーという競技をめぐって国民性の言説はどのように結びつき、変遷してきたのだろうか。それらを辿りながら、現在もなお国民性という空想がサッカーを媒介として日本社会に蔓延している状況を批判的に検討していく。

国民性言説とスポーツの節合

南博の『日本人論――明治から今日まで』によれば、明治以降日本の自然風土や歴史に言及しながら日本人の国民性を論じる数多くの日本人論が生み出されてきた。明治・大正期には開国後の日本が西洋諸国の文明、文化と接触し、その影響を強く受ける中で自らの歴史や文化を再帰的に認識し、西洋化に対する抵抗として主体的な日本人像を遡及的に探求しようとする日本人論が多く生産された。しかしながらそのトーンは多様であり、日清・日露戦争の勝利が国民性に由来したとする日本人優秀説、あるいはそれと反対に日本人はいまだなお西洋に追いついていないとする反省論といったものなど、日本人論は必ずしも一つの方向性で書かれたわけではなかった。ここではそうした時代の国民性言説の内実とそれがスポーツに結びついていくあり方を確認したい。

日清・日露戦争の勝利を受けて、日本国民・日本国家の特殊性すなわち、「外國のものを模倣したもので無くて、日本人が古くから祖先より遺傳した日本人に固有な國民性」（野田 一九一三、三〇頁）を総合的に比較研究したのが、一九一三年（大正三年）に出版された野田義夫の『日本国民性の研究』である。そこで野田は、「個人は自己の自由発達によりて自己の價値を最もよく發揮し得るが如く、國民は其國民性を最もよく發揮することによつて最もよく人間の價値を發揮する」として（同書、四二頁）、ドイツの国民性と日本の国民性を比較しながら、日本人の国民性における長所と短所を分析している。彼は日本人の国民性を「忠誠」「潔白」「武勇」「名誉心」「現実性」「快活淡白」「鋭敏」「優美」「同化」「慇懃」とし、それらが他国に比べ突出していることを長所としながらも、それぞれに伴う短所があるとした。例えば武勇に関しては、日本人は体格も体力も西洋人や中国人に劣るが戦争に勝てたのは決死の勇気があったからだとする一方、武勇を尊ぶがあまり、スポーツなどでもただ勝つことにこだわり、青年の性格訓練という本来の意味を見失っているという。また、早寝早起き、早業、早変わり、といった文化があるように日本人は鋭敏な国民であり、また（手先が）器用であるとし、それは心理的にも機転が利き、感情豊かで、決断力があるといった特徴につながるとする。しかし裏を返せば落ち着きがない、熱しやすく冷めやすい、物事を深く探究しないといった短所につながるという。また、果断ではあるが耐久力や持久力がなく、農民は勤勉だが中流以上の国民は労働に怠惰だという。

また、詩人・評論家の大町桂月が一九二六年（大正一五年）に編集した『日本国民性の解剖』に収録された各文章は、日本人の「国民性」を語る言葉それ自体に多様性があることをよく表している。大隈重信は「蓋し我が國民は、古来鋭意に外邦の文明を感受する吸収力を有すると共に、また自國の長所を保持して失わざる執着心あり」とし（大隈 一九二六）、桜のように花が散ると未練なく潔いのが武士であり、わが国民性であるとするものもある（徳川 一九二六）。犠牲的精神や大和魂が日本の国民精神を形成しているが今日ではそれが薄れてきたとする議論もあれば（志田 一九二六）、嘉納治五郎は「何うも日本人には濟力のある者が少ないようである」と言い（嘉納 一九二六）、また日本人は公共の礼儀をわきまえていないと嘆くものもいる（穂積 一九二六）。さらに「我が國民は、元来美の観念に豊富なる國民である」と自賛するものもいれば（元田 一九二六）、「何うも日本人は一般に通じて、忍耐心に乏しく小成に安んじて遠大の志望を缺く」という批判もある（古谷 一九二六）。

南はこの時期の日本人論の系統を、国民性が日本の自然・風土に由来するとするもの、古代や中世といった過去の文献から日本人的な価値観を抽出するものに分類したが（南 一九九四、二―七頁）、このような多様かつ相矛盾するような語りの数々をみると、そこで生産された日本人論はそれぞれの論者の主観によって切り取られた現実と「こうであるはずだ」という願望とが入り混じった、客観的な基準や根拠を持たない空想的言説であることがわかる。また注目すべきは、この時期すでに、国民性という概念そのものに懐疑的な議論もあったということだ。政教社の雑誌『日本人』創刊にも係わり、『真善美日本人』や『偽悪醜日本人』を著した三宅雪嶺は、大町の編集した『日本国民性の解剖』に収録された「日本人の性質」において、日本人の性質といっても、地域や階級、時代のそれぞれで人々の特徴も違うはずであり、また豊臣秀吉と徳川家康の性格が違うように、一概に日本人の性質などを論じることはナンセンスであると述べている（三宅 一九二六）。また一九二一年に出版された『解放　四月特大号　日本国民性の研究』に寄せた「民衆の娯楽生活に現れたる國民性情」において、社会学者権田保之助はそもそも国民性という概念そのものが疑わしいとする。というのも、「一國民には其の國民生活の抑々の初めから今日に至るまで、ある一定不變の性情が與へられて」いて、神の命令でもあるかのようにそうした性格を未来永劫表現し続けていくなどということは、到底考えられないというのである。世の中の「国民性論者」たちは、各国によって異なる国民生活の「最初の原因」として国民性を捉えているが、そうではなく、各国民における現状の違いは、それぞれの社会的生活の中で導かれた「結果」であって、それは生活のあり方が変われば変化していくものだと彼は論じる（権田 一九二一、二〇〇―二〇一頁）。この権田の指摘は極めて重要である。なぜならば、後に日本サッカーを語る国民性言説もまた、この「原因としての国民性」のパターンを取る本質主義的言説だからである。このように本質主義的かつ空想的な国民性概念を批判する態度がすでに存在していたとはいえ、西洋社会と直面し自己像を模索した時代の国民性言説は、当時大衆化しつつあったスポーツと結びつき始める。

国民性とスポーツを体系的に比較分析した最初の著書は一九二三年に発行された下田二郎の『運動競技と国民性』だとされる（南 一九九四）。下田は、「運動競技はプレーの本能に發動する點に於て、人類共通のものであるが、しかし又國民に由つて各その特色を帯び来るものである。卽ち運動競技には普遍性の外に、その國民の傳統というものがあるのである」とし（下田 一九二三、二四頁）、古代ギリシャからローマ、そして同時代のイギリス、フランス、ドイツの国民性とスポーツ競技を比較しながら、日本人の国民性とスポーツを論じていく。イギリス人は体格もよく持久力があり、精神的にも決断力と剛毅さを備えている。そうした活発な気性からスポーツが生み出され、かつそのスポーツを通じてイギリス人は一層活発になった。フランス人は西欧人としては体が小さく、敏捷性や技術、熟練を必要とする競技には向いているが、体力や腕力を必要とする競技には向いていない。また、感情的になりやすく自制心に欠けており、チームワークに向いていないとする。ドイツ人は体格が良く頑丈で、意志が強く持続力に富んでいる。また規律、統一、精確を好む国民であるから組織力に長けている。しかし個人が自発的に行動を起こすのは苦手であり、したがって自由なプレーを必要とするスポーツには向いていない。それでは日本人はどうか。下田は日本の変わりゆく自然風土をひきながら、日本人の性質も無常性が反映しているという。そこからその場限り、熱しやすく冷めやすい、お祭り騒ぎが好き、などの特徴があげられる。また、日本の競技は剣道や柔道、相撲など個人がその責任を負う一対一の対抗勝負が主であり、それは従来の日本人の生活に通じるものであった。チームワークといった連帯責任を負うスポーツのような集団的なイベントは西洋から輸入されたものである。すなわち、「日本人は國家の危急といふような場合には、眞に擧國一致であるが、平時の仕事は、抜駆けの功名を争ひ、商工業にしても、政治にしても、小ぜり合をして一致しない。つまり平時に於ける國家的チーム、ワーク［ママ］が出來て居ない」という（下田 一九二三、二二四頁）。その一方、水泳やテニスでは世界に引けを取らない活躍をしており、身体の持久力があるために長距離も得意である。下田によれば、日本人が苦手とするチームワークを養うものこそがサッカーなどのチームスポーツなのである。

同時期に陸軍歩兵中佐、岡千賀松によって書かれた『國家及國民ノ體育指導』（岡 一九二二）もまた、スポーツではなく体育に主眼を置いてはいるが、日本人の国民性と身体運動について論じている。彼は、「凡ソ一國國民ノ實施シツツアル所ノ、身體ノ運動ナルモノハ、其ノ國民ノ人種的體型ト、其ノ精神的特性ヨリシテ自然ニ身體運動上ニ各種ノ形式ト、表示トヲ有シアルモノナリ」として、国民の身体的・精神的特徴＝国民性が身体運動に自然に反映されるという（同書、三六七頁）。彼はそもそも日本人には身体的な特徴として巧緻性があるとしそれが国民性に反映されるとするのだが、軍人であり体育指導者としての彼が懸念していたのは、日本人が集団行動を苦手とするということであった。「現今我國民生活ニ於テ、小児時代ヨリノ訓練中最モ缺陷ノ大ナルモノハ、團隊的生活中ニ於ケル處作ナリトス。從ヒテ現下團隊ノ取扱ヒハ、我國人ノ身體ノ處作中、最モ未熟ナル一ツナリトス。我國ノ遊戯、競技ハ主トシテ個人對個人ノモノ多ク、團隊ノモノ少シ、從ヒテ數人ノ協同的處作ハ發達シアルモ、團隊トシテ集團内ニ於ケル處作ハ最モ不良ナリ」（同書、三八〇頁）。しかしながら岡は、そうした現実を前にしても原因としての国民性を手放さない。この文章は次のように続く――「然レトモ我國民選性ハ由来規律節制ニ富ミ、反省力ヲ有シ、又求心性資質アリテ、秩序的處作ニ長シアル國民ナリ」（同書、三八〇頁　強調は原文）。つまり、日本人はそもそも規律節制、求心性がある国民であるから、秩序正しい動作が得意なはずであり、しっかり訓練を重ねるならば今後は発達していくだろうというのである。

岡と同じく、理想とされる国民性を現実が裏切ることに憤りを覚えたのが雑誌『体育と競技』の破荷道人である。一九二五年マニラで開催された第七回極東選手権大会において、日本は個人競技では優秀な成績を収めたものの、団体競技ではことごとく惨敗してしまう。「元來我が國民は家族制度の國であり、國家主義の國」であるのになぜ個人主義の国に負けるのか。破荷は、「若しこれが、抜けがけの功名、一騎打ちの働きに名を得て、總軍の勝利の爲めに尚自己の功名を犠牲に供するを知らず、一時の忍辱を以て永遠の光榮に代ふることを知らず、一時の面目を尊重して永久の面目を忘れた、はやり男の血の流れた國民性の弱點の然らしむるものであったとしたならば、十二分の反省と自重に依らなければ、百年待ったとて、其の榮冠を勝ち得る時は來らぬであらう。この國民性の弱點は我が競技界の各所に見出すことが可能である」とし、集団を犠牲にして個人的な名誉や栄光を求める国民性を戒めている（破荷 一九二五、二一―二三頁）。ここでは家族制度や国家主義といった集団性こそ日本人の特徴であるとしながらも、そうではない個人主義的な現実もまた「国民性」に由来するものだと嘆いているのである。岡や破荷の語りは、彼らが信じようとする空想的な国民性が現実と乖離する矛盾をよく表している。

以上、国民性言説の特徴についてまとめておこう。明治以降大量に生産された国民性言説はそれぞれの論者が印象論で語る客観的な根拠に乏しい空想的な主張であり、それらは内部で様々に矛盾を抱えて統一性を持たないこと。そして、その多くが「原因としての国民性」のパターンで本質主義的に語られ、ときには現実の認識を抑圧してでさえも「そうであるはずだ」という主張がなされることである。そしてこうした言説様式はスポーツをめぐる国民性の議論にもそのまま適用された。これを「スポーツ国民性言説」と呼ぶならば、スポーツ国民性言説はその誕生から内部に矛盾を孕む根拠のない空想的な言説として生み出されたのである。[4]

国民性言説とサッカー（一）：代表の誕生から一九八〇年代

以下ではここまで論じた国民性言説が日本のサッカーに結びついてきた流れを跡づけていくが、あらためて本論で議論の対象となるスポーツ国民性言説という概念について整理しておきたい。私のいうスポーツ国民性言説とは、「国民」には総じて何かあらかじめ備わっている身体的・心理的・文化的特徴があり、それがスポーツの場面でも反映されるという語りである。これは権田保之助のいう「原因としての国民性」の言説パターンであり、本質主義的で反映論のかたちをとる。例えばサッカー日本代表は「組織的」であるという語りがあるが、「組織的である」というだけでは国民性言説とはならない。パスの本数、ボール保持率、選手の走行距離などのデータから測定し、実際の現象として組織化されたチームであると判断できることは十分考えられるからである。それがスポーツ国民性言説となるのは、「日本人はそもそも集団や組織を大事にする」➡「サッカーにおいてもその特徴が表れている／表れるはずである／表れるべきである／表れて欲しい」という言説パターンである。例えばこうした反映論の特徴の一つとして、サッカーを語るときに、サッカー以外のことが引き合いに出されるということがある。日本人は様式美を大切にするとか、会社でも勤勉に働くとか、精密な機械を作るといったものだ。冒頭で述べたように、こうした語りは「日本人」をめぐる固定化したイメージを再生産し、スポーツを越えた文脈でナショナリズムの資源となりうるのである。以下、サッカー日本代表の歴史を跡づけながら国民性言説との節合のあり方を明らかにしていく。

いわゆる「日本代表」が初めて国際試合を行ったのは、一九一七年五月九日、極東選手権大会東京大会での中国（中華民国）戦であった。東京高等師範学校のチームが日本の代表チームとしてこの極東大会に参加し、中国とフィリピンと戦ってそれぞれ〇―五、二―十二で敗れている。日本のスポーツ史において、どの種目であれ国際大会に出場するための「代表チーム」を選定する全国組織が設立されるのは一九二〇年代以降のことであった。日本のサッカーにおいても一九三〇年代までは主として師範学校や大学のチーム（ときにOB含む）、あるいは関東選抜といったチームが海外遠征や国際大会に出場することが多かった。一九二一年に大日本蹴球協会が発足し、サッカーの普及が全国的に進んでいくが、初めて全国的な選抜チームとして代表が国際試合に出場したのは一九三〇年の第九回極東選手権大会（東京大会）だった。[5] 戦前の日本サッカーはアジアにおいても強豪とよべるレベルではなかったが、ベルリン・オリンピックでスウェーデンを破るといった成果をあげる。国際情勢の悪化からしばらくサッカーは停滞するが、戦後一九五〇年に日本蹴球協会は国際サッカー連盟（FIFA）に復帰し、翌年インドのニューデリーで開催された第一回アジア大会で代表は国際戦復帰を果たす。この大会以降、全日本選抜が日本代表チームとして参加することが定着していく。一九五六年のメルボルン・オリンピックに出場、一九六〇年のローマ・オリンピックは出場権を逃す。その後予選免除の東京オリンピックに向けて、ドイツ人コーチ、デットマール・クラマーを招請。彼の指導のもと東京オリンピックでは予選リーグでアルゼンチンを破り、また彼の助言を受けて翌一九六五年から日本サッカーリーグが発足する。そして代表選手・スタッフがほぼ引き継いだ四年後の一九六八年メキシコ・オリンピックでは銅メダルを獲得した。オリンピック後のリーグ戦には一試合平均七〇〇〇人を超える観客が集まるなど、一九六〇年代の後半、日本にはサッカーブームが到来した。

では日本にサッカーが普及し、代表が国際的に活躍するようになるこの時期、サッカーと国民性言説はどのように結びついていたのか。主流メディアの事例確認として朝日新聞と読売新聞のデータベースをもとに代表戦のレポートを調べたところ、一九五〇年代までサッカーや代表戦と国民性と結びつけて語るものは皆無に等しく、試合の経緯とどういう部分が課題になるかを現実的に記述する記事がほとんどであった。[6] これはある意味では興味深いことである。というのも、日本代表チームのサッカーは、一九二〇年代のビルマ人留学生チョウ・ディンの影響もあり、ショートパスをつなぐスタイルが指向されてきたからである。このスタイルは、チョウ・ディンが関西に指導に赴いたとき、神戸一中の生徒たちがその指導に影響され、自分たちより二学年上の体の大きい御影師範チームに対抗するためにショートパスをつなぐ戦術を発展させたものだとされる。その後、代表チームに神戸一中出身の選手が多く選抜されたり、チョウ・ディンの指導に強く影響を受けた竹腰重丸が一九三〇年代から五〇年代にかけて代表監督を数多く務めるなど、パスサッカーは日本代表のスタイルになっていた。これは現在であれば日本人の「組織力」と語られそうであるし、またインサイドキックやヘディングといった基礎練習に時間を多く割いたドイツ人コーチクラマーの指導も、「規律」といったキーワードとともに、「日本人の国民性に合っていた」などと語られそうなものである。しかしながら少なくともこの時代の主流メディアは、それをあからさまに結びつけてはいなかった。

一九六〇年代は先述のように日本サッカーの第一次ブームが到来した時代である。日本リーグの開幕やメキシコ・オリンピックでの銅メダル獲得など、日本はサッカーブームに沸いたが、やはり代表チームをめぐる言説に関しては、それが国民性と結び付けられることは少なくとも主流メディアではやはりなかった。主要紙においても代表戦後の報道は実直な試合経過と試合での良かった点・悪かった点の指摘が中心であり、それが「国民性」に由来する長所・短所であるとは書かれていない。一九七〇年代に入ると一九七八年のアルゼンチン・ワールドカップの際に、朝日新聞の中条一雄が「計画性薄い国民性反映?」という見出しを付けて、アルゼンチン代表チームのサッカーを、計画性とか作戦はないが一人一人のプレーは本当に上手い、と評している（朝日新聞、一九七八年六月六日朝刊）。また一九八二年にはサッカージャーナリスト後藤健生が『朝日ジャーナル』において「サッカー熱に凝縮される国民性と気質」というタイトルの記事を執筆している。そこで後藤は、ファンの人々は自分たちが応援するチームに感情的な同一化を行うという社会学的な議論を展開しており、サッカーは地域や部族、国家への帰属意識を生み出すものと捉えている。たしかに後藤はドイツの合理主義やイギリスの冒険主義、南米の楽天的な個人プレーといった「国民性」を語るものの、近代国家そのものの歴史的構築性・人為性を認めており、さらに日本人にとってはサッカーを通じた国家への自己同一化は難しいだろうと述べている（後藤 一九八二）。こうして一九八〇年代をむかえるとサッカーは国民性を反映するスポーツであるという言説が登場し始めるが（五十嵐 二〇一二、九三―一〇三頁）、当時の日本代表が国際的には低迷していたこともあり、代表戦について国民性と結びつけた戦評はまだ主流メディアには現れなかった。

しかしながらこの時期、サッカーが議論されはじめている。一九八二年からサッカー専門誌では国民性と日本サッカー専門誌『サッカージャーナル』に近江達の「日本サッカーにルネサンスは起こるか?」というエッセイが連載されるが、このエッセイは九〇年代に増殖する言説のパターンを先取りしているため、ここで確認しておきたい。著者の近江は医者が本業であるが、大阪府枚方で当時としては珍しい個人技を中心にした少年指導を行っていたサッカー指導者である[7]。

このエッセイにおける近江の主張はおおよそ以下である。日本社会は上意下達のタテ社会であるため人々は従順・従属的であり、没個性的で画一化された集団を形成しているが、こうした社会ではドリブルや技術などで自己主張をする個性的な選手は抑圧されるため、個人の主張、瞬時の状況判断を必要とするサッカーというスポーツが発展しないというのである。五十嵐が指摘するように(二〇一二、三八―四三頁)、このエッセイではたしかに土居健郎の『甘えの構造』や中根千枝の『タテ社会の人間関係』などの著名な日本人論、そして日常的に経験してきた教育制度や体育会文化が議論の下敷きとなり、日本の文化や国民性が語られている。近江の主張では、日本の国民性はサッカーにとってネガティブな要素と位置付けられ、日本のサッカーを発展させるにはそうした社会システムを修正し、教育においてもサッカー指導においても個性を抑圧しない、すなわち個性を集団に埋没させない手段を取らなければならないとされた(近江 一九八四)。そしてこの国民性批判が、一九九〇年代に大きく展開するサッカージャーナリズムの基調をなすのである。

国民性言説とサッカー(二):一九九〇年代――サッカー言説の急増と国民性批判

日本においてサッカーがメジャースポーツに変容するのは一九九〇年代のことである。一九九三年にJリーグが開幕、一九九六年に二十八年ぶりのアトランタ・オリンピック出場、そして一九九八年ワールドカップに初出場する(フランス大会)。そして二〇〇二年に日韓共催のワールドカップを迎え、その後は日本代表も継続的にワールドカップ出場を果たしており、サッカーに関するメディア報道の量も八〇年代とは桁違いとなった。こうしたなか、サッカーと国民性を結びつける言説も大量に生産され始める。だがその主流は、八〇年代に近江が展開した国民性批判のパターンであった。後に日本サッカー協会会長となる岡野俊一郎は、一九九三年のJリーグ開幕後に「農耕民族、村八分の伝統がある日本社会では右へならえがよしとされる。そんな人間はサッカーにいらない。

日本の教育制度や体育会文化の殻を破り、自分の考えを持ち、工夫する個性的な人材を育てないといけない」と述べた（日本経済新聞、一九九三年五月三一日、夕刊）。また、サッカーの発展こそそうした日本人のネガティブな国民性を変えうるものとして位置づけられる――「日本人のマニュアル頼りの性格が直らない限り、日本のサッカーが本当に強くなることはないだろう。だが、それと同時に、そんな日本人の性格を変えていく一つの有力な手段がサッカーなのだということもできる」（後藤 一九九五＝二〇〇〇、二三三頁）。また日本人は野球に向いているのかサッカーに向いているのかといった皮相的な議論もよく行われ、そこでは定型的な国民性が引き合いに出された[8]。その一方で、一九九四年のアメリカ・ワールドカップ予選をオランダ人ハンス・オフト監督、そしてラモス瑠偉中心のチームで戦った日本代表については、「アイコンタクト」や「トライアングル」といったキーワードで組織力に優れていると語られることはあっても、本質主義的な国民性言説には至らなかったといえる。

しかしながらその後の一九九八年フランス大会を目指す代表をめぐっては、国民性がネガティブにもポジティブにも絡み始める。この時期には日本代表のプレースタイルが「組織力」だという認識は広がっており、それが国民性と結びつく状況は生まれていた。読売新聞では最終予選に向かう代表の強みを「優れた個人技と組織力」としたし（一九九七年八月一六日、朝刊）、本大会の組み合わせ中、アルゼンチンは日本の組織力が通用する相手ではないが、ジャマイカの個人の身体能力を日本の組織力で封じることは可能だとした（一九九七年一二月五日、夕刊）。さらにフランス大会にむけた「体格に恵まれず、組織力で切り抜けようとするプレースタイルはまさに日本の姿、文化そのもの。これほど、自分が日本人と感じる瞬間はない」というファンの言葉を掲載している（一九九八年、六月一〇日、夕刊）。また保守系の論壇誌『発言者』では経済学者杉村芳美が「日本サッカーにおける国民性」というエッセイを寄せ、アジア地区予選の苦戦は「個性的・創造的でありたいが、そうあることは得意でない。生真面目であって、したたかさに欠ける。国際的な舞台で自己主張をしないし、できない。要するに、選手たちの弱点はわれわれ日本人の弱点なのである」という反映論を展開したうえで、Jリーグを指揮する外国人監督の言葉をひきながら、しかしなお日本人の力を発揮しうるのは個人ではなく勤勉な組織力だという（杉村 一九九八）。いうならばこの時期にはっきりとサッカーと日本人の国民性が「組織力」というキーワードによって節合されるが、それが個性や創造性のない集団主義という負の特徴となっているのではないかという不安をあわせ持っていた。したがって、フランス大会で日本が敗北する姿を目の当たりにしたとき、集団主義として語られる国民性に対して批判的言説が溢れたのである。

日本代表が三戦目のジャマイカに敗れた二日後、朝日新聞の天声人語もまたこのような反映論だった――「日本はどうか。評判はいろいろだ。まじめ。個人の力の差を埋める組織力。九十分走り続ける勤勉さ。しかし言い換えれば、せわしないけれど単純。意外性を欠く。(中略)どこかチケットで振り回された日本人を連想させる部分がある。海外から文句を付けられる日本経済の苦境にも重なってくる」(朝日新聞、一九九八年六月二八日、朝刊)。またスポーツ誌『Number』において作家の馳星周はサッカーライターの金子達仁との対談で、「なぜワールドカップで負けたのか。それは協会であるからで、日本人が日本人であるからなんですよ」と述べている。二人の会話では「日本人」およびその国民性が批判の対象となる。

馳：それはもう、日本人の特性だから、想像力が足りないのは。

金子：突き詰めると必ず、日本人の問題になっていくなぁ、もう。

(『Number』一九九八年六月号)

作家の村上龍もまた、こうした国民性批判の主要な論者だった。彼は日本サッカー協会を旧日本陸軍にたとえながらその硬直性や発展性の欠如を批判しつつ、日本社会が個性や独創性を伸ばそうとせずむしろ抑圧する社会であり、そこで育まれる「言われた通りのことを忠実に実行するだけ」の日本人はサッカーに向いていないかもしれないという(村上一九九八、一二七頁)。そしてフランス大会の総括として、次のように語る。

組織的なサッカーと言えば聞こえはいいが、往々にして日本の「組織」は集団の決定を単に一人一人がなぞることを要求するものだった。そういった、個人の概念の希薄な人間たちがサッカーをやるとどうなるのだろうか？　自分で決定する訓練をしてこなかった人間が、ボールを持った瞬間に攻撃のイメージを組み立てられるものだろうか？　自分を個人として認識し、味方の一人一人を個人として認識することが困難な選手の間にカバリングという概念が本当に存在できるものだろうか？

(村上一九九八、一六六頁)

こうして一九九八年前後は、日本サッカーを批判的に論じることと日本社会の集団主義を批判的に論じることが連動していたといえる。さらに指摘しておくと、日本社会の集団性という特徴の対極に位置づけられ、評価されたのが中田英寿であった（五十嵐二〇一二、第九章）[9]。

いかに批判的な立場であれ、これらの論者たちが集団性という本質化された特徴に言及するとき、それは反映論に陥っている。そしてそうした反映論は根拠が極めて脆弱である（別府一九八二＝二〇〇〇、高野二〇〇八）。だがその一方で、なんとか国民性に依拠したサッカーの発展を望む声もあった。第二戦のクロアチア戦に敗れたその日、朝日新聞の潮智史は次のように書いている――「「サッカーに正解はない。やり方は無数にある」というのは、岡田監督の口癖だ。小柄で小回りがきき、俊敏、勤勉、組織を重んじるメンタリティー…。国民性を生かした組織サッカーを進歩させる可能性もまた、無数にあるはずだ」（一九九八年六月二一日、朝日新聞、朝刊）。そしてこの潮の思いは、二〇〇二年日韓大会を経て二〇〇六年に本格的に制度化されることになる。

国民性言説とサッカー（三）：二〇〇二年以降――肯定される国民性

二〇〇二年の日韓ワールドカップ前後の日本代表チームをめぐるステレオタイプ的言説については先述のように有元（二〇〇三）、Arimoto (2004)、森田（二〇〇九）がすでに批判的な考察をしているが、あらためていうならば、この時期に日本代表は組織力のチームとして肯定的に表象されることが定着し、その組織力には日本人の国民性が反映されているという暗黙の前提が共有されるようになった。すなわち、勤勉さや和を尊ぶ集団性を日本人の本質的な国民性と捉え、それがサッカー日本代表チームの組織力の源泉であるとして肯定的に語る段階が到来したのである。

二〇〇二年大会を前にして作家の林伸吾と編集者の葛岡智恭は「日本人らしい闘い方」を世界に認めてほしいと述べた。その闘い方とは、「やはり、これまで世界に認められてきた日本人の美点である規律正しさとか、様式美を重んじる文化的伝統を、サッカーに反映」したものだという（林・葛原二〇〇二、一九七頁）。二〇〇二年大会では日本代表は予選リーグを勝ち抜き決勝トーナメントに進出するが、その原動力となったのは組織力であった、そしてさらに上を目指すには今後「個の能力」を上げていかなければならない、という語りがメディアに蔓延した。そしてその期待は、ブラジル人監督ジーコに託された。少なくともメディア上においてジーコは選手に自由を与え、自分たちで判断・決定させる監督として描かれた[10]。それは二〇〇二年の代表に（すなわち「日本人」に）欠けていた部分であり、ジーコの選ぶ選手たちはその欠如を埋めることが期待された。しかしながらジーコが率いた代表は二〇〇六年ドイツ・ワールドカップで結果を残せなかったこともあり、行き過ぎた個人主義として批判されることになる。そしてドイツ大会後に監督となったイビチャ・オシムが就任会見で「日本サッカーを日本化する」という謎かけをしたことで、その後のサッカーメディアは「日本人」とその国民性言説に一層憑かれていく。本章の冒頭に置いたサッカーライターの言葉はその典型である。しかし実際のところ、国民性言説をサッカーに最も結び付けていたのは、他ならぬ日本サッカー協会であった。

二〇〇六年に日本サッカー協会強化委員会は「Japan's Way」を提唱した。これは代表が二〇一五年には世界のトップ一〇のチームになるとした「二〇〇五年宣言」を実現化するための方針であった。二〇〇七年に協会が発行した育成年代の指導指針には、世界のサッカーの潮流がチーム全体の攻守にわたるハードワークの方向に向かっているとし、それは日本サッカーの良さを生かせるものであるとする。

> 日本人には日本人のストロングポイントがあります。日本人のストロングポイントである理解力、集中力、勤勉さ、協調性、持続力、俊敏性などを生かしていくサッカーを目指していくべきであると考えます。（中略）高度な組織化や90分間を集中してタフに闘うメンタリティは、日本人のストロングポイントであり、攻守においてチーム全員がハードワークすることが日本人には可能だと思われます。
>
> （日本サッカー協会二〇〇七、一〇―一一頁）

これも科学的な測定やゲーム分析に基づく「日本人選手」の特徴ではなく、そもそも論としての「日本人」を語るスポーツ国民性言説である。このような国民性言説が、協会からトップダウンで発信されるようになる。二〇〇九年に指導者向けに発行された『Technical news 対談集　ピッチからのことば～世界のトップ10を目指して～』では、岡田武史（代表監督）、小野剛（技術委員会委員長）、布啓一郎（技術委員会副委員長／ユースダイレクター）の三人が「世界で闘える選手を育てるために」という対談を行っているが、ここでも国民性言説が散りばめられる。現代は子どもたちの内側から湧きおこる闘争本能が足りないという話の流れから、布は次のようにいう。

> もともと島国で一回も占領されたことがない。例えば常に国境が変わってしまうような歴史がある国では、自分たちを強く主張していかなくてはならない。だけど日本はそういう歴史がないからこそ、逆に、大和魂のような考えを子どもにする必要があったのではないでしょうか。今はそれ

を子どもたちに我々大人が伝えていかなくてはならないというところなのでしょう。

（日本サッカー協会 二〇〇九、三五―三六頁）

明治期以来日本人論の一パターンであり続けてきたお決まりの島国論がここで繰り返されている。日本は島国である閉鎖性ゆえにそこに生まれ育つ人々は自己を主張して闘うという精神性に欠けている。したがってあえて大和魂といった思想を身につけることで闘争心を奮い立たせてきたというわけだ。その後もサッカー指導者たちは国民性言説を流布して止まない。二〇一八年ロシア・ワールドカップ本大会直前に監督交代という事態にも関わらずベスト16に入った日本代表について、福岡大学サッカー部監督乾真寛はこう述べている。

前々回と同じく危機的な状況で大会に臨んだ方が、日本選手は力を発揮するのかもしれない。

それは日本の国民性に関係するのだろう。毎年のように自然災害の多い国だが、苦難のたびに人々は節度をもってまとまり、力をあわせて乗り越えてきた。災害が起きると、率先して力をあわせ、ボランティアに励む。コンビニエンスストアには整然と並び、商品を分かち合う風土がある。

つまりよくない状況のときにこそ、力がでる国民性とも言える。みんなが助け合う姿勢は、戦後の復興を鑑みても、日本では祖先から代々と受け継ぎ、染みついているＤＮＡなのだ。

（二〇一八年八月八日、朝日新聞西部朝刊）

こうして二〇〇〇年代以降、日本におけるサッカー国民性言説は新たな段階に入った。一九九〇年代までは日本人がサッカーを発展させるときの阻害要因、否定的要素とされていた集団主義や勤勉さ、真面目さといった「国民性」が、いまや反転して日本的なサッカー（=Japan's Way）を生み出すための肯定的な要素として認識され、それとともに伝統主義・復古主義的な国民性言説がサッカーに接続されるようになった。サッカーを追求することは「日本人らしさ」を追求することになったのである。だがそれは、日本人のプレーするサッカーが現象として素晴らしいのではなく、日本人がそもそも素晴らしい（はずである）という信念に依拠する言説なのである。[11]

おわりに――「国民性」の終焉

二〇一八年七月二日。優勝候補とも言われたベルギー相手に二点をリードした日本は後半六九分から三点を奪われ壮絶な逆転負けを喫する。試合終了直後、茫然自失なままインタビューに応じた西野朗監督への最後の質問は、「西野監督のもと、日本のスタッフで闘ったこの大会の意味、日本らしいサッカー、どんなものでしょうか?」だった。ロシア大会直前に協会はハリルホジッチを解任し技術委員長だった西野朗を監督に就任させ、以下スタッフ含め「オールジャパン」体制で代表は本大会に臨んだ。就任会見のとき、西野新監督は「日本化した日本のフットボールがある」とし、それは「技術力を最大限に生か」したり、「規律や組織的なところで結束して」闘うやり方であるとした。おそらくインタビュワーは優勝候補ベルギーをここまで追い詰めた日本代表の「日本らしいサッカー」を肯定してほしかったに違いない。国民性を肯定する言葉を語らせたいというメディアの嫌らしいほどの欲望がそこには映し出されたが、西野監督はその質問に正面から答えることはなかった。しばらくの沈黙の後、絞り出した言葉は「激変させたいと思っていた」であった。この沈黙が、現実のピッチ上で生じていた出来事は国民性のような概念で回収できるような単純なものではなかったことを示していると考えてはならないだろうか。

今なぜこの時代にサッカーと国民性を結びつけようとするのか。一九九〇年代以降、サッカー放送のグローバル化に加え、選手や指導スタッフの国境を越えた移動など、サッカーはもはやグローバルな結びつきなしには語れない文化現象となっている(Giulianotti & Robertson 2009, p.135)。サッカーのプレーにおいて現実のピッチ上に「国民性」のようなものが反映されるような条件はますます消失しているだろうし、ファン文化においても「国家」という単位でチームに同一化する必然性は疑わしくなっている。ヨーロッパの主要国の代表チームは移民系の選手たちを多く含むようになり、もはや伝統的な国民性という概念で表象できるような状況ではない。あれほど「身体能力」というステレオタイプで語られてきたアフリカ諸国のチーム、あるいは遊戯性や自由奔放といったステレオタイプで語られてきた南米諸国のチームも、そのプレーは今や高度に組織化されている。日本代表チームもまた、過去にも移民系の選手を含んできたし、現在でも多様な出自をもつ選手たちが活躍している。私たちはすでにそれに気づいているはずだ。

本論では、そのはじまりから「原因」として語られる日本人の国民性が現実的な根拠に依拠しない不安定で矛盾する空想的な構築物として生み出されてきたこと、そしてそうした空想的な概念のままサッカーを語る言説に節合されてきたことを示してきた。日本人論批判の先駆的論者である杉本良夫は、「戦後の日本人論、とくに一九七〇年代にベストセラーとして登場した日本人論は、議論の具体的な内容は異なっていても、純粋に「日本的」なものがあり、その構成因子は他の社会に不在だ、とする点で、容器は同じ形をしている。しかも日本社会の中の不合理な側面を美化し、自己陶酔を奨励する、という点で、この型の日本人論は一種のナルシシズム的な傾向を帯びる」と述べ、日本人の国民性を無条件に肯定し美化する傾向を危険視している（杉本・マオア 一九九五、七八頁）。二〇二〇年、今なおスポーツと国民性言説が結びついているとすれば、それは「失われた日本人の美徳」の喪失（それ自体が空想的だが）を嘆くノスタルジー的なナショナリズムか、あるいは国民性言説によって代表戦のコンテンツ・バリューを高めようとするメディア戦略なのだ。その結果としてサッカーが排外的な思想の資源となるとすれば、それこそスポーツの価値を見失うことに他ならない。二〇二〇年、スポーツ国民性言説を安らかに眠らせるときではないだろうか。

注

1　清水英斗「ザックジャパンが世界で戦うためのキーワード『香川の剣』と『本田の盾』。日本人らしい香川で勝ち、日本人離れした本田で負けない」、二〇一四年五月三日、livedoor News http://news.livedoor.com/article/detail/8798001/ 最終閲覧二〇一四年五月三〇日。

1　清水英斗「ザックジャパンが世界で戦うためのキーワード『香川の剣』と『本田の盾』。日本人らしい香川で勝ち、日本人離れした本田で負けない」、二〇一四年五月三日、livedoor News http://news.livedoor.com/article/detail/8798001/ 最終閲覧二〇一四年五月三〇日。

2　そういう意味では、「日本人論」に対する多くの優れた批判的研究も残念ながら社会的な影響を与えるに至っていないといえるかもしれない。日本人論批判については、杉本・マオア（一九九五、二〇〇〇）、石澤（一九九七）、高野（二〇〇八）、船曳（二〇一〇）など。

3　この会見で田嶋会長は「素晴らし…」と言い淀んでいる。原稿に書かれていない言葉が彼の口から洩れてしまったのだろうか。

4　一九三〇年代に入り国際情勢が緊迫しはじめると、スポーツや体育をめぐる言説は天皇制ファシズムへと接続されていく。そのあたりは入江（一九八六）に詳しい。

5　本節での日本代表の歴史についての記述は、後藤健生（二〇〇七）『日本サッカー史　日本代表の90年』に依拠している。

6　一九一八年一月二九日の朝日新聞朝刊に嘉納治五郎のコメントとしてサッカー（蹴球）は冬の運動として適しており、集団的競技で教育的効果もあるが、激しい運動なので体の弱い普通の日本人はまず体操などで体を鍛えてから行うべきだとある。

7　五十嵐は『サッカーと日本人論』において、この近江の連載を最初に取り上げ、「日本のサッカーにまつわるさまざまな事柄を、日本人論、すなわち日本人の国民性・文化・社会の在り方などと結びつけて否定的に語る」サッカー日本人論の典型的なパターンとして批判している（五十嵐二〇一二、一九頁、強調は有元による）。五十嵐はこの「サッカー日本人論」という概念を森田浩之（二〇〇七）に依拠しているというが、正確には森田は「否定的に語る」ものだけをサッカー日本人論としたのではない。森田は二年後に出版した『メディアスポーツ解体』（二〇〇九）で同様に日本人論について論じているが、そこではより明確に「日本人は組織力が強みである」といった肯定的なステレオタイプについてもその危険性を論じている。五十嵐の著作が新聞等主要メディアから専門誌、アカデミズムの文献まで数多くの資料にあたった労作であることは認めつつも、その大部分がこの「否定的な」サッカー日本人論への激しい批判に費やされており、最終的にその「自虐性」を非難する態度には、「自虐史観」という言葉で左派言説を批判するナショナリストと近いものを感じざるを得ない。

8　『オール讀物』一九九四年六月号では「日本人はサッカーか野球か」というタイトルで作家の赤瀬川隼、コラムニストの泉麻人、スポーツ評論家の玉木正之が鼎談している。

9　五十嵐（二〇一二）はサッカーメディアがこの時期に中田英寿を日本サッカー、ひいては日本社会の閉塞を破る個人主義者として賛美したことを激しく批判しており、その批判対象にはジャーナリスト木村元彦と対談した私の意見（木村 二〇一一）も含まれている。本章を書くにあたって私はこの対談を読み直したが、そこでは私も聞き手の木村も全く中田を称賛していないし、むしろ中田を個人主義者として位置づけながら日本社会を「集団・規律」といったステレオタイプで語ること自体が問題であると指摘している。これは五十嵐の議論を先取りしているともいえるのだが。

10　しかしながら一九九三年のJリーグ開幕にあたってアントラーズを実質的に指揮したジーコは、徹底して守備の約束事をチームに植え付け組織を立て直したという（潮二〇〇二、二一一頁）。

11　二〇一〇年朝日新聞で連載された忠鉢信一記者による「21世紀のサムライ論」の第四部は、この時期の主要メディアでは例外的な、スポーツ国民性言説に対する重要な批判である。

参考文献

Samurai Blue 新監督就任会見 https://www.youtube.com/watch?v=6fHzvuGIVSI（二〇一九年一二月三〇日最終閲覧）

五十嵐我岑（二〇一二）『サッカーと日本人論――日本サッカーを呪縛するもの』、パブリック・ブレイン

高野陽太郎（二〇〇八）『「集団主義」という錯覚　日本人論の思い違いとその由来』、新曜社

杉本良夫・マオア、ロス（一九八二＝一九九五）『日本人論の方程式』、ちくま学芸文庫

別府春海（一九八二＝二〇〇〇）「日本人は集団主義的か」杉本良夫・マオア、ロス編『日本人に関する12章』所収、ちくま学芸文庫

有元健（二〇一八）「サッカーW杯、国民性、包摂／排除」『現代スポーツ評論』39、創文企画
有元健（二〇〇三）「サッカーと集合的アイデンティティの構築について―カルチュラル・スタディーズの視点から―」、『スポーツ社会学研究』十一巻
Arimoto, Takeshi (2004) "Narrating Football: World Cup 2002 and multi-layered identifications in Japan," in *Inter-Asia Cultural Studies*, Vol.5, No.1.
有元健（二〇一三）「「海外組」をめぐる言説を問う「日本人らしさ」というステレオタイプ」FOOTBALL CHANNEL.https://www.footballchannel.jp/2013/06/27/post5963/（最終閲覧二〇二〇年一月八日）
入江克己（一九八六）『日本ファシズム下の体育思想』、不昧同出版
林信吾・葛岡智恭（二〇〇二）『サッカーを知的に愉しむ』、光文社新書
後藤健生（二〇〇〇）『サッカーの世紀』、文春文庫
木村元彦（二〇一一）「NAKATAビジネスの正体　社会学の見地から中田英寿を読み解く」『フットボールサミット』第2回所収、カンゼン
財団法人日本サッカー協会（二〇〇九）『Technical news 対談集ピッチからのことば〜世界のトップ10を目指して〜』
財団法人日本サッカー協会（二〇〇七）『JFA2007　U-12 指導指針』
潮智史（二〇〇二）『日本代表監督論　日本代表をつくってきた男たちの10年』、講談社
小笠原博毅（二〇一七）『セルティック・ファンダム』、せりか書房
小笠原博毅（二〇〇二）「サッカーにおけるネイティブ性、もしくは「人種／国民」のアーキタイプ」、『ユリイカ』二〇〇二年六月号、青土社
近江達（一九八四）「日本サッカーにルネサンスは起こるか?（連載第九回）」日本サッカー狂会編『サッカージャーナル』第九号所収
権田保之助（一九二二）「民衆の娯樂生活に現れたる國民性情」、石川三四郎・山川均ほか『日本国民性の研究』、叢書日本人論11、大空社
Giulianotti, Richard & Robertson, Roland (2009) *Globalization & Football*, Sage.
Bromberger, C. et al. (1993a) "Fireworks and the ass," in Redhead, S. (ed.) *The Passion and the Fashion: Football Fandom in the New Europe*, Avebury.
Bromberger, C. et al. (1993b) "'Allez l'O.M., forza Juve': The passion for football in Marseille and Turin," in Redhead, S. (ed.) ibid.
大隈重信（一九二六）「国民一般の特性」大町桂月編『日本国民性の解剖』、叢書日本人論15、大空社
野田義夫（一九一四）『日本国民性の研究』、叢書日本人論8、大空社
三宅雪嶺（一九二六）「日本人の性質」大町桂月編、同書
徳川達孝（一九二六）「國民性と櫻花」大町桂月編、同書
志田鉀太郎（一九二六）「犠牲的精神」大町桂月編、同書

嘉納治五郎（一九二六）「小膽な日本人」大町桂月編、同書
穂積陳重（一九二六）「公の禮儀を忘れた國民」大町桂月編、同書
古谷久綱（一九二六）「遠大の志望なき國民」大町桂月編、同書
元田作之進（一九二六）「日本人の美化力」大町桂月編、同書
後藤健生（二〇〇七）『日本サッカー史　日本代表の90年』、双葉社
後藤健生（二〇〇七）『日本サッカー史　日本代表の90年　資料編』、双葉社
森田浩之（二〇〇七）『スポーツニュースは怖い　刷り込まれる〈日本人〉』、生活人新書
森田浩之（二〇〇九）『メディアスポーツ解体　〈見えない権力〉をあぶり出す』、NHKブックス
船曳建夫（二〇〇三＝二〇一〇）『「日本人論」再考』、講談社学術文庫
南博（一九九四）『日本人論　明治から今日まで』、岩波書店
バルト、ロラン（一九八四）『文学の記号学』、花輪光訳、みすず書房
清義明（二〇一六）『サッカーと愛国』、イーストプレス
安田浩一（二〇一二）『ネットと愛国　在特会の闇を追いかけて』、講談社
破荷道人（一九二五）「感情的面目論を棄てよ」『体育と競技』四―三

第2章　川口能活氏との対話――日本代表・ワールドカップ・身体

対談者（敬称略）：川口 能活（元日本代表選手）、有元 健・清水 諭・山本 敦久

日本代表と韓国代表

山本：今日は川口さんが、ピッチや現場からワールドカップをどのように見てきたのか、体験してきたのかということをお伺いできればなと思っているところです。よろしくお願いします。

川口：よろしくお願いします。

清水：川口さんが初めて日本代表と名前のつくカテゴリーで出場されたのはいつぐらいですか？

川口：U-16、当時ジュニアユースっていうのがあってそこからですね。それからU-19、ユース代表。そのU-23のオリンピック代表とA代表です。

清水：U-23のオリンピック代表になった時と、その前のU-19では何か違いがありましたか？

川口：そうですね、僕がU-16の日本代表で戦った時には一次予選も突破できないくらいのレベルだったんですね。その上のU-19ユース代表ではあと一歩でワールドユース出場というところまではいくようになっていたんです。そのU-19からU-23のオリンピック代表チームへと監督とコーチがそのまま繰り上がる形でしたから、違いはそれほどありませんでした。

清水：西野さん[1]がずっと。

川口：西野さんと山本さんです[2]。西野さんが監督で山本さんがコーチをされていたのが、そのままオリンピック代表にも繰り上がる形になりました。ただU-19日本代表のワールドユース予選ではあと一歩のところで韓国に負けました。その話をもっと深くしますと、一次予選ではソウルで韓国に勝ったんです。アウェーの地で韓国に勝つのは本当に久しぶりだったそうです。その後最終予選の準決勝で再び当たったんですけど、そこで負けてしまってワールドユースの出場が断たれたと。ある意味ではそこからオリンピック代表のチームがスタートしたんですよね。だから韓国との対戦が僕にとっては成長させてくれたきっかけになったし、特にU-19、それから、U-23、オリンピック代表、ちょうどその世代と

いうのがステップアップするキッカケになる世代だと。
清水：アジアを通過するというところではやはり韓国が川口さんの中では大きな壁に…。
川口：壁になりましたね。歴史的にも一九八六年メキシコワールドカップの予選で韓国に負けた姿を小学生の時に見ていましたし、バルセロナオリンピックの予選でも韓国に阻まれたという現実をテレビを通して見ていたんですけれども、いざ自分がワールドユースの予選を戦うにあたり、韓国と対戦して、一度は勝ったんですけど、また次の一番大事なところで阻まれたというのはやはり歴史の違いというか、韓国の底力を見せつけられたというか。日本が世界に行く扉を阻んできたのが韓国だったというのを経験してきて、その壁を超えないとやはり世界の大会には出られないんだなというのを感じた時期ではありましたね。
清水：川口さん自身、選手として対韓国というのは特別なものなのですか。
川口：僕が代表でプレーしていた最初の頃は特別でしたけど、韓国の選手がJリーグに来るようになったことがきっかけで、日本と韓国の選手たちの友好関係が深まったんじゃないかという気はします。日韓戦というのは昔は火花が散るようなところがありましたけれども、韓国の選手がJリーグに来ることで、そういった関係よりもお互いレベルアップしていこうっていう。最初に来たのは広島でプレーされたノ・ジュンユンさんです。[3]あの方が日本と韓国の関係をすごく変えてくれたと思います。やはりJリーグに来たことでそういう変化が起こったと思いますね。

日本代表とメディア

山本：サッカー日本代表が本格的な国民的注目を集めるようになるのはドーハの悲劇あたりからなんですけども、そのあたりはまだテレビで見られているわけですよね。
川口：はい。
山本：その後代表で活躍されるようになり、日本代表というものが世間の注目を集めていく中で、サポーターの雰囲気とか、社会の関心のあり方とか、日本代表への注目度みたいなものを川口さんはどのように感じていましたか。
川口：今でしたら自分が代表に選ばれていないので客観的に見られるのですが、選手はその時は目の前の戦いに必死なんですよ。特にフランスワールドカップの予選に関しては、それまでワールドカップを開催国として初出場した国はウルグアイしかなかったんです。ウルグアイが第一回の開催国で。それ以降開催国が初出場という国ってないんですよ。[4]もしかしたら日本がそうなるんじゃないかっていうプレッシャーがあって。やはりこのフランス大会の予選っていうのはもう、胃がキリキリするくらいの、そういう戦いをしていたんですよ。何が何でも出ろっていう。
有元：その「何が何でも出ろ」というプレッシャーや雰囲気は、例えばチームスタッフや監督の圧力とか、日本サッカー協会の声とかそういったものから感じるのか、それとも新聞などのメディアなのでしょうか。
川口：やはりメディアですね。選手たちにとってもメディアは目に入りますし、それを見て、聞かされて、さらにそれがのしかかってくると。あとは特にフランスワールドカップの予選について言いますと、ホームで四試合（ウズベキスタン、韓国、UAE、カザフスタン）戦っていく中で、国立競技場のサポーターの雰囲気が物凄いんですよ。勝てば歓喜だし、負けあるいは引き分けになると、特にUAEと引き分けた時が、ほぼ数字的に絶望、他力でしかいけなくなった状況だったんですけれど、その時のブーイングとスタジアムのシーンとした失望感。今でも忘れられないです。それくらいスタジアムに来ていたサポーターのみなさんの気持ちというのが僕らにダイレクトに伝わってきたんですよ。
山本：それは普段やはりJリーグでプレーしている時とは…。
川口：ちょっと違いましたね。やはりあの失望感っていうのが。Jリーグは次にまた試合がありますから。Jリーグでも今でしたら降格とか昇格とかありますが、ワールドカップに関して言いますとサッカーをやっている選手、関係者だけではなくて、それ以外の応援してくれている人たちの期待というのがある。スポンサーもそうですし、サポーター、ファンですね。テレビを通して普段サッカーを見ない人たちも応援してくれている。そういう目に見えない圧力。日本代表、ワールドカップ。そういう目に見えないものがのしかかってくるのが代表で戦うことですね。
清水：例えば試合前のミーティングルームであるとか、選手同士のコミュニケーションの中で、期待値の大きさみたいなことを一緒に感じ取るといったことはありますか。
川口：代表合宿に呼ばれる、あるいは大会メンバーに選ばれる。もうそこから戦いなんです。だからそういうことを共有するというよりも無意識にベクトルがそこに向かっているんです。意図的にそのプレッシャーに対して期待に応えようということではない。ワールドカップに出場する、日本代表に選ばれる。そのグループとして戦う時点でそこに言葉はないというか。もうそこにみんなの意識が集中しているので。
有元：いいですか一つ。結局日本代表を応援するファンの人たちにとってはナショナリズムというか、日本だから勝ってほしいというのが強く出てくると思うんですけれど、選手の感覚として、例えば川口さん本人が同じように日本のためにというか、そういう思いと、あるいはサッカー選手としてライバルに負けられないっていう思いと…。ある種、ステイタスですよね、日本代表というのは。川口さんの中ではどういう風に当初思われていたか、あるいは年々どう変化していったかをお聞かせ願えますか。

川口：まずやはりライバルに勝たないと試合に出られない。日本代表に選ばれている選手は所属チームで中心選手なんですよね。だからベンチにいることはやはり悔しい。まずはそのライバルに勝つ。ライバルに勝つことによって代表でプレーする権利が得られる。代表でプレーするということはプレッシャーだけじゃなくて楽しみもあるんですよ。自分の存在意義を示せますし。今ではヨーロッパに行く選手が増えていて、世界のトップレベルの選手たちと戦うことを日常的に行える時代になっているかもしれないですが、やはり当時は日本代表のレギュラーになる、それからワールドカップに出場する、あるいはオリンピックに出場することができないと、そういう世界のトップレベルと戦うことができない時代でしたから、そこは必死でしたよね。そういう勝たなければいけないプレッシャーと、世界のトップレベル、テレビで見ている世界最高峰のリーグで戦っている選手たちと戦える喜び。彼らと戦ってどれだけやれるんだっていう期待感。それも代表選手に絶対必要なことだと思うんですよね。そういうものがいろいろ重なって、日本代表としてのパフォーマンスというのが生まれてくるんじゃないのかと思います。

山本：そうするとやはりまず川口さんのサッカー選手としてのプライドであるとか、キャリアであるとかそういうものを世界で挑戦してみたいというサッカー選手としての欲望みたいなものがまずある。

川口：まずそこが一番ですね。最初に話したように、プレッシャーというかまずそこです。

山本：テレビや新聞を通して我々のもとに届いてくる場合、日本代表の選手たちは日本を背負ってプレーする人だという風に物語が作られていくわけですよね。それと選手たちってなにかズレっていいますか、こういう風に自分は報道されているな、こういう期待を受けているなっていうことと、川口選手のプレイヤーとして思っていることで、何かズレている、何か勘違いが起きているようなシーンってありましたか。

川口：あー、そうですね。

清水：例えば一九九八年のフランス大会では全敗したとはいえ実はすごく良いゲームが多かった。しかし帰ってきたらそれこそ城彰二選手が空港でペットボトルの水をかけられるということが起きました。代表で国を背負って戦っているということに対して、サポーターの反応が攻撃的な形で出てきたわけです。

川口：フランス大会に関して言いますと、初めて出る大会でどんなものかわからない。もちろん初出場している国で成果をあげている国もありますけれど、それはやはりアフリカであったりヨーロッパの国々。常にそういう戦いを日常化している選手のナショナルチームが成し遂げてきている成果なんです。当時日本には海外、ヨーロッパでプレーしている選手はほぼいなかったし、初出場という条件が重なっていました。それにも関わらず、帰国した時に彰二選手がそういったことをされたっていうのは僕もショックでした。ただ選手としては初出場ではあるんですが、三戦全敗して帰ってきますなんてことは絶対言わないし、目標を高く設定する。初めて出るワールドカップでも優勝を目指すと言うことは普通の考えだと思うんですよね。でも実際それがかなわなかった時のギャップというのがかなりあるなという。フランス大会に初出場してベスト4、ベスト8まで行きたいという目標を立てるとします。そうするともうベスト8がノルマなんだと。メディアの報道であったり期待度が上がる。とはいっても選手は割と冷静なんですよね。実際、やはりアルゼンチンやクロアチアは力のある国ですから。例えば今回もしロシア・ワールドカップでアルゼンチンとクロアチアが同じグループだったとしたら正直厳しいなという冷静な意見が出るじゃないですか。でも当時のアルゼンチンやクロアチアはもっと力があったんですよ。日本とアルゼンチンの力の差は今よりもっとあった。でも当時はそういう報道がされていなかったんです。冷静に見ることができる記者あるいは評論家が当時はいなかった。今は歴史を重ねることでコロンビア、ポーランド、セネガルというこのグループを客観的に話せる人が多い。サポーター、ファンの方も含めて。でも当時はやはり冷静で客観的な意見が言える人がいなかったという中での戦いがありましたね。そこでの難しさというのはやはりありました。

ワールドカップの熱量

清水：川口さんはワールドカップの幅でいうと十二年以上代表にいて、その間に日本代表の選手たちはどんどん変わっていくわけですよね。そうすると周りの選手たちの意識であるとか、代表に対する思いとか、そういうものが変化しているような印象はありますか

川口：やはりありますね。自分では選手としての本能みたいなもので、上のレベルでやりたい、強い相手とやりたい、強い相手を負かしたいというものが絶対あるんです。代表に選ばれる、代表で戦う、そしてアジアの予選を突破して世界の大会に出る。そこで初めてそういう選手と戦う権利が得られると。しかし今はそういう情報がすごく入るようになり、し

かも日本の選手が海外でも認められる時代になって、ヨーロッパに行くことが以前に比べるとすごく近くなっている。もしかするとそれが要因になって、代表に対する思いというのが僕らの時と比べるとちょっと薄れている気がしますね。日本代表で活躍しないと海外に行けない時代から、日本代表で活躍しなくてもＪリーグで活躍すればヨーロッパのスカウトが来る時代になったんですね。もちろんヨーロッパに行った選手たちの活躍があってそういう時代になってきているんですけども。そうして近くなったことで、「絶対代表」という時代から今度はヨーロッパ。やはりヨーロッパに行きたいんですよね、選手たちは。ヨーロッパの高いレベルでそういうトップレベルと日常的に戦いたいという本能的なものがあるので。目指すところはそこなんですけど、そこに行くための手段がやはり変わってきているのかなと。

山本：選手たちから見た日本代表というものの価値が少し変わったということですかね。

川口：そのような気がします。それが顕著になっている。もちろんヨーロッパでプレーしている選手たちが日本代表でプレーする時は、球際の強さや動きの速さというところで違いを見せていると僕は思うんですけれど、じゃあ最後のところで、エンブレム、日の丸のために頑張っているかっていうとなんかそういう、ちょっと。

有元：ナショナリズムがあまり（笑）。

川口：ナショナリズムですね。でも僕はそれは間違ってないと思うんです。僕はそういう考えで代表チームでプレーしてきたので。最後のところでの執念というか気持ちの部分のところですね。頑張れるか頑張れないかっていうところでの差が出てくる。

有元：これ実は、もしかすると日本だけではないんじゃないかと思うんです。要するに九〇年代以降、ＵＥＦＡチャンピオンズ・リーグができて、[5]選手たちの移動もどんどん進んでくると、[6]かつてはワールドカップが世界最高峰の戦いだったのに、それが今ではＵＥＦＡチャンピオンズ・リーグになってくる。しかも今トップチームはものすごい過密日程でやってるじゃないですか。そうするとかなり疲弊した状態でワールドカップに臨むことになる。

川口：それはありますね。

有元：そうすると実はワールドカップの熱量自体が昔に比べて下がっているんじゃないか、現場レベルでの。

川口：おっしゃる通り、ワールドカップ自体も大詰めになる準々決勝ぐらいからが優勝候補といわれる国々にスイッチが入る大会になっている気がしますね。だから予選リーグはそれまでのシーズンが終わった後のオーバーホールになっている…。また、チャンピオンズ・リーグは日常的に行われているし毎年の戦いなので、常に見られる。ワールドカップは四年に一度だから。その四年って集大成ではあるけれど、ただサッカーを欲している人たちからすると…。

有元：間延び感がありますよね。

川口：間延び感がやはりあるんですよね。ただベスト8以降というのはチャンピオンズ・リーグに匹敵するぐらいの試合が行われているのは間違いないし、ナショナリズムというのが特に出ている。サポーターの観客席の雰囲気を見ると、本当にベスト8ぐらいになると負けた国々っていうのはすごく落胆している感じがあるんです。でもそれまでに負けている国というのはそこまでの落胆がないというか。その場の雰囲気を楽しんでいるというか。

有元：あぁお祭りみたいな。

川口：そういうのも年々増えているのかなと。でもどうなのかな。

山本：でもその方向は進みますよね、これからアジア枠も増えていきますし。[7]

川口：ワールドカップのシビア感がよりなくなってくる。その分お金が落ちるという経済効果は出てくると思いますが。そういったところでの、まぁでもこれは選手の編成でもそうですし、大会の参加数にもよると思うんですけれども、少なければ少ないほどシビアな戦いが行われるんですが、枠が広がれば広がるほど…

有元：興行的な意味合いが。

川口：興行的な意味合いが出てくる気がします。

代表とプレースタイル

山本：サッカーの戦術やプレースタイルは時代とともに変わってきていて、ある年の流行みたいなものが出来上がってきて。そういうものはやはり強いクラブが作りあげていくじゃないですか。そういうものが代表に落ちていくんですか。

川口：はい、そうですね。

山本：代表の選手たちは普段一緒にプレーしないじゃないですか。普段のクラブだとずっと一緒にいて戦術理解が共有されていると思うのですが、代表みたいにすごく短い期間でチームをパッと合わせないといけない、戦略を合わせなきゃいけない。これはやはり違うんでしょうか。

川口：やはりスペインが南アフリカ大会で優勝し、前々回大会でドイツが優勝したというのはそういうところがあると思うんです。スペインだとバルセロナとレアル・マドリードの選手たちが中心になっているから、寄せ集めというよりバルセロナがそのままスペイン代表になっている。二チームを混合するのと四チームを混合するのであれば、やはり二チームの混合の方が強くなる。ドイツが前回優勝できたのはバイエルンの選手たちが中心となったから。ですから、チームが分散しているより実は同じリーグ、あるいは同じチームの何人かの選手たちがグループとなっている時の方が強いのかなと最近思うんです。

山本：そういう傾向が出てきているってことですよね。

川口：そうです。

山本：いろんなクラブの選手を招集してというよりも、もちろんレベルの高いリーグにいるっていうこともあると思うんですけど、1つのクラブの中でそのまま代表選手になるっていうことが、ワールドカップを勝つための何か新しい条件のようなものなりつつある。

清水：監督の戦術というものは、絶対守らないとメンバーを外されるとか、そういう部分はかなり強いのでしょうか。

川口：そこも含めて監督の力量かなと思いますね。例えばある程度の戦術を示すと思うんですけど、そこで実際戦うのは選手で、その選手がピッチ上で結果を残せばそれを尊重してくれる監督もいれば、いや俺の言うこと聞かないんだったらもう最初からダメだっていう監督もいます。そこはやはり、その監督の判断が関係してくるのかなと思いますね。ある程度は監督がこういうプレーをしろと要求します。例えばゴールキーパーに対してあるプレーを要求する。でも失点が重なったら多分使われないんですよ。監督がいくら前に出ろと要求しても、前に出ないゴールキーパーがプレーして勝ち続け、あるいは点を取られなければそのキーパーは起用されますし。

有元：日本代表にずっといらして、実は日本代表のプレースタイルはこうだっていうのって、あるようでありませんよね。

川口：ないです。

有元：川口さんは、これが私たち日本代表のプレースタイルだっていうのをどう捉えていましたか。むしろ監督によって変わるということが激しくあったと思うのですが、一方でメディアは、日本代表はパスを繋いでコレクティブにみたいなことをよくいいますよね。現実のピッチ上で起こっているサッカーはかなり変わってきている気がするんです。

川口：うーん。

有元：選手が違えばサッカーも違ってくるのかな。

川口：やはり選手が違えば当然サッカーも変わってくるので。日本のスタイルは何かってことになると、やはり監督によって柔軟にスタイルが変わるっていうところ。

山本：おぉ、逆に。

川口：逆にそういう考えになるのかなって。今のハリルホジッチ監督のやり方で強くなっているかは分かりませんが、ただ柔軟に戦い方を変えるのが日本のスタイルで、悪く言えば監督の指示通りやると。監督によって決まるのが日本のサッカーになってしまっているのかなと。
有元：山本昌邦さんが、二〇一四年ブラジル大会が終わった後に、いや日本らしいサッカーというけれど、どの選手を選びどう配置するかで全く変化するんだといっていたんです。日本らしいっていう言葉がひとり歩きしているのが残念でならないと。僕はそれがすごく当たっているなと思っているんです。一方でオシムさんは日本的なサッカーみたいなものを構築しようとしていましたね。
川口：やはり判断させるということをオシムさんはトレーニングの中でも試合の中でも僕らに伝えていたし、例えばトレーニングの中で突然人数を増やしたりとか、守備の選手を増やしてどう崩させるかとか、そういったことを臨機応変にさせる。あるいはその状況になった時に考えさせるっていうことをオシムさんは常に僕らに言っていたんです。日本人は頭のいい民族ということをオシムさんがすごくこう、僕らに自信をもたせるように、トレーニングで伝えていたし。どうしても国民性というか僕らは言われたことをやれっていう風に教えられてきているから、それがサッカーに出てきているところがあるんですけれども、じゃあ考えろといった時に、考えることができない人たちじゃないですよね。それをサッカーでももっと生かせということをオシムさんはトレーニングの中でも伝えていました。だから国民性というか日本人の頭の良さを生かすっていうのは、うーん、なんて言ったらいいのかなぁ。
有元：国民性といったら勤勉さとかよくいわれるんだけども、そうではなくて、クレバーに、機知に富んだっていうか。
山本：即興的に、現場の判断の速度を上げるっていうのか。
川口：やはり僕は偉そうなことは言えないんですけれど、これだけ何ていうんですか、進化を遂げてきた国って、日本以外にないと思うんですよ。いろんな国を見てて。だからそれがサッカーに反映できるんじゃないかっていうことをオシムさんは僕たちに言ってたんじゃないかなって。そういう、勤勉さもそうですけど、考える力、メンタリティ、道徳の高さとか。それが時にはサッカーにマイナスになってしまうこともあるんですけど。そういった日本人の良さというのは日本人があまりわかってない。考える力や判断の速さとか。オシムさんはそういうものを求めていたと思います。

身体性と固定概念

山本：日本代表が負ける時のフレーズとして「フィジカルで負ける」という言葉がよく使われると思います。それこそ黒人選手の身体能力であるとか、ヨーロッパの選手たちのフィジカルが、っていうのとか。一般の人たちがよくメディアから受け取る「フィジカルが弱い」という何か言い訳じみた語りと、川口さんが現場で感じられているフィジカルというのは何か違いがあるのでしょうか。

有元：本当にフィジカルで負けているのかということですよね。日本代表が。

川口：「動きのフィジカル」と「当たりのフィジカル」とを区別しなければならないと思うんです。確かに身体のサイズと太さからしたら、大きい人と小さい人を分けるのは当たり前なので、これは言われても仕方ないと思うんですけど、フィジカルってその当たりだけがフィジカルじゃないんですよね。動きの速さだったり、長い距離を走るスタミナが九〇分もつ、それも全部運動能力。運動することがもうフィジカルだと思っているんですよ。だから「当たりのフィジカル」は確かに勝てないかもしれないけれど、でも別の部分のフィジカル、例えばコーディネーションだったり、瞬間的な速さ。もしかしたら瞬間的な速さよりもむしろ九〇分間走る体力。そういうものは僕、勝てると思うんですね。東南アジアの選手とやると、最終的に組織では勝てるんですけど、実は一対一の局面で結構苦労するんです。日本人の選手より東南アジアの選手の方がそういうアジリティ、動きの速さ、瞬間的な細かい動きが優れているんですよね。それはやはり小さい選手の強みなんですよ。それも僕はフィジカルとして含まれていると思います。ジャンプするとか、瞬間的に小回りが効く。小回りというのも南米やヨーロッパの選手は効かないし、現に日本代表がヨーロッパの代表チームとやる時に割といい試合ができているのは当たりを避けて、アジリティで抜いていく。アジリティで崩していく。アジリティでボールを奪う。そこだと思うんですよ。

山本：身体とかフィジカルというものはその人が生まれ持ったサイズ感であるとか強さ、大きさっていうところで語られがちですよね。「日本人は小さいから」っていう論調になりがちです。しかし川口さんの言われるアジリティとか、スピードであるとか、九十分走る体力などは、サッカーのトレーニングの中で構築していくことができるものです。それを含めたものもフィジカルに…

川口：なると思います。かといって身体を強くすることは絶対必要なんですよ。そこも強化はするんですけど、そこはもしかしたら欧米の選手に比べたら落ちるかもしれない。だから勝てる部分を強化する。やはり当たるだけがサッカーじゃないんですよね。いろんなことがフィジカルであって。

有元：例えば日本代表がアフリカの代表チームと試合すると、解説者や実況の人たちはみんな「足が出る」って言うんです。この「足が出る」というのはすごく不思議なワードなんです。

スライディングしてもこれは足が出るって言われるし。だから何をもって「足が出る」って言われるのかがわからない。みんなが思っている黒人選手って何かこう、特殊な身体能力を持っているみたいなイメージがあって。
川口：固定概念がありすぎて。うーん。黒人の選手はリーチが長いとか、ヨーロッパの選手は身体が強いとか、そういう風に思い込んでしまっている。
清水：川口さんは現場でそういう固定概念を経験したことはありましたか。メディアから言われるような。
川口：僕はハイボールに難があるってよく言われていたんですけど、そんなに競り負けた記憶はないんです。もちろん負けたこともありますが、完全に自分が当たり負けしてキャッチしそこねた回数がすごく多いかというとそうでもない。そこに行かなければそういう場面はないんだけれども、そこに行ったときに全部負けていたわけじゃないので。僕自身がそういう風に感じたことは一度もないし、自分の身長がハンディに感じたことはプレーをしていて一度も感じたことはない。もちろん川口があと十センチ高ければあのボール触れたんじゃないかって言っている人はいたかもしれないですが。でも自分の感覚として、その十センチ足りないことがハンディだと感じたことは一回もありません。
有元：それはまさしく「日本人選手」「身長が高くない」「ハイボールで負ける」という固定概念みたいなものがあって、そのプレーが一回出るとそこにひきつけて語っていくわけですね。クレバーで戦術眼がある黒人選手でも一回スライディングでボールを奪うと「身体能力」って言われたり。
川口：二〇〇六年にイタリアが優勝した時のカンナバーロは身長一七五センチないんですよ。彼がワールドチャンピオンのディフェンダーでその年のバロンドールなんです。そのことをみんな忘れてしまっていて。いやセンターバックは上背がなきゃダメだってっていう論調になってしまっていることが僕はすごく残念で。ここ最近ディフェンダーでバロンドールを取った人はカンナバーロ以外いないんですよね。今キーパーも一九〇センチ以上が求められていますけど、すごく残念ですね。そうじゃない。アジリティと速さだとか、九〇分粘れるスタミナ。これはやはり日本人が持っている強みだと思うんです。
清水：本日は貴重なお話をありがとうございました。
川口：こちらこそありがとうございました。
有元：ありがとうございました。
山本：ありがとうございました。

※この対談は成城大学グローカル研究センターの協力のもと、二〇一七年一二月二〇日成城大学で行われ、日本スポーツ社

会学会のジャーナル『スポーツ社会学研究』第26巻1号に「選手から見たワールドカップ　川口能活氏との対話」として初出掲載されたものである。日本スポーツ社会学会のご厚意によって本書に収録させていただいた。なお、本書への収録にあたってタイトルも含め一部修正を加えている。

注

1　西野朗。一九九一年からU−20日本代表監督をつとめ、一九九四年にアトランタ五輪を目指すU−23代表監督に就任。Jリーグ数クラブの監督を歴任し、二〇一六年に日本サッカー協会技術委員長。二〇一八年ロシア・ワールドカップ本大会直前に代表監督に就任しベスト16入りを果たす。二〇一九年よりタイ代表監督。

2　山本昌邦。一九九六年アトランタ五輪ではコーチとして西野監督を補佐。二〇一六年より日本サッカー協会技術委員会副委員長。

3　ノ・ジュンユン（盧 廷潤）。韓国出身のサッカー選手。一九九二年サンフレッチェ広島に入団し韓国代表として初めてJリーグでプレーした。

4　厳密には一九三四年第二回大会の開催国となったイタリアも初出場であるが、ウルグアイ大会では予選は行われず、参加チームはすべて招待チームであった。

5　ヨーロッパ・チャンピオン・クラブズ・カップから一九九二年にヨーロッパ・チャンピオンズ・リーグに、また一九九六年にUEFAチャンピオンズ・リーグに名称が変更。

6　一九九五年欧州司法裁判所が下した通称「ボスマン判決」によって、EU国籍を持つプロサッカー選手のEU圏内での移籍が大幅に緩和された。

7　二〇一七年五月九日のFIFA理事会において、二〇二六年大会から本大会参加国数が三二から四八に、アジア地域の本大会出場枠は四・五から八になることが決定された。

第3章　高倉麻子氏との対話——世界基準からみた日本女子サッカー

対談者（敬称略）：高倉 麻子（なでしこジャパン監督）、有元 健・山本 敦久

山本：本日はサッカー指導者として活躍されている高倉麻子さんと国際基督教大学の有元健[1]さんを招き、現在の女子サッカーの現状やその社会的背景についてお話しできればと思います。皆さんよろしくお願いいたします。

高倉・有元：よろしくお願いします。

技術とサッカー知

有元：では初めに、サッカーをめぐる技術の発展という部分からお話を聞かせていただければと思います。例えばスポーツではよく心技体という言葉が使われますが、このマトリックスについて高倉さんはどう捉えていらっしゃいますか？

高倉：心技体という言葉。スポーツ全般に使われる言葉だと思いますが、私も本当によくこの言葉を選手たちにもミーティングで話します。しかしそこにもう一つ知という言葉を追加しています。知性も含めてその四つの柱でサッカーという競技に向き合っていこう、と話すのです。現実的に日本の女子サッカーが世界と戦うときに、技術というのは一つの強みになると考えています。技術とは、ボールをシンプルに扱う技術、つまり思ったところに止めたり思ったところに蹴れるという部分がまずはありますが、そういう部分はできても相手がいるときに発揮できる技術というのが、やはり、日本人の選手はまだ十分ではない。そういうステージにいると思います。

有元：相手がいない状態での技術をクローズドスキルといい、相手がいる状況の中で使える技術をオープンスキルといいますよね。オープンスキルが不十分だということでしょうか。

高倉：なでしこが世界で一番になった時は、やはり、選手それぞれが相手がいる中で、日本人の持っている細やかなスキルというものとか、駆け引きであるとか、そういったものを発揮していたかなと思うんですね。

有元：二〇一一年にフル代表、いわゆるなでしこジャパンがワールドカップで優勝しますよね。その後、二〇一四年に高倉さんが率いたU—17のチームもまたワールドカップで優勝

します。その二つのチームは、例えば技術的に違いがあったんでしょうか。

高倉：私が指導していた二〇一四年の選手たちは、その当時16歳、17歳が多くて、その選手たちは生まれた時からサッカーの環境が整っていると言いますか、サッカー文化が日本で少し根付いてきた時期に成長してきたわけです。一九九三年にJリーグができて、サッカーが日本の中で認知されて、サッカーをする場所がある。優秀なコーチがいたり、良い環境で育ったりとか。だから、ボール扱いはすごく上手かったですし、先ほどいったオープンスキルですよね。相手がいる中でテクニックを発揮することができる選手が多くて、チーム作りはすごく面白かったですし、やりやすかったです。なでしこジャパンが優勝した時もそうした技術を持っている選手たちが集まったとは思うのですが、むしろ精神面で立ち向かう強さというのがすごくあったなと思います。あの年はちょうど東日本大震災があって、みんな日本のためにという強い気持ちがあったので、それが背中を押した部分も大きかったなというふうに思います。

有元：先ほどおっしゃった、心技体に付け加える部分の知識とか知力。そういう部分では、今の若い選手たちは昔の世代と比べて高いですか。

高倉：やはり、指導者の関わりがすごく大きいと思います。指導者がサッカーがどういうものなのかをしっかり伝えている場合は、サッカー知は自然に高くなって会話が成立する。逆に自分の感覚だけでやってきた選手はロジックが無いので、話があまり通じないというのはあるんですね。例えば、小学生であっても中学生であっても、なぜそこにポジションを取ったかという話ができる選手は、指導者が自然にそういう話をどこかでしていたり、それがきちんと頭にインプットされています。

有元：サッカーを理解する、あるいはサッカーというゲームの構造を理解するということをどの年代から始めるかというのは、様々な意見がありますよね。高倉さんはどう思われますか？

高倉：例えば、一時間しか練習がないのに、小さな子にコーチが何十分も喋っていたりするのは全くナンセンスですよね。ただ、わりと小さい時からそういう話を少しずつ分かりながらやっていくのは大事だと思うんですよ。いつからやったら良いかという話には明確な答えはないですけれど、そういうロジックが無い選手はある段階で頭打ちというか、相手の総合的な守備の力が上がってきたり、相手が肉体的に強くなってきた時に、今まで思っていたプレーができなくなってくる。その時に、理屈が積み上がってないから、そこから上に行けなくなってしまう可能性がありますよね。

世界基準と国内基準

有元：国内で守備の戦術を教えるとします。しかし国内のなでしこリーグではそれで守れるのだけど、国際大会になると守れなくなるということが起きてくるのではないでしょうか。世界基準への対応の問題をどうお考えですか。

高倉：インターナショナルマッチに行くと、プレーの強度が全く変わります。国内の試合で仮にスタートポジションが良くなく、さらに寄せが遅れたとしても、なんとかそこで対応してボールを取ることができます。しかし海外で相手が強かった場合には、ポジションが悪くて遅れて行ったら、抜かれてしまうか、もしくは、ボールが取れないという状況になるので、より先手を取ったポジショニングを取らなければいけません。そのことを、まず理解しなければいけないですよね。これは体感しないと分からない。「いつもこの辺だから、ここでいいでしょ」となるわけですよね。やられて初めてこれじゃやられるんだと考えるわけです。世界と戦うためのチームを作るためには、ワンランク上の対戦相手を想定して守備のポジション取りとか、当たりに行く時の強度も全く変えなければなりません。選手にはそこを要求するのですが、選手はやはり体感しない限りは、それを習得できません。現在、世界の女子サッカーはものすごい勢いでレベルアップをしていて、今までただ速いだけだった選手がより強くなり、さらに上手くなっています。だから、以前はそれほどフェイントが入ってこないから大丈夫だろうと思っていたのが、今では大きなステップでフェイントをかけてくるわけですね。やはり、プレーにフェイクを入れられると、こちらはそれに対してフィジカル的な対応をしなければいけないので、フィジカルも上げなければいけないとなる。そういうことを考え、選手と話しながらチームを作っています

有元：例えば、ボールを持っている相手選手に寄せていく強度についても、抜かれないことを優先し弱めに行くのか、それともカバーがいる前提で強く奪いに行くのか。こういうことはチームで詰めないと、共通理解を持っていないと、どんどんずれていきますよね。

高倉：そうですね。特に日本の場合は組織で守るというところを大切にしているので、そこがずれると少しきついです。また、違う観点からみると、例えば、アフリカのチームであったり、南米の男子もそうなのですが、カバーの概念が無い。1対1なんです。この人をマークしたら、この人にやられたら、全部私のせいだと。だから、カバーに入る必要はない。自分がマークをついていれば良い。サッカーの考え方が全く異なるチームもあるんですよね。日本は1対1で負けたときのことを想定したポジショニングをとって、集合体で守

ろうという発想ですが、本当はボールに行った選手がボールを取ってしまえばいいわけです。私はもちろん集合的な守備の作り方をするのですが、本当は1対1で取れる選手になってほしいと言っています。海外で実際に外国の選手を目の当たりにして、物凄い速さと強さがある選手が多いので、本気で取りに行ってもボールを取れないとか、片手でポンっと弾かれてしまったりとか、そういうことがあるので、悩ましいところではありますけど。

考えること／動くこと

高倉：先ほど考えてサッカーをやるという話をしましたけど、自然に体が動く状態、コンディションと心のバランスみたいなところで、とにかく考えずに身体が動いているという状態が一番いい状況で、ゾーンという言葉もありますが、本当は考え抜いたプレーが無意識で自然にできるのが一番良いと思うのです。例えば、二〇一一年の澤穂希選手[2]が延長戦で最後に決めたゴールというのは、完全にそうですね。

有元：最近の脳科学でも、情報処理速度とそれに関連する脳の部位のことが明らかになっており、サッカートレーニングでも応用され始めていますね。そうすると、考えない方が考えているような状況がある。

高倉：今この状況で何を選択するかというとき、良い判断をする選手はその局面を切り抜けられる。状況判断が悪い人は、例えば相手がいる方向にボールをコントロールしてしまう。そうした状況判断をするためには、予測能力が必要になります。ここに相手がいるのは今だけど、自分がボールを運んだコンマ何秒後には、その相手は少しずれているわけです。パスも同じです。この人にパスしようと思った時に、足の振りあげ方で相手はそれを読むわけです。その読まれることを読む力がすごく必要だと思います。コンマ何秒か先。その絵を描ける選手は局面をすごく簡単にプレーしていく。元男子代表の遠藤保仁選手[3]などは、いろんなことをものすごく簡単にやっていますけど、予測が利いている。もう、この次の展開はこういうふうに来るだろう、ここに味方が動くだろう、相手がこう来るだろうというのを、無意識で感じている。

有元：遠藤選手はそれほどフィジカルが強い選手ではないですよね。スピードも身長も。でも、日本代表で一番多く出場した選手です。

高倉：同じようになでしこにも阪口夢穂選手[4]という選手がいて、彼女もフィジカルが特別に強いわけではありません。ただ、やはり技術があって、ゲームを読む力がある。ボール捌きもそうですし、選択することもそうですけれども、結局状況判断が全てと言ってもいいと思います。

山本：全てが一回限りのシチュエーションじゃないですか。二度と同じ状況は起きないし、これまでも同じものは無かったことに対してどのように適応しているのでしょう。どこかで小さい頃からそのシチュエーションで練習を繰り返したりしているということなのでしょうか。

高倉：そうですね。やはり、二度と起きない局面ではありますけれども、サッカーはゴールを守り、ゴールを奪うという目的があるので、それに対して人間が動くから逆算すると思うんですよ。もちろん、先ほど言ったように練習をする中で、こんな状況だったらこういうふうに来るというのはインプットされていると思います。相手の目つきもそうですし、顔つきもそうですし、体の向きや、他の味方や相手選手がどこにいるかでも、選ばれるプレーは違います。そういうことをパっと瞬間目で捉えて情報を処理し、自分の持っている技術の中からプレーを選択していくことの繰り返しなんですよね。

有元：世界基準いうところにも通じますけど、状況判断とか、ピッチの中で起こっている情報を受け取って、それを処理して、実行していくというスピードも、今、世界的に上がってきていますよね。

高倉：そうですね。私の現役時代などは、身体的にはスピードがないとか力強さがないという中で、とにかく判断のスピードを上げようという意識はありました。今はやはりどこの国もそういったトレーニングを受けて、判断のスピードも体のスピードも上がってくる中で、じゃあ、日本はどうやって戦っていくのかという。それは、より速い状況判断と、絶対にミスのないスキル、精密機械のようにというところだと思います。少しの誤差もない精密機械を日本人は作ることができるという部分。他の国でも、もしかしたらあるかも知れないですけど、日本人ならではの細やかさとか、配慮とか、丁寧さを追及しない限りは、日本人としては戦えない。パスが30㎝ずれたら次のプレーに進まないんです。だから、受け手が考えていることを察して、パスをどちらの足に送るかとか、どのタイミングで送るかかというのがパーフェクトじゃないと、結局、体が大きくてスピードがある選手たちに捕まる。そうした局面で負けている限りは試合には勝てないと思います。ですから勝負所は精密さとか、正確さだと感じます。味方の動きとかやりたいことを感じ、それに合わせていくというのを、グラウンドに出ている11人と、もちろんサブも含めて90分間一つもミスなくやっていくという。もちろんサッカーはミスが起きるスポーツですから、それは不可能かもしれませんが、でもそれをやろうねと。そこを追究しなければ、日本が再び世界一になることは難しいと思います。

なでしこのサッカーと世界

有元：日本サッカー協会がなでしこビジョンを打ち出して、二〇二〇年のオリンピック東京大会、その次は二〇二三年のワールドカップで優勝することを目標に掲げています。しかし二〇一一年に優勝した時とは、周りの状況がかなり違っているという現状があります。二〇一一年のなでしこジャパンは世界の女子サッカーを変えてしまいましたよね。女子のサッカーが男子と同じようなパススピードで、連動してプレーを構築できるということを世界が気づいたというか。なでしこの活躍が世界の女子サッカーのレベルを飛躍的に上げたと言えますね。

高倉：私自身はあの決勝の日にドイツに行って、あのグラウンドにいて、観客席で見ていたのですが、日本のサッカーが世界中の人から称賛され、これはもう新しい時代が来たということを言われました。それまでは、アメリカやドイツのような非常に大きくて、体の強い選手たちが、どちらかというとシンプルに、前に蹴り込んでフィジカルで勝負して勝っていくと。そういう流れから、日本が細やかにパスを繋いで、組織的に守備をして、粘り強く戦うという女子サッカーの新しいスタイルを出したことによって、他の国もまたボールを繋いでいこうと、技術をもっと大事にしようということをやりだしたんですね。それから、七年経ちましたけれども、そのあとのロンドンオリンピックと、その次のカナダのワールドカップでも、女子選手が本当にアスリートになり、戦術的にも洗練されてきました。今、各国のサッカー協会でも女子のサッカーに力を入れているところが本当に増えています。オランダやスペインは育成のメソッドがありますし、女子でも男子でもサッカーをやることには変わりないので、その育成システムの中で育ってくる選手というのは五年も経つとあっという間に変わるんですよ。そして女子のサッカーが商業的にもその価値を認められるようになりました。見た目も男子とはまた違う華やかさがありますし、スポンサーとして応援してくださる企業も増えてきています。取り巻く環境が劇的に変わっていく中で各国の力の入れようも変化していますし、スタイルもその国のスタイルで戦いだしているという状況です。

有元：世界的に女子サッカーは元々一九二〇年代にチャリティーなどの目的で、フランスやイギリスで行われたのですが、本格的に組織化・制度化が進んだのは、世界的にも七〇年代から八〇年代にかけてです。日本でも、それこそまさに高倉さんの成長とともに、この三〇年から三五年ぐらいでようやく組織化・制度化されてきた状況です。各国のサッカー協会も女子サッカーをサポートする体制が整ってきているという状況の中で、女子サッカーそのものがどんどん変化しているし、進化している。だから、日本が一番になったから、常に一番でいられるわけではない。アメリカとドイツの力も、ドイツが昔一番だったのが、どんどん落ちてくるというか、他が上がってくるので、相対的に下がってしまう。そういったことが生じているのが現状ですよね。

山本：速度が速いんですよね。二〇一一年のなでしこジャパンが見せたスタイルが、あっという間にグローバルに共有されて、他もそこにすぐ追いついてくる。グローバリゼーションというのは情報が速いということですよね。あっという間に世界が共有する。

高倉：現代はデータも飛び交っていて、どこの国の映像もすぐに入りますし、分析もすぐにできるので、どのチームもどの選手も丸裸なんですよね。分析の専門家がいるチームはたくさんありますし、そういう中で戦っていくということもまた新しい時代だと思います。

山本：本日は貴重なお話をありがとうございました。

（＊本章は二〇一八年三月二〇日成城大学で開催されたシンポジウム「グローバル時代の女性アスリート――日本女子サッカーのこれから」での対話を収録したものである）

注

1　日本女子サッカーの草分け的存在。十五歳で日本女子代表に選出される。アトランタ五輪出場など日本代表の中心選手として活躍。現役引退後、指導者として二〇一四年ＦＩＦＡＵ―17女子ワールドカップを優勝に導くなど日本屈指の女性サッカー指導者。現女子日本代表監督。

2　元女子日本代表選手。一九九三年に一五歳で代表に選出され、二十年にわたり中心選手として活躍。二〇一一年ＦＩＦＡ女子ワールドカップ決勝では延長戦で劇的な同点ゴールを決めた。

3　ガンバ大阪所属のミッドフィールダー。日本代表の国際Ａマッチ最多出場記録保持者（一五二試合）。

4　日テレ・ベレーザ所属のミッドフィールダー。二〇一一年ＦＩＦＡ女子ワールドカップ本大会では全試合スターティングメンバーとして出場。

第4章　なでしこジャパンは何を代表／表象してきたのか

稲葉　佳奈子

サッカー女子日本代表（なでしこジャパン）がFIFA女子ワールドカップドイツ大会で優勝して日本中の注目と賞賛を集め、ブームを起こしたのは九年前のことである。続けて国民栄誉賞受賞、ロンドンオリンピック準優勝、W杯カナダ大会準優勝などで話題を呼んだものの、二〇一六年三月にオリンピック出場権を逃したのを最後に、現在その存在感はピーク時と比ぶべくもない。女子日本代表は、一九八一年の結成から現在までこうした浮き沈みを何度か経験し、そのプロセスにおいて「日本女性の美点」をあらわす「なでしこ」の愛称が与えられ、震災後は「あきらめない日本人」を表象する存在となった。

一般的に、スポーツの世界において、女性はアスリートとしても観戦者としても二流もしくは「いないもの」とされてきた。そのため、アスリートには付加価値としてヘテロセクシュアルな「女らしさ」が求められ、ときに競技の結果に優先して「女」としての価値が評価されてきた。ところが、なでしこジャパンに目を向けたとき、そこに見え隠れするのは、なでしこジャパンと「女」との結びつきが容易ならざるものとなっている可能性である。もしそのとおり、なでしこジャパンが、女性スポーツや女性アスリートをめぐってくりかえされてきた表象の体系に収まりきっていないのだとしたら、それはどのような点においてであり、そこにどのような意味が読み取れるのだろうか。

また、女性がサッカーをすることは、「男のスポーツ」として女性が排除されてきた領域に参入することでもあり、その意味で、とりわけフェミニズムの視点から女子サッカーを語る際には「闘争」や「抵抗」として表現されることがある。この文脈から日本の女子サッカーをとらえるとき、なでしこジャパンの「闘争」はどのようなものであったのだろうか。そこにどのような可能性が見いだせるのだろうか。

以上の問題関心にもとづき、本稿は、日本の女子サッカーおよびなでしこジャパンをめぐる諸現象を整理しながら、女子サッカーという競技の日本代表チームに何らかの意味や価値を与えようとする欲望と表象の複雑さについて考察するものである。

1　なでしこ前史：日本女子サッカー黎明期

「キャー」「こっちへ蹴ってヨ」と、女子生徒が一団になってボールを追い回す。神戸市立福住小学校の六年生だ。――おかあさんは賛成？「ウン、理解があるからねエ」「おてんばになるって反対されたけど、泣いて説得したの」――おもしろい？「蹴るとスカーッとするでしょ。いい気持」「男の子がやるのを見ていて、やりたくてたまらなかった」

一九六六年一一月、神戸市立福住小学校の六年生を中心にした福住女子サッカースポーツ少年団が全国で初めての女子サッカークラブとして誕生し、すぐに神戸女学院中等部サッカー部が続いた。[1]「蹴るとスカーッとするの」というタイトルで両チームの結成を取り上げた雑誌記事には、鉢巻きに提灯ブルマーの少女たちが大きく足を振り上げてキックする姿や、ボールに集まって団子状態になっている初心者プレイヤーらしい様子が描かれる。そして記事によれば、早くも翌年三月には、両チームによる「初めての女子だけの試合」が実現するのだという。

『ゴング格闘技』9月号増刊 表紙（著者撮影）

ただし、日本における女子サッカーの芽生えともいえるこうしたできごとが、現在みられる女子サッカーの発展にそのままつながるとはいいがたい。女子のサッカーが競技として本格的におこなわれるようになるのは、一九七〇年代以降と考えるのが妥当だろう。一九七二年、日本蹴球協会（現日本サッカー協会）の女性職員によるサッカー誌上での呼びかけで、東京にFCジンナンというクラブチームが生まれた。[2]静岡県清水市で、一九七八年に生まれた清水第八スポーツクラブは、男子中心のスポーツ少年団に所属していた女子中学生の受け皿となった。[3]また、同年に関西では高槻女子FCがスタート。現在なでしこリーグ一部に所属する日テレ・ベレーザの前身、読売サッカークラブ女子ベレーザは、一九八一年に読売サッカークラブの女子チームとして創設された。これらのチームは、のちに多くの日本代表選手を輩出することになる。

チーム数の増加にともなって、各地域では女子サッカーの組織化が進んだ。一九七五年に京浜女子リーグ、関西女子リーグが発足。一年遅れて関東のチキンフットボールリーグが続いた。そして一九七九年、日本サッカー協会の加盟団体として日本女子サッカー連盟が設立され、ここにおいて女子サッカーの存在が公式に認知されるに至る。翌年には第一回全日本女子サッカー選手権大会の開催をむかえ、八チームがこれに参加した。ところがこの選手権は8人制であり、25分ハーフの試合では4号ボールを使用、ゴール幅やピッチの大きさも男子の公式試合より狭くしておこなわれるなど、世界基準の競技としてのサッカーとは大きく異なるものであった。全試合が45分ハーフになるのは二〇一〇年の第三二回大会まで待たなければならず、独自ルールをもつ「女子サッカー」が日本では三〇年近くも存在していたことになる。

女子サッカーが少しずつ成長する過程にあった一九八一年、香港開催の第四回AFC女子選手権出場に向けて、第二回全日本選手権優勝の清水第八、前年優勝のFCジンナンの所属選手を中心としたチームが編成された。これが選抜チームとしての女子日本代表の始まりである。前年にAFCに加入したばかりの日本女子サッカー界にとって、選手権出場は当面の大きな目標であった。ところがそこで、代表チームは最初の困難に直面する。女子の年間活動予算は二五万円、協会からの遠征費が出ないという状況のもと、女子連盟は一六人の選手と四人の役員を遠征に参加させるための資金調達に追われたのである。また、仕事をもつ代表選手が海外遠征に出るためには、各自の職場で長期の休暇を確保する必要があった。[4] そうした苦労の末に出場を果たした初めての国際大会で、日本代表は強豪の台湾やタイに敗れ、予選敗退に終わる。これが女子日本代表チームのはじめの一歩であった。このとき、優秀選手のひとりに選出されたのが、高校二年生の本田美登里である。選考基準が「技術・容姿・マナー」とされていることから、当時のアジア連盟における女子サッカーの位置づけがうかがえはするものの、ここで国際的にも認められた本田は、長きにわたって女子サッカー界に大きな貢献をもたらすことになる。

代表チームの結成と国際大会への参加を皮切りに、日本の女子サッカーは一九八〇年代を通じて大きく前進する。全日本女子選手権は一九八二年に8人制から11人制となり、一九八六年には5号ボールの使用がはじまった。代表チームにたいして、海外遠征や国際親善試合などの強化スケジュールが組まれるようになった。そしてサッカー協会への登録選手が一万人に達した一九八九年、北京アジア大会で女子サッカーが正式種目となったことを受けた本格的な女子強化策の一環として、日本女子サッカーリーグがスタートした。この新しいリーグに参加したのは、読売ベレーザ、清水ＦＣ、日産ＦＣ、田崎真珠神戸ＦＣ、プリマハムＦＣ、新光精工ＦＣの六チーム。既存のクラブチームにいわゆる企業チームが加わるかたちであった。好景気を背景としてスポーツチーム運営に参入する企業が相次ぐなか、女子サッカー界では一九九〇年に「初めての本格的な企業チーム」として日興證券がチームを立ち上げたことが注目を集めた。「財テクブーム」に沸く証券界のなかでも空前の業績向上をみせていた同社が立てた計画、五年間で五〇〇億円を投じる「福利厚生元年」の目玉として、自らも経験者で大のサッカーファンであった岩崎社長の支持があったという。「女子サッカーには将来性がある」、「男子と違って女子なら国際大会でいいところに食い込みそう」など、数ある男女競技種目のなかで女子サッカーに目を付け「先物買い」した社長のコメントをメディア各紙が伝えた。この新しいチームの監督として招聘されたのは、女子日本代表監督四年目の鈴木良平であった。「企業のバックアップ体制が充実してくれば、こうした課題が解決され、女子サッカーの本格的な普及にはずみがつく」[5]という鈴木の言葉は、代表チームが依然として金銭面で苦労していたことを物語っている。

一方、同じくリーグに名を連ねた読売ベレーザは、一九八八年の全日本選手権で二連覇を果たすなど、すでに「強豪」としての地位を築きつつあった。創設当初こそ東京都女子リーグ二部から一部への昇格に失敗したものの、一八八三年以降は一部リーグの優勝を含む上位をつねに占めるまでに成長する。さらに一九八四年の野田朱美をはじめ、多いときは六人の選手を代表チームに送り出すなど、八〇年代の日本代表に多大な影響を及ぼした。その読売ベレーザの中心選手のなかで、高倉麻子は比較的早い時期からメディアに登場した女子サッカー選手であった。前年の全日本選手権でチームが初優勝、自らはＭＶＰを獲得した、当時大学二年生の高倉は複数の男性向け週刊誌で取り上げられ、「意外に女っぽい⁉」のキャプション付きの顔写真とともに次のように紹介されている。

> サイズは上から80―60―90、とごく普通の体型ながら「（胸でボールを止めること？）気にしたこともありません」と事もなげに言ってのける。……「サッカーに明け暮れるだけの毎日じゃありません。……普通の女子大生ですッ」と、ちょっぴりギャル宣言。[6]

メディアでの取り上げられ方をみる限り、高倉は、二年後に初めてのワールドカップ出場をひかえていたとはいえ今よりも圧倒的に知名度の低い「女子サッカー」なる活動の「代表」であった。普通の女子大生が頑張ってそこそこの成績を出している、アスリートとして扱うまでではないがちょっとめずらしいから取り上げた、といった姿勢が見て取れるこの記事は、一般雑誌で取り上げられても「女のコが玉を蹴るなんてハシタナイという人もいようが」[7]、「たかが女子サッカーというなかれ」[8]などの前置きに内包されるまなざしがまとわりつく女子サッカーの状況を、忠実に反映していたといえるだろう。

日本リーグ開幕三年目を迎えた一九九一年、代表チームはアジア選手権の予選を全勝で通過し、準決勝の台湾戦をＰＫで制して第一回女子世界選手権（現女子ワールドカップ）の出場権を獲得した。しかし福岡で開催されたこの大会から、世界選手権での全敗による一次予選敗退に至るまで、女子日本代表が大きな注目を集めた形跡はない。アトランタオリンピックでの正式種目採用が決まった一九九三年に開催されたマレーシアでのアジアカップ、翌九四年の広島アジア大会を経てアジア代表二枠に入り、一九九五年の第二回女子ワールドカップに出場、そこで上位八チームに食い込みオリンピックの出場権を獲得するというプロセスを通じて、徐々に競技としての女子サッカーに目が向けられるようになる。その際、オリンピック新規採用種目であったことに加えて、「男子より世界に近い」とみられていたことが影響していた可能性はある。また、一九九三年のＪリーグ開幕以降、日本国内のサッカー人気は空前の高まりをみせ、サッカーをサポーターとして支え、サッカーの戦術や選手起用について語るカルチャーが形成されつつあった。そのように男子のサッカーがプロスポーツとしての地位を確立するのと同じ時期に、「オリンピック種目・女子サッカー」は社会的に認知されるに至ったのである。

代表チームが予選敗退に終わったアトランタオリンピック以降、日本の女子サッカーは名実ともに低迷期に入る。不況のあおりを受けた経営不振を背景として、Ｌリーグに所属する企業チームの親会社が次々とチーム運営から撤退したのである。そこには、立ち上げ当初に鳴り物入りでリーグ参入した日興証券ドリームレディースも含まれていた。参入以降つねに上位をキープし、日本代表選手も輩出、最後の年となる一九九八年にはリーグ三連覇を達成した日興証券のリーグ撤退は、女子サッカー界に大きな衝撃をもたらした。また、解散をまぬがれたチームやＬリーグ自体も大幅な運営費の縮小を余儀なくされた。こうしたできごとの影響が、代表チームにおよばないはずはない。一九九九年の第三回女子ワールドカップは一次予選でロシアに大敗、続いてノルウェーにも敗れて一勝もしないまま、日本代表はシドニーオリンピックへの出場権を逃したのである。世界に通用するチームをつくるためには「抜本的な強化策の見直しが必要」[9]とされた。ところがそこに追い打ちをかけるように、さらに複数のチームがLリーグからの撤退を表明。のちにふり返る選手たちが「二度と経験したくない」と語るどん底の状態であった。

2 レジ打ちとサッカー

Jリーグの初代チェアマンとして、激変する九〇年代日本サッカー界の中心にあった川淵三郎が、日本サッカー協会の会長に就任したのは二〇〇二年のことである。川淵が掲げた協会の重要施策「キャプテンズ・ミッション」一〇項目には、女子サッカーの活性化が含まれていた。そのような判断に至った背景について、川淵は自身のコラムにおいて次のようにふり返る。

……女子サッカーの現状を知るため、彼女たちと話す場を設けました。そこで私が、何か望むことがあったら遠慮なく言ってほしいと話したところ、ある選手から「代表の合宿の交通費を前払いでもらえないか」と、何とも切実な要望が返ってきたんです。女子はJリーガーと異なり、プロではないですから、日中は働いて夜、練習する。代表合宿や大会には仕事を休んで参加するわけです。……何はともあれ、彼女らの苦労話を聞いて、何としても女子選手の待遇面を改善しなければと痛感しました。[10]

この「キャプテンズ・ミッション」は、のちに「プレジデンツ・ミッション」と名称を変え、さらにそのビジョンと事業計画は「JFAミッション二〇一五—二〇二二」に継承されるが、いずれにおいても女子サッカーの活性化はつねに協会が取り組むべき事業とされた。こうした動きに呼応するように、代表チームにも明るい兆しがみられるようになる。二〇〇四年四月、二大会ぶりのオリンピック出場をかけたアジア予選は、前年に日本サッカー協会が大会の招致に成功し、東京と広島のホーム開催となった。アジアからの出場枠二に入ることをめざす日本代表は、グループリーグのベトナム戦、タイ戦でともに勝利をおさめ、準決勝では過去一三年間で七連敗中の北朝鮮を3—0で下し、アテネオリンピックへの出場権を獲得したのである。国立競技場でおこなわれたこの試合には三万一三二四人の観客がつめかけ、地上波で放送された試合中継の瞬間最高視聴率三〇%を超えた。ホームの利を活かすべく、Jリーグの試合会場で川淵会長のメッセージを流すなど集客に力を入れた協会にとっては、すでに予選突破を決めていた男子とともに本大会に「アベック出場」という成果を手にしたできごとでもあった。

オリンピック出場が決定したことで、女子日本代表の周囲はにわかに活気づく。メディアは上田監督がいかにして女子チームを導いて結果を出したかを語り、個々の選手を頻繁に取り上げるようになった。Lリーグでは、代表選手の所属チーム同士の対戦に平均の一〇倍以上となる二五〇〇人の観客が集まった。そうしたオリンピック直前の盛り上がりのさなかにある七月七日、協会による公募で選ばれた「なでしこジャパン」という愛称が発表されたのである。メディアに向けた会見は、カラフルな浴衣姿で登場した宮本ともみや澤穂希ら名の知られた選手たちが、七夕にちなんで短冊に願い事を書くという趣向がとられた。「なでしこジャパン」が初めて一般に向けて使われた翌日の新聞では「純粋さ、ひたむきさ、しんの強さをイメージさせる」という選考理由が紹介されている。[11] 実際、北朝鮮戦後の場内あいさつで、上田監督は「選手がひたむきにプレーしてくれた」ことを勝因に挙げた。さらにいえば、メディアが個々の選手を取り上げる際には「なでしこジャパン」発表以前から「純粋に、ひたむきに」ボールをおいかける女子サッカー選手のイメージが提示されており、それは特にサッカーのパフォーマンスではなく選手をとりまく環境についての言及に顕著であった。

五輪出場を決めた北朝鮮戦で大活躍だった「ベレーザ」の荒川恵理子選手の昼間の顔は、スーパーのレジ打ちだ。毎朝八時半ごろ起きて、九時半に自宅近くの練馬区内のスーパーに出勤。休憩をはさんで四時半まで働く。アジア最速といわれるFWが私生活では五時間半の立ち仕事をこなしている。……「遠征の後は勤務を入れないようにしたり、アルバイトならではの自由もあるんです」所属チームの「ベレーザ」の練習は午後六時半から。よみうりランドにあるグラウ ンドで午後九時過ぎまで練習して、帰宅は一一時前後という毎日だ。[12]

オリンピック予選で北朝鮮から二点を奪った荒川恵理子は、アフロヘアとレジ打ちアルバイトのインパクトから、もっとも注目された選手のひとりである。また、TASAKIの磯崎浩美については、チームを運営する田崎真珠の工場で真珠を加工する作業着姿の様子が伝えられた。いずれの選手についても同様に、その背景として「九〇年代のバブル崩壊」、「企業スポンサーの撤退」、「オリンピック予選敗退からの人気低迷」などの説明が加えられ、厳しい環境にも負けず「ひたむきに」頑張る「なでしこ」たちの姿が強調された。女子サッカー選手の多くがチームの消滅、収入ストップ、やむをえない移籍や引退などを経験する状況のなか、仕事と両立させてサッカーを続けた選手たちによって、なでしこジャパンが構成されていたのは事実である。そして、それを可能にするにはそれぞれの選手に「しんの強さ」が必要とされたことだろう。その意味で、「なでしこジャパン」は一般的な「日本女性の美点」を超えて、チームの状況をあらわす愛称でもあった。オリンピックの前後を通じて、代表選手たちはインタビューで口々に「危機感」を表明している。「もうあんな経験はしたくない」、「オリンピックに出られなかったら女子サッカーは終わる」、「一時的な人気も結果が出なければ元に戻る」。二〇〇〇年代の日本で、歴史とオリンピックでの実績があり国内リーグ人気は比較的安定している女子バレーボールが、国際レベルの女子団体競技のイメージとして主流だったとすれば、「女子サッカー」そのものを守ることをモチベーションにして戦うなでしこジャパンの選手たちは、ある種の新鮮さをもって肯定的に受け止められたことだろう。ただしそれは、そもそもの問題の基盤であるところの女子サッカーの構造を変える力にはつながらず、危機的状況における「ひたむきさ」や「頑張り」がひたすら強調されるにとどまったのである。

アテネ大会ではオリンピック初勝利をあげ、二〇〇八年東アジア選手権では初タイトル獲得、同年の二大会連続出場となった北京オリンピックではメダルこそ逃したものの四強に残り、直後のランキングで史上最高の九位となるなど、なでしこジャパンはこれまでにない躍進を果たした。それに対して協会は、二〇〇七年に「なでしこvision」と銘打った女子サッカー振興目標を発表する。二〇一〇年現在、日本サッカー協会のウェブサイトで「なでしこvision」のページにアクセスすると、冒頭で「サッカーを女性の身近なスポーツにする」、「なでしこジャパンが世界のトップクラスであり続ける」、「世界基準の『個』を育成する」という三つの目標が掲げられている。続いて目標達成に向けた重要施策が示されるとともに、次のフレーズが画面を占める。

> そして、「なでしこ」らしく……。
> 「なでしこ」らしい選手＝日本女子サッカー選手の姿、目指す姿
> 「なでしこ」らしさとは　ひたむき　芯が強い　明るい　礼儀正しい
> 「なでしこ」らしい選手になろう！
> 「なでしこ」らしい選手を育てよう！[13]

協会は、東アジア選手権の優勝ボーナス支給、海外遠征、子育て支援制度などの具体的施策によって、さらなるバックアップ態勢を示す。そして二〇一〇年、北京オリンピック後に相次いだ海外クラブからのオファーへの対応として選手の海外移籍をサポートする強化指定選手制度が導入され、すでに

アメリカプロリーグでの経験をもつ澤、宮間あやらに続いて安藤梢、永里優季らが移籍した。こうした流れを通じて、女子サッカーはサッカーとして徐々に認められ、女子サッカー選手はサッカー界の一員として居場所を獲得していくこととなる。とはいえこの時期、サッカーに積極的な関心を示す層ではない多くの人びとにとっては、女子サッカーはいまだ他の「マイナースポーツ」と同じくオリンピックの前後のみ注目を集める競技にすぎない。「サッカーを女性の身近なスポーツにする」ためには、さらなる飛躍が求められたのである。

3　震災・ノリさん・澤、その後

二〇一一年、ワールドカップドイツ大会に、女子サッカーの日本代表チームの存在すら知らなかった人びとが目を向けるのは、なでしこジャパンがメキシコに勝利し四大会ぶりの八強に残ったことが、新聞をはじめとするメディアで大きく取り上げられてからである。そして準々決勝、開催国でもあり、世界ランク二位の強豪でもあるドイツとの対戦結果が、「歴史的勝利」として次のエピソードとともに報じられた。

試合直前のミーティング。気持ちを高め、戦術を確認する時間だ。日本代表の佐々木則夫監督は、四強に入った二〇〇八年の北京五輪や今大会の得点場面とともに、東日本大震災の映像を流した。そして、選手たちに声をかけた。「私たちのプレーが被災者の方のパワーにつながる。苦しい時は被災者の方のことを思って頑張れ」……試合後、選手全員で震災支援への感謝の横断幕を掲げ、スタジアムを一周した。[14]

こうしたメディア報道を通じて、同年三月におきた東日本大震災の被災地にゆかりのある選手が、なでしこジャパンに複数いたことが知られていく。試合では、かつて東京電力の女子サッカーチームに所属していた丸山桂里奈がドイツを相手に決勝点をあげるなどの展開があり、それらは「震災映像に奮起」したことによると伝えられた。そして七月十七日、なでしこジャパンは決勝戦でアメリカに勝利し、ワールドカップのチャンピオンとなる。選抜チームとしての女子日本代表が誕生してから三〇年で手にした快挙であった。帰国したチームを空港で出迎えるファンたちは、優勝を祝う言葉とともに「日本のみんなに力を与えた」ことに対する賞讃の言葉を口にした。選手ゆかりの地では、東日本大震災の被災者が「明るいニュースに勇気をもらい」、なでしこジャパンが「あきらめないことの大切さを教えてくれた」ことに感謝した。それに応えるように、選手たちは凱旋帰国会見で「被災地に励まされた」と述べ、選手のＣＭ起用を報じる記事では

「日本の元気に協力したい」というコメントが見出しとなった。[15]同年の流行語大賞において東日本大震災に関連する言葉がトップ一〇の半数を占めるなか、「なでしこジャパン」が大賞に選ばれた際にも「日本中に希望と勇気を与えた」ことが理由として挙げられている。[16]

ドイツから帰国したなでしこジャパンには、出発前と比べて桁違いの注目が集まった。選手や監督は連日さまざまなテレビ番組に出演し、これまで女子サッカーとは縁がなかったメディアにも、なでしこジャパンの記事が写真とともに載った。百貨店では「感動をありがとうゼリー」が売られ、コンビニでは「感動をありがとうキャンペーン」が展開された。記念切手が発行された。なでしこリーグに大型のスポンサーがつき、各クラブの協賛企業も急増した。そして七月二五日、上記の「なでしこフィーバー」に先行して、なでしこジャパンへの国民栄誉賞授与の意向が発表された。後日「東日本大震災など大変困難な中に日本国民がいる中で、立ち向かう勇気を与えた」ことによる受賞が正式に決定し、キャプテンの澤穂希は「少しずつ日本が元気を取り戻しつつある中、皆様に希望と活力を与えられたのであれば、大変うれしいです」とのコメントを公表している。[17]

二〇一二年に入ると、メディア報道はおもに「ロンドンオリンピックに臨むなでしこジャパン」に関する内容に切り替わる。合宿や親善試合などチームとしての活動を通じた代表入り争いが続くなかで、澤、川澄奈穂美といったスター選手以外で注目されるのは、被災地にゆかりのある選手であった。そしてむかえた現地時間八月九日、ロンドンオリンピックの女子サッカー決勝戦。日本は前年のワールドカップと同じ相手であるアメリカと対戦する。その直前の、「東日本大震災の被災地に勇気を届ける」ためにピッチに立とうとする岩清水とその思いに励まされる人びとを取り上げた記事は、「どんな困難な闘いでも、団結すれば乗り越えられる。なでしこたちは、そんな思いを日本に届け続ける」と結ぶ。[18]結果は準優勝となったものの、重圧を乗り越えて銀メダルを勝ち取り、笑顔でオリンピックの戦いを終えたことが印象づけられた。

一方、監督の佐々木則夫に対しては、サッカー以外の話題、とくに組織論やマネジメント論の文脈で関心が向けられた。なでしこジャパンの監督に着任した二〇〇七年以降、東アジア選手権二連覇、アジア大会優勝、ワールドカップ優勝などの結果を出した佐々木は、その功績から二〇一一年にはFIFA最優秀監督賞女子部門を受賞している。スポーツで成功したチームの指導者がビジネスの領域で引き合いに出されるというよくある光景において、佐々木に求められたのは「女の集団」をまとめ上げた手腕について、「横から目線」と表現された選手との接し方についての語りであった。そうしたニーズに応えるように、佐々木は自身の著書で次のように述べる。

僕はチームのボスではなく、選手たちの兄貴分、あるいは父親役を務めていて、すでに選手たちと対等に近い人間関係を築いていた。トレーニング終了後に、グラウンド上で若手選手からヘッドロックを掛けられたこともある。それも僕と選手たちとのコミュニケーション方法の一つだったのだ。[19]

僕にだって、女性の考えは分からない。その代わり一つ、言えることがある。僕は、女性の心を操っているわけではなく、選手の前でも身構えず、偉ぶらずに心を開いているだけだということだ。[20]

こうしたスタンスは、選手から「ノリさん」、「ノリオ」と呼ばれ、試合前の「親父ギャグ」で緊張をほぐしたエピソードとともに様々なメディアで好意的に紹介され、女性スポーツにおける高圧的で強権的な旧来型の指導者像とは異なるあり方として評価された。二〇一五年のワールドカップカナダ大会に向けて「震災」や「被災地」がなでしこジャパンを語る言葉として主流ではなくなった時期においてはとくに、世代交代や新たな戦術への移行といった過渡期であることも関係し、佐々木自身がなでしこジャパンを代表する存在になっていたのである。

ワールドカップカナダ大会に出場するメンバーとして招集された二三人のうち、ドイツ大会からの選手は一七人。なかでも三六歳になった澤の約一年ぶりの代表入りは、なでしこジャパンの世代交代が難航していることを強く知らしめた。世界の女子サッカー全体でレベルの底上げが進み、前回の優勝以降アメリカをはじめとする強豪国からは警戒され研究されつくすなど、連覇どころか決勝進出すら危ぶむ見方もあった。一次予選からのなでしこジャパンの試合に、ドイツ大会で「FCバルセロナのようだ」と形容されたショートパスをつなぐ華麗なサッカーのイメージを見出すのは難しく、大会前のイベントでは「なでしこらしさ」という言葉で表現された、「最後まであきらめない」姿勢が強調された。ディフェンディング・チャンピオンとして戦い、準優勝という結果を残したなでしこジャパンに対する日本国内の視線はおおむね温かかったが、それは同時に、アメリカとの決勝戦開始三分で先制され序盤だけで四点差、途中で巻き返しの姿勢はみられたものの2—5の大差で試合終了という事実に対して、「よく頑張った」と健闘をねぎらう以外の態度をとりようのない状況であったともいえる。

しかし、翌二〇一六年三月、ホーム開催となったリオオリンピック予選で本大会出場権を逃した際には、大きな衝撃と落胆をともなって、なでしこジャパンにいよいよ厳しい視線が向けられることとなった。ワールドカップに引き続いてベテラン中心のメンバー構成をとった監督の方針に疑問が呈され、予選敗退決定後の選手の発言からチーム内の「不協和音」がささやかれる。そこに、なでしこジャパンの精神的支柱とみなされ、「なでしこらしさ」の体現者とされた澤穂希が前年末に引退したことが、チームをめぐる不穏な雰囲気に説得力をもたらした。この大会をもって佐々木監督は退任、澤の引退と相まって、なでしこジャパンの一時代の終わりを印象づけたのである。

4 「なでしこジャパン」とはどのような現象だったのか

こうして約三五年にわたる日本女子サッカーおよび女子日本代表の変遷を概観すると、その多くに女性スポーツが歩んできた歴史と重なる部分があることに気づく。フェミニズムの視点からみれば、女性スポーツの歴史は、女性がスポーツをする権利と機会と資源を獲得するための闘争の歴史でもある。スポーツをすることで、女性は心身の解放を経験し、ともに活動する仲間を得た。はじまりは一部の特権的な階級や地域に限られてはいたが、それが広がりをみせるにつれて、様々な差別と抑圧を経験した。たとえば近代オリンピックひとつとっても、女性がどのような参加の制限を受け、どのような論理のもとでそれが正当化されたか、それに対して女性アスリートがどのように抵抗してきたかをみれば、スポーツとの出会いがもたらした解放と抑圧と変革の一面をうかがい知ることができる。[21] サッカーの場合、オリンピック種目の採用が一九九六年という事実が示すように、変革の波が他の多くの種目より遅れたタイミングでおとずれた。「伝統的なマスキュリニティの砦であり男性の威信と特権のシンボル」たるサッカー界に女性が切り込んでいく闘争は、二〇世紀の終わりにようやく成果をみせはじめたといえる。しかしながら、いまだサッカー界のジェンダー間不平等は残っており、とりわけサッカー選手として生きていくための手段と機会において様々な問題が指摘されているのが現状である。[22]

日本の女子サッカーについていえば、七〇年代以降の競技化および組織化、日本代表チームの結成と国際大会への参加、日本リーグの立ち上げ、なでしこvision の策定といった大きな流れから、女性が男性領域に参入するうえでの抵抗や抑圧をさほど受けることもなく発展を遂げてきたかにみえる。むしろリーグの立ち上げにあたって大企業の後押しを受けたこと、協会が女子に特化した事業計画を推進したことなどは、「男性社会」による保護やサポートとみることができるし、それは他種目の女性アスリートの目に恵まれた環境として映っていたかもしれない。しかしそれでもなお、サッカー選手をとりまく社会的文化的環境や物的人的資源における歴然としたジェンダー格差という点では、世界の女子サッカーのみならず、女性スポーツ全体と問題を共有している。また、日本の女子サッカーが普及・発展するプロセスにおいて、個々の現場で選手や関係者を含む個々人が、男性領域への女性の参入にともなう様々な困難に直面したことは想像に難くない。そのなかで、ときに正面から現状に立ち向かってこれを突破し、あるいはゲリラ的に既成事実を積み重ね、そうして得たものを後進につなぐ。その連なりが協会のサポートやなでしこフィーバーを含む大きな流れを呼び込んだとみれば、その意味では確かに、なでしこジャパンは闘争の主体であり、なでしこジャパン自体が闘争の成果なのである。

『Sports Graphic Number』794　表紙（著者撮影）

　ところが実際のところ、いまの日本で「なでしこジャパン」を「女の闘い」あるいは「スポーツ・フェミニズム」と重ねるのは無理があるといわざるをえない。そのことについて、なでしこジャパンの認知度が一気に高まるとともにそのイメージを決定づけた、二〇一一年の諸現象から掘り下げたい。日本女子サッカー歴史のなかでも、ワールドカップドイツ大会での優勝は、代表チームがもたらした社会的インパクトとして最たるものである。サッカーファンにとって、ワールドカップでの優勝はそれだけで十分に偉業であるが、その優勝がファンの喜びを超えた社会現象にまで至った背景としては、東日本大震災後の社会状況を無視することはできない。先に述べたとおり、なでしこジャパンの選手たちは、ドイツ戦やアメリカ戦で、震災後の日本への思いを戦うモチベーションにつなげたとされる。選手個々によって程度の差こそあれ、そうした雰囲気はおそらく実際にあったのだろう。この大会で守備の要として戦った岩清水梓は、決勝戦後に「東北のみなさんへ」からはじまるメッセージを書いた日の丸をピッチで掲げている。一人の選手が「自分にできること」を探し悩んだ末に見出したやり方は、彼女が「自分のルーツ」と表現する岩手への思い、「東北魂」を打ち出したものだった。そうした選手たちの「思い」や行動の表明と並行して、ときに補完し合いながら、なでしこフィーバー、なでしこブームとよばれた現象はあらわれた。「二〇一一年総集編　日本の誇り」とタイトルのついたスポーツ専門誌の表紙には、クローズアップされた日の丸を背景に抱き合って喜ぶ澤と川澄の姿がある。そうしたヴィジュアルイメージを裏付けるように、「震災から再び立ち上がる誇りある日本人」としてなでしこジャパンを表象する言説は、マスメディアからSNSまで挙げようとすればキリがない。なでしこフィーバーは、震災以降さらに興隆したナショナルなものを称えるムードの一側面としてわかりやすい事例といえる。スポーツとナショナリズムの接合形態のひとつに、自国代表の選手やチームを応援することを通じた同一化があり、それは代表選手やチームを「わたしたち」ととらえることで国民的アイデンティティが構成され、代表選手やチームが「わたしたち」の表象／代表となるプロセスだという。[23]だとすればこの時期、なでしこジャパンという女性アスリート集団に、男性を含む多くの人びとが同一化していたことになる。しかし、そもそもスポーツは、ここで改めて述べるまでもなく男性中心主義をベースに成り立っている。スポーツの権利や機会や資源を男性が占有してきたというだけではない。スポーツの応援や批評におけるスタイルや語りもまた正統性は男性にあるとされ、女性はアスリートとしても観戦者としても二流、あるいは「いないもの」とされてきた。そのため、現在でもスポーツにおいて女性が活躍し注目されるとき、彼女はアスリートとしての評価に優先して「女」としての付加価値の有無をジャッジされる客体となり、そのうえで人々から愛され、応援され、ときに貶される。まなざす主体である「おれたち」による評価が社会全体で共有されていくというのが、女性スポーツをめぐる従来のありようである。ところが、ワールドカップで優勝したなでしこジャパンは、ジャッジされるべき「女」ではなく「おれたち」が同一化すべき「日本人」であった。つまり二〇一一年の日本では、それだけ強く「困難に屈しない日本人」「あきらめずに戦う日本人」の表象が欲望されていたのであり、なでしこジャパンにおいては、その強烈なイメージが後々まで尾を引くことになる。そのような状況においては、「女の闘い」の歴史など前景化しえないのである。

さらにいえば、なでしこジャパンも「女」をめぐる表象体系を完全に免れたわけではない。なでしこフィーバーのさなか、新聞には「ピンクのヘアバンド」や「お菓子作り」や

「笑顔」などの表現がちりばめられ、テレビでは彼氏はいるのか、結婚はどうするのか、料理はしないのかと話を投げかけられた。川澄がいくら「サッカー選手としてみられたい」とネイルアートを落としても、「おしゃれ番長」のイメージは覆らない。祝意や好意でコーティングされるがゆえに、参加制限や資源配分の格差などと比べて見過ごされがちなこうした慣習は、二〇〇四年、なでしこジャパンの愛称を発表する会見の場に立つ衣装として浴衣が用意されたところにも見出せる。同じ年、当時のＦＩＦＡ会長による「女子選手はもっとピッタリとしたパンツをはくといい」との発言に対して、選手による批判が相次いだ。[24] スポンサー獲得のためには「女らしさ」をアピールすべきだという文脈で出たとされているが、そうした発想は、ヘテロセクシュアルな意味での「女性としての魅力」で注目を集めてファンを増やすことが、ひいては女子サッカー全体のためになるという考えによって正当化されてしまう。ボディ・コンタクトの激しさが男らしさを保証するとされてきた「男のスポーツ」をする女性においては、とりわけ、こうしたスタンスをとる／とらないことが、本人の意図を超えて、重要な文化的意味をもつ。女性が「男のスポーツ」をすること、あるいは「男のスポーツ」に長けた女性の存在それ自体が、近代以降のスポーツを支えてきたジェンダー規範に正面から疑念を呈する契機となりうるからである。したがって、女性アスリートが自らヘテロセクシュアルな「女らしさ」を強調する、あるいはそのような表象を受け入れることは、既存の価値体系に反抗しないという意味を帯びる。この文脈においてなでしこジャパンに目向けると、先に挙げたとおり、確かにメディアでは従来どおり「女」の側面が様々なかたちでとりざたされた。しかし同時に、日本中であれほどまでに騒がれ、注目の的となった女性たちが表象される、そのプロセスとしてみるならば、その動きはいささか低調であったともいえるのではないか。なでしこジャパンが登場したテレビＣＭで、コンビニのお総菜やカップラーメンを食べる選手たちの映像は、他の女性アスリートを使った映像と比べて驚くほど「女らしくない」。そのうえ、スポーツ専門誌においてすら定期的に企画される女性アスリートを「女」や「少女」として提示するグラビアに、なでしこジャパンの選手が頻繁に登場したとは言いがたい。しかし、だからといって、そのことをスポーツの男性中心主義に対する挑戦として認識する枠組みは、日本のスポーツ文化に存在しない。したがって、男女で大きなデザインの違いがないサッカーウェアや「女らしくない」衣装を着たなでしこジャパンの選手たちは、サッカーに付随する伝統的な男らしさや、いわゆる男装が引き起こす性のゆらぎなどを表象しえないのである。ヘテロセクシュアルな「女らしさ」を回避

しながらも、真っ向からジェンダー規範に抗するには至らない。なでしこジャパンのメディア表象に見いだせるのは、既存のイメージ体系に変革をもたらすインパクトではなく、求められたイメージに当てはまりきらない不安定さやあいまいさである。

一方、なでしこジャパンの側もまた、「女」としての自己表象に積極性を示してこなかった。たとえば、二〇一〇年からつくられているオフィシャルスーツとしてデザインされるのは、グレーやネイビーのパンツスーツである。オフィシャルスーツを着た選手たちはネクタイを着け、ヒールの低いパンプスやマニッシュなデザインのシューズを履く。二〇一五年の写真をみれば、横に並ぶ佐々木監督以上に足を開いた立ち姿や腕を組むポーズなど、従来の女性アスリートに求められると同時に選手自身によって示されてもきた「女らしさ」を明らかに拒否するイメージがそこにはある。二〇〇四年の浴衣姿から約一〇年を経てみられるこうした状況は、「二流」ゆえに付加価値が求められてきた伝統的な女性アスリートイメージを壊すことになるのだろうか。パンツスーツを着こなしネクタイを締めたなでしこジャパンは、制度的な平等達成の恩恵を受け、自己への責任と決定権、あるいは経済力や自信を獲得した女性たちがコミットする現代のフェミニズムのアイコンとして、日本の女性アスリートの先端をいくことになるのだろうか。[25]しかしここでも、なでしこジャパンは収まりの悪さをみせる。二〇一一年以降の「あきらめない日本人」表象の他に、女子日本代表が社会的に強い印象を残したのは、サッカーと仕事を両立しながら「ひたむきに」頑張る姿である。Jリーガーと違って、契約社員やアルバイトとして生計を立てなければならない女子サッカーの環境はことあるごとに報じられ、広く知られるところとなった。そうした女子サッカー選手の「非正規労働」のイメージは、キャリアブランドのパンツスーツがまとうイメージと相反する。「非

『サッカーキング』2015年6月5日記事
https://www.soccer-king.jp/news/japan/nadeshiko/20150605/319383.html(2017年12月29日閲覧)

正規労働で夢や目標に向かって頑張る女性」としてみることも可能ではあるが、なでしこジャパンに限らずスポーツする女性がそのような意味でポジティブに表象され、その表象が女性のエンパワーメントを促進する状況を想像するのは、少なくともいまの日本においては難しいだろう。

5 なでしこジャパンがつなぐ「絆」

もう一度、話を二〇一一年に戻す。この年の一二月、「今年の漢字」として全国からの応募で選ばれたのは、「絆」であった。その理由として「なでしこジャパンのチームワーク」も挙がったという。[26] 男女を問わず日本代表のサッカーが「集団」や「組織」および「日本人」と結び付けて語られるのは、よくあることではある。しかしここでの「絆」は、ドイツ大会における「つなぐ」戦術を超えて、チームの強い団結力による困難の克服、被災地への「思い」などの諸々を含むイメージの集合体であったのだと考えられる。

しかし、なでしこジャパンがつないだのは、ここで言われる「絆」だけではない。もうひとつの「絆」は、ドイツ大会からの凱旋帰国会見における、選手のコメントから浮かび上がる。

私が代表選手になる前から代表で活躍されてた大先輩の方々が、こうやって築き上げてくれた結果が、この優勝という場所に私たちを連れてきてもらったと思ってます。北京オリンピックでの、みんなの、世界にあと一歩っていうところ、ほんとにもうあと少しでメダルが取れるっていうところまで戦い抜いてくれたことが、私にとって、もう一度目標にさせてくれた、その、仲間たちに感謝したいです。[27]

自分が初めて九九年のワールドカップに出場した時は日本が優勝できるなんて考えもできなかったんですけど、こうして優勝できたのも、今までの先輩方たちや女子サッカーに関わってきた人たちすべての成果だと思います。[28]

自分が生まれる前から女子サッカーの歴史を築き上げてきてくれたと思うので、これからもその歴史を、またつくっていけるように毎日努力して頑張りたいと思います。[29]

日本の女子サッカーおよび女子日本代表が様々な浮き沈みを経験したことは、少し調べれば誰もがおおよそ知ることができる。しかしその浮き沈みのただなかで目にする風景を共有できるのは、当事者のほかに、そこで築き上げた歴史を受け継ぐ者だけだろう。女子日本代表として、ワールドカップに、あるいはオリンピックに出場する、ベスト四に入る、優勝する。三〇余年間におけるそれぞれの時期で、チームが掲げた具体的な目標はもちろん同じではない。それでも「女子サッカーを確立させる」、「女子サッカーを存続させる」、「女子サッカーを終わらせない」といった意思が、競技に臨む姿勢として代表チームに受け継がれてきたのだとしたら、代表チームは、いまここにいるメンバーによる一過性の集団ではなく、かつての代表選手やこの先の代表選手によって構成される、世代を超えた連帯の場であるのだといえる。そこにこそ、サッカーをする女性たちがつないできた絆そのものとしてのなでしこジャパンの可能性が見いだせるのである。

二〇二〇年現在、なでしこジャパンを率いているのは、八〇年代から日本女子サッカーを支えてきた先駆者のひとり、高倉麻子監督である。前年の監督交代以降、なでしこジャパンは世間の注目を集めるほどの成果をみせておらず、したがって、特定の意味を付与される存在になりえていない。しかし今後、かつてのような活躍が再びみられたとき、日本代表としてサッカーをする女性たちと女性監督の集団は、何を表象する存在となるだろうか。おそらくこの先、女子サッカーの環境が大きく変化することはしばらくないだろう。つまり選手の多くは契約社員やアルバイトで生計を立て、そのなかからなでしこジャパンのメンバーが選ばれる。また同じように、協会のサポートを受けながら海外チームでプレイする選手も出てくるだろう。そのうえで、「キャリア女性」ではないサッカー選手、グローバルに夢や目標を追う選手、そして女子サッカーを通じた絆の一端を担ってきた女性監督が連帯して戦いをいどむ「なでしこジャパン」という物語が、従来の女性スポーツ・女性アスリート観だけではなく、「女の集団」観に対する挑戦として語られる未来を思い描いてみたくなる。ところが残念なことに、現代社会における現実としては、「男同士の絆」や男女の異性愛関係に劣る不安定な「女同士のありがちな関係」の表象となる可能性の方が、はるかに高いのである。

注

1 『アサヒグラフ』一九六六年　二二三二号。
2 大住吉之（二〇〇四）『がんばれ！女子サッカー』岩波アクティブ新書。
3 本田美登里、鈴木利宗（二〇一二）『なでしこという生き方』セブン&アイ出版。
4 『サッカーマガジン』一九八一年二五八号。
5 読売新聞　一九八九年六月一六日。
6 週刊現代　一九八八年一四九一号。
7 『FRIDAY』一九八九年三八号。

8　『週刊文春』一九八八年一四八二号。
9　読売新聞　一九八八年　一四八二号。
10　http://www.jfa.or.jp/archive/jfa/communication/2007/070907/index.html　二〇一七年九月一四日閲覧。
11　読売新聞　二〇〇四年七月八日。
12　『AERA』二〇〇四年五月二四日号。
13　http://www.jfa.jp/women/nadeshiko_vision/　二〇一七年一二月二九日閲覧。
14　朝日新聞　二〇一一年七月一一日。
15　朝日新聞　二〇一一年九月一四日。
16　朝日新聞　二〇一一年一二月二日
17　朝日新聞　二〇一一年八月二日。
18　朝日新聞　二〇一二年八月一〇日。
19　佐々木則夫（二〇一一）『なでしこ力　さあ、一緒に世界一になろう！』講談社、一二五頁。
20　同上、一七八頁。
21　田中東子（二〇〇四）「オリンピック男爵とアスレティック・ガールズの近代」清水諭編『オリンピック・スタディーズ――複数の経験・複数の政治』せりか書房。
22　Fan Hong.（2003）*.Soccer, Women, Sexual Liberation: Kicking off a NewEra Routledge.*.
23　有元健（二〇一二）「スポーツとナショナリズムの節合について」『現代スポーツ評論』27号、創文企画。
24　朝日新聞　二〇〇四年一月一八日。
25　田中東子（二〇一六）「スポーツする少女たちの身体とそのゆくえを『第三派フェミニズム』の立場から考える」『スポーツ社会学研究』第二四巻一号。
26　朝日新聞　二〇一一年一二月一三日。
27　凱旋帰国会見での山郷のぞみのコメント。
28　凱旋帰国会見での安藤梢のコメント。
29　凱旋帰国会見での岩渕真奈のコメント。

第Ⅱ部　歴史／空間

第5章　「日本代表」の誕生（1912-24）
――オリンピックへの参加とスポーツの国家的意義

佐々木　浩雄

はじめに

本章の課題は、スポーツにおける「日本代表」の誕生、すなわち「日本代表」という意識が国家的・国民的に共有されるまでの過程を明らかにすることにある。それは、スポーツとナショナリズムの接合の端緒を跡づけることと言い換えることもできよう。

スポーツとナショナリズムの関係性については、これまでにも多くの議論が蓄積されてきた。オリンピックやサッカーW杯が示すように、国際試合が国民意識を高揚させる場になり得ることは周知のとおりである。国民は代表選手の活躍を期待し、メディアは国際的な舞台での選手たちの活躍を大々的に報道する。日本では政府が代表選手たちに様々な形でサポートすることも自明のこととなっているが、そもそも選手たちが国家や国民の期待を背負う「日本代表」として活動し始めたのはいつ頃だろうか。

「日本代表」が初めて組織されたのは、一九一二年のオリンピック・ストックホルム大会だった。それまでにも外国人チームと試合をしたり海外へ遠征したりといった動きはあったが、いずれも単独チームによる試みだった。オリンピックのような多くの国々が集まる国際舞台に向けて、国家を背負う「日本代表」が選出されたのはストックホルム大会が最初だった。本稿における「日本代表」の歴史はこの一九一二年のオリンピック参加から始めることにしたい。

オリンピックはＩＯＣ（International Olympic Committee）創設以来、国家からの自立を謳っていたが、各国のナショナリズムが高揚する時代背景に加え、選手選出母体は当初から各国のＮＯＣ（National Olympic Committee）が担当したこともあり、国別対抗の図式が色濃くなっていった。第一回のアテネ大会は三〇〇名足らずの参加者で始まり、第二回（パリ）、第三回（セントルイス）とも万国博覧会の添え物的扱いを受けたが、二〇〇〇名以上の参加者を得た第四回のロンドン大会を経て、第五回大会（ストックホルム）までには国際競技会としての体裁を整えつつあった。日本はこのストックホルム大会に初めて選手二名・役員二名を派遣した。一九一

【表1】日本が参加した国際オリンピック（夏季）の参加総数と日本選手団の派遣状況（1912～1936）

開催年	回	開催都市	参加国	選手総数	日本人役員	日本人選手
1912	第５回	ストックホルム	28カ国	2,407	2	2
1920	第７回	アントワープ	29カ国	2,622	3	15
1924	第８回	パリ	44カ国	3,088	9	19
1928	第９回	アムステルダム	46カ国	2,883	13	43
1932	第10回	ロサンゼルス	37カ国	1,334	61	131
1936	第11回	ベルリン	49カ国	3,963	70	179

JOCホームページ（https://www.joc.or.jp/games/olympic/sanka/）より作成

六年の第六回大会（ベルリン）は第一次世界大戦のため中止となったが、一九二〇年の第七回大会（アントワープ）には選手一三名・役員三名、二四年の第八回大会（パリ）には選手一九名・役員九名を派遣した。しかしながら、アントワープ大会のテニス（単・複）で銀メダルを獲得した以外、競技成績はいずれも芳しいものではなかった。その後、初めての金メダルを獲得したアムステルダム大会をステップにロサンゼルス大会、ベルリン大会では一気に大選手団を送るようになった（【表1】参照）。そして、一九四〇年の東京大会開催が決定する一九三六年までには、オリンピックは国民的関心事へと成長し、国民は「日本代表」に国家の威信と民族の誇りを投影させるようになっていた。この間、何が「日本代表」の規模と存在感を増大させていったのだろうか。

以下では、一九一〇～二〇年代にかけての「日本代表」の位置づけの変化を見ていく。特に国際大会への選手派遣費用をめぐる問題に注目し、政府がオリンピックの国家的有用性を認める過程を跡づける。後発の近代国家として欧米列強の後を追う日本がどのようにオリンピックやスポーツを位置づけていったのかを描くことで、現在までの日本のスポーツ界と国家との結びつきについてあらためて考える材料を提示したい。

一　一九一〇年代の大日本体育協会と国際競技会

(一)オリンピック・ストックホルム大会（一九一二年）への参加

日本のオリンピック参加への道を開いたのは、講道館柔道の創始者であり、当時、東京高等師範学校長だった嘉納治五郎である。嘉納は、フランス大使ジェラールから届いた日本のオリンピック参加と嘉納自身のＩＯＣ委員就任への勧誘に応じた。嘉納が意図したのは、国民体力向上へのアプローチとしてスポーツ奨励機運を醸成することであり、オリンピック参加をその起爆剤とすることだった。嘉納は、学校体操や武道だけでは全国民の体力向上には不十分であるとの認識を示し、一部学生が愛好するにとどまっているスポーツを国民に普及するためにオリンピック参加が有効だと考えた。このオリンピックの選手選考母体として、一九一一年七月、嘉納治五郎を中心に大日本体育協会（以下、体協）が設立された。体協設立時の規約は、その目的を「日本国民の体育を奨励する」こととし、「国際オリムピック大会に対して我日本国を代表す」ることと定めている（大日本体育協会編 一九三七α、一九頁）。また、国民体育の方法として当分の間は陸上競技と水泳を奨励すると示されているが、この種目の選定もオリンピックを意識したものだった。実際、規約の草案には、「国民体育の普及及び発達を図る」と並んで「世界各国に対し、Olympic Games の仲間入をなし其目的を達する」（同前、一八頁）と記されており、オリンピックのための選手選出母体という性格を強く出していたことがわかる。国際交流や国威発揚とともに、嘉納らが考えたオリンピックに参加する意義の一つは、国民の体力レベルを他国と比較することにあった。

一九一一年九月二一日の『読売新聞』は、ストックホルム大会参加決定を「我国運動界の名誉」と報じ、すでに四回おこなわれた欧米先進諸国によるオリンピック競技会に日本が仲間入りをすることになったとニュースを伝えた（読売新聞社 一九一一）。記事は、オリンピックとは何かについて紹介するところから始まるが、これは当時、多くの日本人がオリンピックについてほとんど知らなかったことを示している。

大会参加に際して嘉納は、「到底勝算はない、併しながら之が為に出席を躊躇してはならぬ、一刻も早く彼等を凌駕して、日本国民の（体力を）増進すると同時に、大に士気を鼓舞せねばならぬ」とし、同時に他国の状況を見るために「先づ幾人でも出せるだけの選手を出さうと決心した」という（嘉納 一九二二、六頁）。こうして一九一一年七月に設立された大日本体育協会によって一一月一八日、一九日の両日、派遣選手を決める選考会が開かれた。嘉納は競技成績だけでなく、国際的な舞台に出しても恥ずかしくない人物を望んだ。その結果、ストックホルムにはマラソンの金栗四三（東京高等師範学校）と短距離の三島弥彦（東京帝国大学）の二名が派遣されることとなった。

選手選考会で非公式ながら当時の世界記録を上回る記録（二時間三二分四五秒）を出したマラソンの金栗四三には期待がかけられたが、あえなく途中棄権となった。また、国内予選会では飛び入り参加ながら抜群の成績を示して選ばれた三島も一〇〇m、二〇〇mともに予選落ち、四〇〇mは棄権と、日本代表最初のチャレンジは「惨敗」となった。とはいえ、オリンピック自体が国民にはほとんど知られていない状況であり、大会に関する新聞報道も比較的淡々としている。選手に対する期待感を伝える記事としては、『東京朝日新聞』の次のような記事が見られる。

金栗、三島の両氏は今回のオリムピック競走に於て月桂冠を得る望みは少なけれども兎に角今回初めて日本が世界の競走舞台に出でし為め人気頗る大にして各国代表者の行列に加はりし日本人は殊に大喝采を博せり。米国及び欧州各国の運動家は多くの経験と練習とを積める為め非常に日本の選手よりも有利なる地位に立てり。然れども日本選手の特徴ある競走振を見れば十分錬磨の功を積む時は次回のオリムピック大会には能く勝利を占め得る望みあり。（東京朝日新聞社 一九一二α）

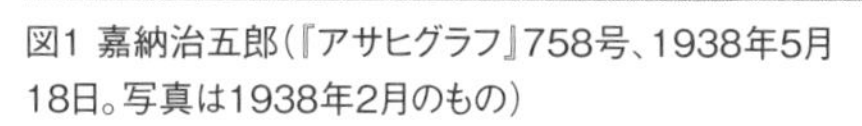
図1 嘉納治五郎（『アサヒグラフ』758号、1938年5月18日。写真は1938年2月のもの）

嘉納の言葉と合わせてみても、今大会での勝利というよりは次回以降につながる経験を得ることが期待されたことがわかる。また、閉会式でもひときわ大きな喝采を浴びたこと、それが二人の「謙遜にして紳士的態度」によるものであることが紹介されている（東京朝日新聞社 一九一二b）。

最初のオリンピック日本代表は、国民的な期待や国家的な支援を受けることもなく派遣された。競技成績は振るわなかったものの、関係者もまずは新たな第一歩を踏み出したことを評価した。なにしろシベリア横断の旅を経て遥か北欧の地に開催される競技会へ参加するという前例のない「冒険」だったのだ。嘉納は競技を終えた二人にねぎらいの言葉をかけ、大会後の競技普及・啓蒙活動に期待した。三島は大会後、次回開催予定地のベルリンなど欧州各地を旅して回り、見聞を広めた。金栗は帰国後、マラソンの普及に尽くし、自らも一九二〇年のアントワープ大会（一六位）、二四年のパリ大会（途中棄権）にもマラソン選手として出場した。また、富士登山競走や箱根駅伝の創始に関わるなど、その後も日本陸上競技界の発展に尽くした。金栗は後年、最初のオリンピック参加について、予選会で優勝したものの「学生が学業を休んで出るとは何事かと文部省が大反対」したと振り返っている（金栗 一九七六、三九頁）。結局、嘉納の意見が通って休学扱いでやっとストックホルム行きが実現したが、旅費はすべて自費とされた。金栗の約一五〇〇円の旅費もその八割は校内の「金栗オリンピック選手後援会」が集めた募金だったという。金栗は学友たちの期待を背負って走ったのであった。

設立当初の大日本体育協会は、国から自立した民間組織であるかわりに財政基盤の弱い組織だった。このストックホルム大会では派遣費用の問題から、選手二名とIOC委員にして大日本体育協会会長の嘉納治五郎、同理事の大森兵蔵の二名を役員として送るのが精一杯だった。『スポーツ八十年史』によれば、予選会には一五二七円、選手派遣費に四四六五円が支出された（日本体育協会編 一九五八、一〇〇頁）。予選会の費用の一部は京浜電車の支援を受けたが、不足分と選手二人の派遣費約五千円は財界から寄付を募り、早川千吉郎、岩崎小弥太、古川虎之助、渋沢栄一、井上準之助、田中銀之助、今村繁三、園田孝吉、秋元春朝、赤星鉄馬、西園寺公望ら政財界の名士二四名の金銭的支援を受けてようやく二名を送り出したのであった。[1] 以降、選手派遣費用をどのように捻出するかという問題は、国際大会のたびに体協を悩ませることとなる。

(二)極東選手権競技大会への参加（一九一三年〜）

ストックホルム大会の四年後、ベルリンでの開催が予定されていた一九一六年の第六回大会は第一次世界大戦のため開催されず、日本のオリンピックをめぐる動きも一九二〇年のアントワープ大会まで休止となる。

この間、一九一三年には第一回極東オリンピック（第二回より極東選手権競技大会と呼称）が開始されるが、大日本体育協会はこの第一回大会には選手を派遣せず、大阪毎日新聞社が派遣した陸上競技の選手二名と明治大学野球部が参加したのみであった。[2] 一九一五年の第二回大会は上海で開催され、陸上・競泳・庭球に選手一一名が派遣された。このときは体協が五九三円を負担したとされているが、このほか大阪毎日新聞と上海在留邦人からも費用負担があったようだ（日本体育協会編 一九五八、九五頁）。

東京芝浦で開催された一九一七年の第三回大会は日本で開かれる初めての国際競技会となった。この大会には一五二名が参加したが、一九年にマニラで開催された第四回大会では一九名を送るにとどまった。国庫補助を得た二一年の第五回大会では、上海に一〇二名の選手を送り、以後、極東大会には毎回一三〇〜一八〇名程度を派遣するようになる。

ただし、嘉納を中心とする大日本体育協会の極東選手権競技大会への対応は、やや冷淡なものであった。その理由としては、当初、大会が「東洋オリンピック」を名乗っていたためIOCからはよい顔をされなかったこと、大会の諸規約は在フィリピン・在中国のアメリカ人が作成したものであった

【表2】極東選手権大会への選手派遣状況

開催年	回	開催地	人数	派遣団体
1913	第1回	マニラ	13	大阪毎日新聞社
1915	第2回	上海	11	大日本体育協会・大阪毎日新聞社
1917	第3回	東京	152	大日本体育協会
1919	第4回	マニラ	19	日本青年運動倶楽部
1921	第5回	上海	102	大日本体育協会
1923	第6回	大阪	183	大日本体育協会
1925	第7回	マニラ	140	大日本体育協会
1927	第8回	上海	173	大日本体育協会
1930	第9回	東京	191	大日本体育協会
1934	第10回	マニラ	130	大日本体育協会

日本体育協会編『スポーツ八十年史』日本体育協会、1959、100-102頁より作成

こと、そのアメリカ人がキリスト教の宣伝・布教と競技会を結びつけているという風評があったこと、加えて二年ごとに選手団を派遣するには体協の財政基盤が脆弱だったことなどが考えられる[3]（大日本体育協会編　一九三七、七三九―四〇頁）。

　一九一七年の第三回極東選手権競技大会は、前述のとおり日本国内で開かれた初めての国際競技会だった。ただし、当初、体協は乗り気ではなく、YMCA（Young Men's Christian Association）を中心に作られた規則や競技種目には抵抗感を示していた。そのため恒久的な大会参加は保留し、その後は日本の要求を容れて規則改正することを条件に第三回大会の開催を受諾することとした（大日本体育協会編　一九三七a、七四一頁）。YMCAの動きに注目しながらこの時期のアジアのスポーツ状況を描いたヒューブナーは、極東大会が「スポーツを通じた『文明化の使命』は国際主義を促進し、より平等的で経済的に発展する市民社会を創出する手段」という考えにもとづいて開催されたことを指摘する（ヒューブナー　二〇一七、二四頁）。開催を主導したアメリカYMCAの意図が、「アマチュアスポーツを通じて東アジアの人々を教育し『引き上げる』ことにあった」のだとすれば、日本はそこでフィリピンや中国と同列の立場で競技することを躊躇せざるを得なかった。この大会への無条件の参加は、「教育され引き上げられる対象」へ自らを定置することを意味するからである。こうした意図を気にすることなく新しい国際舞台への参加へ乗り出した人もいたが、体協の対応からはこの期に及んでアメリカに「文明化」されることへの抵抗感をもつ人がいたことを感じさせる。

　第三回大会の会場は埋め立て地の東京芝浦が選定されたが、急造のものだったため設備も十分ではなかった。地面は柔らかく、特に雨の日は大変だったようだ。また海風が強く、テニスやバレーボールはゲームに支障を来すほどであった[4]。さらにはフィリピン、中国の出場選手も前日に確定するなど、

会場も大会運営も万全にはほど遠いものであった。大会開催にかかる経費は、大日本体育協会の理事に名を連ねる三越呉服店専務の朝吹常吉と帝国ホテル総支配人の林愛作の呼びかけで財界から協力を得られたが、彼らの働きなしには大会開催が危うい状況だった。実際に大会が開催されると、心配された財政面での問題は解消した。朝吹らは四九人から一口三〇〇円の寄付金を五〇口、計一万五〇〇〇円の寄附を集めていたが、加えて大会期間中には二万円余りの入場料収入が集まった。これに皇族下賜金一七五円、雑収入四六七円を含めた総収入は三万五六八三円余りとなり、支出が二万五六八三円だったから、一万円ほどの利益を生むこととなった。これは関係者にとっても想定外の出来事であった。余剰金は寄付者に返還されたという（東京朝日新聞社 一九一七）。

大会は種目ごとに採点して総合優勝を競う国別対抗でおこなわれ、陸上競技・水泳・野球で得点を重ねた日本がフィリピン、中国をおさえ総合優勝した。三カ国のみの大会とはいえ、日本選手の活躍は新聞メディアを賑わし、国際競技会への注目度を高めることとなった。入場料収入も予想以上であり、この大会は国内に国際競技会の熱、日本代表を応援する雰囲気が醸成される契機になったといえる。

(三) 第四回極東選手権競技大会（一九一九年、上海）参加問題

大日本体育協会は第三回大会開催の後、一九一七年五月に一旦は極東選手権競技大会の開催母体である極東体育協会に加入した。日本は加入に際して「蹴球、籠球、排球の如き一国の特技に属すべきものを採点せずして番外競技となし（特技を加入するならば日本は柔道等の武道を加へることを条件とした）同時に総得点式の採点法を改めて、次回からは陸上、水上、野球、庭球、マラソンを夫々独立した一選手権となし、選手権争覇となすこと」（大日本体育協会編 一九三七a、七四二―三頁）を提案していた。サッカー、バスケットボール、バレーボールは普及度・実力ともいまだ代表選手を送る程の状況になく、総合優勝を競うには不利だったことに加え、選手派遣費用を抑えたいという思惑があったと考えられる。上述のような提案とともに一旦は加盟したものの、一九一九年マニラで開催される第四回大会を目前にして大日本体育協会は極東体育協会からの脱会を表明した。これは、大日本体育協会が主催者側に開催期日を秋季に延期することを提案したが受け入れられなかったためとされている。体協の言い分は、派遣する選手たちは学生であり、五月開催では学業に支障が出るというものであった。結局、中国の賛同は得られず、フィリピン側も八月は雨季に入るという理由で日程変更を認めなかったため、体協はこの第四回大会への選手派遣を中止

した。『東京朝日新聞』はこの件を報じ、嘉納の談話を紹介している。

極東選手権大競技

優勝標は誰手に

一喜一憂

觀覽席から

図2 極東選手権競技大会を報じる新聞（『東京朝日新聞』1917年5月9日付。東京で開催された大会は新聞紙面に連日取り上げられた。）

> 実際日本では五月は選手に取って困る時期である。文部省でもあまり進まぬらしいし少数の選手を送り相当な金を費って不成績に終る位なら寧し（ママ）断然脱会した方が好い。そして此の際もっと大きな世界の檜舞台である万国オリンピック大会へ少数でも選手を送り、欧米各国の選手と全然対抗せずとも日本にも是位の技量を持った選手が居ると云ふ事を示し、尚行く行くは彼等と対等に競技し得る程度まで促進させて見たいと思って居る。外の興奮剤は之れとして内国では時々競技大会を開き適時滞日外人をも参加し得るオープンの大会をも開いて見たいと思って居る。何れ右の事は協会の常議員会で尚一応相談する事になって居るが、主なる評議員連中は大賛成して居る。要するに極東大会から脱会すると云ふ事はそれ程大した悲観ではない。
> （東京朝日新聞社 一九一九α）

体協の財政事情とともに、嘉納の極東大会軽視とオリンピック指向が示唆される内容である。体協が極東大会からの離脱を決定したため、大会に向けて準備していた選手たちは宙に浮いた状態となった。これを救済するため、武田千代三郎や木下東作ら体協関西支部有志が日本青年運動倶楽部を設立し、四月九日には有力者の援助によって二〇名の選手に対して二〇〇円ずつを補助してマニラへ派遣するよう尽力することが決議された（東京朝日新聞社 一九一九b）。大会は五月一〇日からであり、時間がない中での寄付金集めとなった。記事は寄付金が集まらない場合はこの計画も水泡に帰すとして、「斯の如きは実に我国運動界の一大恥辱なり」という木下談話を添えている。木下の談話は、嘉納の「それ程大した悲観ではない」という見解からは隔たりがあり、体協内部で極東大会参加をめぐる意見が分かれていたことがうかがえる。結局、大阪毎日新聞社、大阪朝日新聞社、阪神電鉄、阪急電鉄など関西の企業を中心に二二の企業と個人から総計五一七七円八二銭の寄付金を集めて、陸上、水泳、テニスに一六名の選手を派遣することとなった。[5] この第四回大会では、支出が二四二二円であったから、差し引き二六五四円が余剰金となっている。

　この一連の動向は、断片的ではあるが当時の体協内部やスポーツ界の状況を示している。一つは学生競技者たちの体協への不満、もう一つはメディアを巻き込んだスポーツ界における関東と関西との勢力争いである。『東京朝日新聞』は、体協の対応に不満を募らせる学生たちの様子を「連合競技会選手と体育協会の確執　極東オリンピック脱会が原因　都下専門十一校は協会主催の競技会に絶対出場せずと決定」と報じている。多くの選手たちが国際大会に出場する「日本代表」をめざすようになるなかで、もはや体協の独断専行は許されず、選手たちはボイコットも辞さずという強硬な姿勢を見せるようになっていた。こうした体協への選手たちの不満は、一九二四年のパリ大会での選手選考問題（いわゆる「十三校問題」）の際にも顕在化する。これは、パリ五輪の選手選考に際して帝大や高師などいわゆる官学系の選手が偏重されていると私学の選手たちが体協に対して抗議の姿勢を示した件である（大日本体育協会編 一九三七α、二四―三〇頁）。体協はこのような事態に対応するため各競技団体を統轄する組織づくりを進めることになる。日本代表がスポーツ界の中で確固たる地位を占めるようになる過程は、体協が財政的課題を解決しつつ組織的に整備されていく過程でもあった。

（四）一等国意識と極東大会でのジレンマ

　国際スポーツへの関心や選手への期待は、どのような背景によってふくらんでいったのだろうか。大日本体育協会が設立された一九一一年は、日清・日露戦争での勝利を経て欧米列強との不平等条約の改正が完了し、日本人の「一等国」意識を確たるものにした年でもあった。一九一五年刊行の大隈重信『国民教育論』には、当時の首相であった大隈の一等国意識に対する考え方が示されている（大隈 一九一五、二五―六頁）。大隈は、日本が日露戦争を経て列強と全権大使を交換し合う関係（「一等国」の条件）を築くことができた点は喜びつつも、国の実力という点では一等国どころではないと釘を刺している。真の一等国はイギリス、ドイツ、ロシア、アメリカの四カ国に過ぎず、日本はその下のイタリア、オーストリアにも部分的には及ばないという見方を示している。一応は全権大使の交換という一等国の条件は得られたことから、政治家や実業家をはじめ「国民の大部分は眩惑したらしい」が、「真の一等国たらんにはそれに伴ふ実力を有する。此実力の自覚なくして徒に虚栄を喜ぶ国民の運命は甚だ危い」と、むやみに一等国意識が強調される状況に警鐘を鳴らしている（同前）。大隈は実力不足の自覚なき一等国意識の危うさを指摘したが、オリンピックではこの実力不足をまざまざと見せつけられることとなった。嘉納をはじめとする体協関係者は、なお完全ではない一等国意識を背景に、欧米先進諸国と対等に競い合える競技力と、スポーツマンシップなどの精神性・文化性を身につけることを目指したのであった。

極東選手権競技大会における体協の姿勢からは、国際オリンピック主義の遵奉という日本スポーツ界の基本的な姿勢とともに関係者の一等国意識がうかがえる。東洋で最初のIOC委員を出し、いち早くオリンピック参加を果たした自負からか、フィリピン（一九二四年から参加）や中国（一九三二年から参加）を一段低く見る意識がはたらいていたようだ。実際に、極東選手権競技大会では、大会運営や審判・ルールをめぐってのトラブルが頻発しており、審判の未熟さや不正を疑いたくなる判定について、中国やフィリピンの未熟な国民性に帰するような論調もあった。一九二五年の第七回大会（マニラ）では陸上競技の判定をめぐって日本選手たちが激しく抗議し、陸上競技の選手が大会から引き上げる事件が起こったが、これに類する問題は一〇年代から継続してあったようだ。ヨーロッパ的なスポーツマンシップやフェアネスとはほど遠く映る中国人やフィリピン人の振る舞いは、エリート主義の日本選手や関係者をいらだたせていた。

とはいえ、日本が競技力の面で中国、フィリピンを凌駕するようになるのは一九二四年パリ五輪の後からだった。極東大会に参加し、アントワープ五輪にも十種競技選手として出場した野口源三郎は、一九一〇年代の日本スポーツ界を普及度の面、技術の面、組織や設備の面においてもフィリピン・中国に及ばなかったと振り返り、極東大会での陸上競技は一九二一年の第五回大会まではフィリピンに「蹂躙」された状態であり、「籠球、排球、蹴球に至ってはずっと後れて始めた為めに、将来はいざしらず、過去の成績は語るに忍びない程であった」という（野口 一九三〇、二一六頁）。つまり、国としては下に見ていても、競技成績の面では対等以下であるというジレンマの中でフィリピン、中国と競っていたのが一九二〇年代初頭までの状況だった。野口と同時期に陸上中距離選手として活躍した行田重治は、選手たちが極東大会だといって目の色を変えてかかったのは一九二三年に大阪で開かれた第六回大会の頃までであり、一九二五年の第七回大会（マニラ）、一九二七年の第八回大会（上海）の頃には「既に日本は極東大会の時代に非ず、捨てて世界の国際競技へ走れ等と先覚者の声を聴く時代」になったと、選手から見た極東大会の位置づけの変化について述べている[6]（行田 一九三〇、一九四）。

政治的には欧米と対等な立場を築くことに成功したが、文化的にはまだ及ばないという認識から、スポーツはその文化的格差を埋める具体的な方法として考えられるようになっていた。第一次世界大戦を経て国家総力戦が意識されるなか、競技成績に表れる身体的な劣位は国の文化的な未成熟に起因するとの考え方も示された。アメリカの植民地フィリピンや不安定な政情が続く中国の後塵を拝することは許されないという意識は、このような文脈のもとで形成されていたと考えられる。

一九一七年、極東選手権競技大会を東京で開催したことで国際競技会についての新聞メディアの報道は飛躍的に拡大し、人々の関心を高めることとなった。それは当時の政治的意識と無関係ではなく、国際大会が国や国民の優劣や成熟度を判定する装置として見られるようになるなかで、代表選手たちへの期待は高まっていく。

二　スポーツの国家的意義と政府補助金

(一)アントワープ大会での敗北と選手・関係者の意識

アントワープ五輪には一三名の選手が派遣されたが、熊谷一弥のシングルス、熊谷と柏尾誠一郎のダブルスで銀メダルを獲得したテニス以外は「惨敗」といってよい結果であった。

アントワープ大会から帰国した選手たちは、一一月六日に神戸に帰着すると、大阪朝日新聞社主催の「オリンピック選手歓迎会」に出席した。この様子を報じた『大阪朝日新聞』記事からは、当時の関係者や選手たちがどのように敗戦を受け止めたかがうかがえる（大阪朝日新聞社 一九二〇）。会場には選手から直に大会の様子を聞きたいと、教育・体育関係者、学生たち五〇〇名余りが集まった。新聞は「世界的の本舞台で活躍した選手其人の口から戦ひの跡を聞かうと粛然として傾聴」しようと集まった人々の熱気を伝えている（図3）。

水泳一五〇〇mと飛び込みに出場した内田正練（北海道帝国大学）は、「アントワープで惨敗という大鉄槌を受けた我々は日本に帰れば定めし又大鉄槌を下される事と」考えていたが、「思ひの外今夕茲に温かい情を以て諸君に歓迎されるのは慚愧に堪へない次第である」と率直な心情を述べた。彼らが国家代表としての重圧を負い、競技成績についての強

派遣選手自らが語る
興味に滿ちた當時の感想
フヰルドにトラックにマラソンに
世界の權威に伍した日東健兒の其の面影
本社主催オリムピック選手歡迎會

經驗と苦心を語る
滿堂を掃す喝采を浴びて

図3 アントワープ大会派遣選手歓迎会の模様を伝える東京朝日新聞記事（『東京朝日新聞』、1920年11月7日付）

い批判を覚悟していたことがうかがえる。また、経験不足や水温の問題などを敗因として挙げ、とくに「体格が立派で記録保持者として有名なカハナモクなどの発達した大きな手と足を見ただけで落胆させられた、そして彼と握手した時に其の手の力に驚いた」と彼我の体格・体力差に言及した。[7]

大会で銀メダルを獲得したテニスの熊谷一弥は、目が冴えて眠れなかったシングルス決勝前夜のことを「マラソン選手の某君たちの泣きベソをかいた顔、どの面下げて日本に帰れようかと悲嘆にくれた、あの顔、あの声、ありありと目に浮かぶ」と振り返っている（熊谷一九七六、一一三頁）。優勝の可能性が自分だけになった状況に加え、陸上選手たちの悲痛な様子がさらなるプレッシャーとして熊谷を襲っていた。結局、シングルスで敗れ、その後おこなわれたダブルスの決勝でも優勝を逃すことになる。これについても、「この夜ほど私は悲憤痛恨の涙にくれたことはない。今までのテニス・トーナメントの中には、敗れて口惜し涙にくれたこともあったが、しかしこのように重い責任を果し得ず、同胞の期待を裏切った苦汁と後悔の念は、二重にも三重にも私の心を責めさいなみ、ほとんど寝もやらで一晩中悩み続けた」とオリンピックならでの感情を吐露している。

このように選手たちは代表選手としての責任感をもって臨み、敗戦に落胆していたが、関係者は選手たちをかばった。実際に大会前後を通じて他国の状況と見比べたとき、選手たちに十分な環境を整えてやれなかった負い目があったようだ。この歓迎会の冒頭の挨拶で、体協近畿支部の高瀬養は、「我国代表選手が安府（アントワープ）に於て敗れたのは選手の罪に非ずして寧ろ吾吾後援となるべき国民の力が足りなかった故である、この点に於て吾吾は選手諸君に詫びなければならない」と述べた（大阪朝日新聞社　一九二〇）。高瀬が選手たちをかばったのは、選手の才能や努力だけで勝つことは難しく、多くの選手に経験を積ませるための派遣選手の増加、現地での練習環境などを含めた費用的問題など、国民的理解にもとづく支援が必要とされているという考えを示すためであった。このような認識は高瀬だけのものではなかった。例えば、大会前の『東京朝日新聞』では、欧米各国が国の支援を受けているのに対して、文部省は「何等選手一行に対して物質的後援をなさず、彼等選手の頼みとする所は自らの強壮なる体躯と、日本の土に培われたる独特の我が運動精神あるのみ」と、選手に同情を寄せていた（東京朝日新聞社　一九二〇）。嘉納も、アントワープ大会での敗因は「第一に国民的後援がなかったこと及び遠い旅をした上場所に馴れなかった為め」（東京朝日新聞社　一九二一b）であると分析している。選手団の総監督を務めた辰野保も、「外国の選手が予想以上の社会的厚遇を受けてゐるのを見るにつけ私は運動家といふものに対し永い因習的な偏解を有してゐる日本の人の考へを此際根本的に覆へし度いと思ふ」（東京朝日新聞社　一九二一*a*）と選手の社会的地位の向上を訴えた。

アントワープ大会を経て、関係者から明確に示されるようになったのは、競技力を向上させるには国民的な理解と後援が必要ということだった。それは、競技の結果に加えて、選手・役員が大会前後を含めて約半年の欧州滞在を経験したことによる。特に大会後にはほぼ全員が約一ヶ月の欧州視察旅行に出かけており、そこで競技だけなく各国国民の体育状況にも触れたことが、その後、競技と国民の体力問題を関係づける言説へつながっていると考えられる（大日本体育協会編　一九二〇、二〇頁）。

(二) 政府補助金獲得をねらう体協の動き

アントワープ大会の翌年、一九二一年の第五回大会から極東選手権競技大会は正式にＩＯＣから承認された。嘉納治五郎はＩＯＣからこの大会をＩＯＣ委員として視察するよう要望され、大会を前にした一九二一年三月に大日本体育協会の会長職を岸清一に譲った。

自分の後任となる体協会長の理想像について嘉納は、「第一に会長は運動競技に興味を持ち理解して居ること、第二に運動競技の為めに自己の時間をもって居ること、即ち競技大会や会合に際して随意に出席し得る余裕がなければならない。第三には相当に私財を有すること、第四に人物であり且つ社会的に相当の関係あること等である」と述べたという（大日本体育協会編　一九四六、一頁）。第一、第二の条件は会長職を務める前提条件であり、実際に人を選ぶ際の重要な点は第三、

第四の条件にあると見られる。当時の体協の財政事情に鑑みれば、自らも財をもっており、かつ政財界に太い人脈をもつ人間でなければ現状維持すら難しいという判断がはたらいていたのだろう。

嘉納を引き継いで二代目会長となった岸清一は、これらの条件に当てはまる最適の人物だった。東京帝国大学在学時には漕艇選手として活躍し、体協設立時から維持会員として支援した。弁護士として活躍する一方で、一九一六年には体協の副会長に、二〇年六月には日本漕艇協会の初代会長に就任するなどスポーツ界の発展にも尽くした。財政面でも貢献度は高く、例えば一九二七年の財団法人化の際にもその一〇万円の基金のうち、三井、三菱そして岸がそれぞれ三万円を寄付している。また、一九三三年一〇月二九日病没したが、遺言によって一〇〇万円が寄付されるなど私財を投じて日本スポーツ界の発展を支えた人物であった。その名は、彼の寄付金をもとに作られた岸記念体育館に残された。

会長が岸に交代して初めての大会となった第五回極東大会からは、IOCの承認を得たこともあって、それまで積極的でなかった日本の大会参加も安定する。一九二一年の三月、帝国議会第四十四議会（会期：一九二〇年一二月〜二一年三月）では、派遣選手援助に関する建議案が提出・可決され、その後、文部省から千円の交付金をうけることとなった。これはアントワープ大会後の選手・関係者が報告した国民のスポーツを国家が支援する各国の状況が受け止められた結果でもあった。これによって選手選考のための予選会も拡充され、一〇二名の選手が上海に派遣された。しかし、この極東大会も競技の結果は「非常な惨敗」（大日本体育協会編 一九三七α、七四七頁）となり、選手やスポーツ界への批判的な記事も見られるようになる。

第一次世界大戦後のベルサイユ体制とワシントン体制を軸とした国際秩序のなかで、国威発揚と国際協調というオリンピックの意義はスポーツ関係者以外にも理解されるところとなった。戦後の一時的な平和と軍縮の時代にあって、オリンピックは国民の体力や文化的成熟度を含めた国力比較の指標となったのである。同時に、欧米各国の取り組みに比して日本政府のスポーツに対する冷淡さが指摘されることとなる。一九二一年の極東大会に向けた補助金交付は、政府とスポーツ界の関係の変化を示す第一歩となった。この時期からメディア報道や関係者の言葉に見られる競技スポーツの位置づけの変化は顕著となり、競技成績と国民体力との関係性など競技力向上の国家的意義が強調されるようになっていく。補助金を要求するには、国家的意義を主張することが必要とされ、同時に結果を求められるようになったのである。

極東選手権大会終了から一月ほどを経た一九二一年七月一

〇日、体協は会長岸清一と常務理事の今村次吉、林愛作、近藤茂吉、朝吹常吉、森久保善太郎の名で文部大臣中橋徳五郎宛に請願書を届けた。ここには以下のように運動競技奨励の必要が説明されている。

抑々国運の消長は国民気質の強弱に因ること多く国民気力の強弱は国民体力の盛衰に俟つこと至大なりされば欧米の識者は夙に意を体育に留め施設を講じ方法を案じ公に私に奨励誘掖至らざるなし翻て我邦の実情を察するに維新以降百度更新文化の進歩著しきものあるに拘はらず体育の一事に至りては独り等閑に附せられて識者の之を顧みるもの少きは国家百年の為深く遺憾とする所なり（大日本体育協会編 一九三七α、一一八—九頁）

請願書は、「国民の体力」と「国運の消長」との関係を説き、日本における国民体育すなわち国民の全体的な体力向上を目指した取り組みの不足を指摘する。そして、財政補助について改善の兆しはあるものの、国際競技会への選手派遣が有志の義捐に依存している状況では到底立ちゆかないことを訴え、事業計画を付して文部省に毎年三万円の国庫補助を要望したのであった。

この請願書に名を連ねた体協常務理事はいずれも実業家として名をなした人物である。前述のように、彼らは極東大会開催やオリンピック競技会への選手派遣費用のための寄付金集めをおこない、自らも多額の寄付をした。国家の支援がない状況で、体協は財力のある篤志家や企業の寄付金に頼らざるを得ないという前提で運営されていたのである。極東選手権競技大会後の請願は、派遣選手を増員しようという動きのなかで従来の運営の限界を確認し、そこから脱して財団法人として組織を整備する試みの始まりでもあった。

(三)国民体力向上と国威発揚

内務省による一九二四年の明治神宮競技大会創始に象徴されるように、一九二〇年代前半、運動競技は国家政策の対象として位置づけられていった。それは体育・スポーツ雑誌にも表れている。

一九二二年四月、大日本体育協会は機関誌『アスレチックス』を創刊した。この創刊号の巻頭には、文部大臣中橋徳五郎、内務大臣床次竹二郎、内務省衛生局長潮恵之輔、名誉会長嘉納治五郎、会長岸清一の五名による発刊の辞が掲載されている。

まず、文部大臣中橋徳五郎は、「競技が単なる娯楽として取扱はれたり、職業的選手の占有として見られたりする時代」は過ぎ、「それは実に国力の増進の一基本」であることが多くの人によって認められる時代になったと述べ、体協や機関誌『アスレチックス』に、高まりつつある「競技に対する興味と熱心」とを「善導」する役割を期待している（中橋 一九二二、二頁）。

　内務大臣床次竹二郎は、第一次世界大戦の後に世界各国が「国民体力の向上発達」をめざして運動競技を競って奨励し、日本国内でも一般の人々の間で競技に対する関心が高まっていることを歓迎した（床次 一九二二、三頁）。

　内務省衛生局長潮恵之輔も、両大臣と同様に「近頃体育運動とか、遊技とか云ふことが、頓に世間の耳目を集めて来たことは、殊に喜ぶべき現象である」とし、従来の運動競技が主として学生・児童にのみ限られて、ほとんど一般の人々特に女子については「全く没交渉の感」であったことと対比している。潮はこの要因を「国民保健の良否が国力の発展に重大な影響を招来することが瞭かになって」きたこととみている。第一次世界大戦を終えて各国が「文化的平和事業」に邁進しようとする機運にあって、「国運の隆昌を期し、世界文化の発展に資するが為め」には「国民の優秀な体位に俟つ所、特に切なるものあると念ふ」という認識を示し、「此の際、一般国民の間に体育を奨励して、所謂国民体育なるものの普及発達を図り、民族の体質改善の一助に供することは寔に偉大な事業である」と、体育・スポーツを位置づけた（潮 一九二二、三頁）。競技力は国民全般の健康・体力と関連づけられ、国際的な競技会での成績は国力を反映するという認識、そして競技成績を得るためには国家的支援が必要であることが明確に示されたのである。

　このような政府の認識の転換は、第一次世界大戦後の国際関係とも関連していた。一九二一年は大戦後の国際関係を調整するワシントン会議が開かれた年であった。日本は連合国の「五大国」の一つとして国際社会で存在感を放ち、英米を中心とした列強と牽制し合うまでに成長していた。一九二二年には日英同盟が廃棄され、アジア・太平洋地域にはワシントン体制という新たな枠組みが成立した。この協調外交の中で、日本は基本的には欧米先進国によって主導される枠組みに従った[8]。一九二〇～三〇年代のオリンピックは一時的な国際協調ムードの中にあって国力を競い合う場として各国で位置づけられ、国際競技会での国威発揚を日本政府も後押しすることとなる。

　『アスレチックス』創刊とほぼ同時期の一九二二年三月、大日本体育学会機関誌『体育と競技』も創刊されている。こちらは東京高等師範学校を中心とした学校体操関係者が中心となって発行された雑誌である。その「創刊の辞」は次の一節から始まる。

我が国民の体力が欧米人に比して、甚だしく劣って居ることは、何人も認めるところである。今や我が国は幸に世界三大強国の一に加はったが、国民各個の能力が、欧米人に及ばぬやうでは、彼等以上の文化を建設することは出来ぬ。（大日本体育学会 一九二二、一頁）

競技力は政治的・経済的な国力とともに文化的な成熟度に置き換えられた。そして、スポーツ界が政府からの財政的支援を要請するとき、このような文脈から競技スポーツ振興の国家的意義が主張されることとなる。オリンピックへの参加は、スポーツという文化を介した平和的な国家間競争への道を開くものでもあった。また、欧米基準に自国を位置づけることで、一等国の面子にかけて他のアジア諸国には負けられないという意識を強化させることにつながった。

例えば、一九二一年に創設された大日本蹴球協会の設立趣意書には「世界五大強国の一として重大な責任と抱負とを有する国民は、如何なる点に於ても、列強と伍して遜色のない精神と肉体とを作り上げなければならぬ」（大日本体育協会編一九三七b、一〇二三頁）と、サッカー競技の振興と国力が結びつけられる表現があり、大国意識が競技力向上の動機づけになっていたことがうかがえる。国際的な競技力の向上と国民全体の体力向上とが関連づけられ、スポーツが国民体力の向上と国威発揚との両面で重視されるようになってきたのである。この点について、時事新報社の広瀬謙三[9]は一九一二年と一九二〇年のオリンピックでは、悪条件の中で少数の選手がヨーロッパに赴いて先進諸国と競うため、負けてもやむを得ないという見方があったこと、しかし、選手・役員あわせて一二〇名余りを送り込んだ一九二一年の極東選手権大会で「米の一属領に過ぎない」フィリピンに敗れたことが関係者に衝撃と焦りを与えたことを説明している（広瀬 一九二三、八一―二頁）。広瀬は「比律賓（フィリピン）に敗けては極東一等国民の名折れである」といった声があることを示し、競技力と国民体育を結びつけて次のように述べる。

体育的にも日本を世界の一等国として恥しくない地位迄どうかして押あげたい。体育の興隆は国民一般の努力によって達せられる。軍縮などと云ふ世界の大勢に拮抗して国民の体力気力を養って行くものは競技を措いて他にもとめられないではないか。（同前、八三頁）

国際的な軍縮の中、各国が国民体育振興に取り組む状況や国際競技会への選手派遣に軍艦を用いたり、補助金を与えたりしていることはメディアでも報じられた（東京朝日新聞社一九二一c）。もはや一部愛好家のためではなく、国民体育を土台として競技力を上げていくことが国家的課題であるという考え方が、一九二一年の極東選手権競技大会後には官民双方から示されることとなったのである。

(四)第六回極東選手権競技大会の開催と皇室のスポーツ関与

大阪で開催された一九二三年の第六回極東選手権競技大会は、天皇から優勝杯が下賜され、大会総裁には秩父宮雍仁親王を推戴するなど、スポーツと皇室の距離が一気に縮まった大会となった。同時に、スポーツは皇室イメージの向上に一役買うことになる。一九二〇年の皇太子裕仁の欧州訪問時のスポーツを通じたイギリス王室との交流はメディアでも報じられた。皇太子や親王たちがスポーツを愛好する姿は、スポーツと国家の距離を縮める助けとなり、国際理解にもとづいたスポーツマンとしてのあるべき姿を提示することにもつながった。[10]

岸清一は、国民のスポーツ理解にもとづいたスポーツ振興が必要な理由を各所で述べているが、それらを要約するとスポーツは国民の体格・体力向上、国威発揚、国際交流、そして文化的成熟に不可欠であるというものである。大阪で開催される極東大会を前に、岸は大会を「各国民の体格の向上を図るを以て第一の目的とする」ものであると同時に「競技精神の発露によって各国際間の友誼を厚くし、其親交を増進せしめんとする重大なる意義を有するもの」であり、かつオリンピックで「相当の地位を確保せむが為めのもの」であって「決して娯楽を目的として行ふものでは無い」と位置づけた(岸 一九二三、五七頁)。また、「この際主催者の一人として、一般国民に希望することは『我日本選手をして勝たしめよ』と衷心より後援すると共に、外来の比支両国選手に対しても、迎ふるに深厚なる友情を以てし、誠心誠意これを歓待せられたきことである」(同前)と要望している。これは中国で反日気運が高まり、日中関係が憂慮される中での配慮であり、同時にスポーツがもつ国際交流という役割への理解を求めるものでもあった。

競技力を支える体育思想の普及は、文化的成熟と関連づけられた。岸は日本代表選手がオリンピックはもちろん、極東

図4 岸清一(国会図書館近代日本人の肖像より。オリジナルは岸同門会編『岸清一訴訟記録集 民事篇 第1輯』巌松堂書店、1935-1939.)

大会においてすらも優勝することが難しい状況であることを示し、その原因の一つとして「要するに日本の文化生活の内容が未だ充実せず、体育的思想が一般に普及しないからである」と述べている（同前、五八頁）。岸は、「今や欧米の各文化国民は、悉く競技と文化的生活とは、密接なる関係を保てるを自覚して、此方面に多大の注意を払ひつつあることは明白なる事実である」と競技と文化生活の成熟度を関連づけ、「換言すれば、運動競技の無き処、文化生活内容も亦空虚なりとまで言ふことが出来る」と競技振興の必要性を訴えたのであった（同前）。

（五）選手派遣費への政府補助の開始（一九二四）

一九二〇年のアントワープ大会では国庫補助が認められなかったが、一九二四年パリ大会では六万円の補助金が交付された。一九二八年七月、文部省体育課長北豊吉はアムステルダム大会に向けた官民一体の取り組みの必要性を説き、そのなかでパリ大会での補助金交付までの過程を振り返っている。

> 大正八年頃の状況と云ふものは、体育に従事して居る民間の遣方は、政府と手を繋ぐとか、政府に頭を下げると云ふことは一種の恥辱であるかの如く考へた人があったのであります。又政府はさう云ふ事業を国務として取扱ふのは不似合であると考へた時代であったのであります。（北　一九二八、四頁）

一九二〇年のアントワープ大会前の時点では、政府は選手派遣に関与することに消極的であり、スポーツ界にも政府に援助を求めることへの消極的な考えがあったことを示す証言である。そして一九二四年のパリ大会では、「政府も国民も総て自分の代表であるから、国民は自分の代表を出すのであるから大いに注意し、政府は国民の代表を出すのであるから政府としては進んでこれに力を入るべきであると考へた」（同前）と政府の姿勢が変化したことを説明している。そして、補助金によって政府が派遣選手を送る構図ができ、「派遣選手も政府に来て御暇乞ひをする、文部大臣も選手を招待し又送別の訓示もすると云ふやうに私共が大正八、九年に希望したことが大正一三年に実現された次第」（同前）と、補助金交付によって作られた政府と選手との新たな関係性について述べている。ここでは選手が「御暇乞ひ」をし、文部大臣が「選手を招待し又送別の訓示もする」という関係性に注目しておきたい。

体協は一九二四年二月、外務大臣宛に「国際オリムピック競技会　日本代表選手派遣補助費請願書」を提出している（大日本体育協会　一九二四）。そこでは前年九月に起こった関東大震災の復興を顧慮しつつも、「一方急速に進歩向上を続けつつある我が国現在の運動界をして此の一天災の為に挫折せしむるは我が国民体育将来の為に極めて遺憾なりと思惟す」と支援を求めている。体協は選手派遣の意義を「外に国際的儀礼を完ふし内に国民体育向上の実を揚ぐること」とし、震災のために「此等の国際的並に国家的計画を抛擲するは国家百年の為決して得策に非ず」と訴えた。ただし、復興資金のことも考えて選手団を縮小することも表明し、改めて一〇万円の補助を求めている。

当時の新聞報道によれば、体協は当初一二万円の補助を要求しており、一〇万円が支出されることが予定されていたという。ところが議会解散のため一度はご破算になり、体協の岸会長、今村副会長があらためて内務大臣、文部大臣を訪問したという（読売新聞社 一九二四a）。その四日後、『読売新聞』「社説」欄には補助金が五万円に決定したことを報じ、次のような見方を示している（最終的には六万円）。

> 政府が国際オリムピック大会派遣選手費用補助として五万円の金を支出することに決したのは、我国運動界の為に慶賀に堪へない。従来名は国際であっても、その大会に出場する我日本の選手は、国そのものとは全く無関係のやうに見え、唯一部少数同情者の力に頼って、ともかくも国際的に日本の運動を認めさすことに努力を続けて来た。然しそれ丈けに、―十分の後援がないために―種々の弊害も支障も数限りなくあったことと信ずる。それが今回の政府補助により、云はば国を正式にその背中に負って出陣することが出来るやうになった。それだけに出場選手諸君の責任が重くなったとも云へる。（読売新聞社 一九二四b）

ここに示されているのは、補助金によって本当の意味での「日本代表」が誕生したという見方である。スポーツ界の発展とともに平和な時代の国力比較というオリンピック参加の意味づけが明確になる中で、各国の状況に鑑みても、もはや「一部同情者の力」ではどうにもならないという認識の共有が政府補助金を導き出した。しかし同時に、補助金によって「代表」は国家と国民の期待を背負うことを要求されるようになったのである。その後、一九二八年まではオリンピックと極東大会への派遣のたびに六万円の補助金が交付され、一九三二年のロサンゼルス大会では一〇万円、三六年のベルリン大会では三〇万円というようにその額を増やしていくことになる（【表3】参照）。

【表３】国際競技大会への参加状況と派遣団体の収支（1912 年～ 1936 年）

開催年・大会（開催都市）	体協の支出と収入の内訳（1913 年、17 年、19 年は体協以外について記載）	参加者と参加競技（オリンピック）
1912 年 第 5 回オリンピック大会 （ストックホルム）	支出：5,992 円 （24 人の翼賛員の寄付）	役員 2 名、選手 2 名（派遣団体：体協） 陸上競技
1913 年 第 1 回東洋オリンピック大会 （マニラ）	支出：不明 野球は明治大学が招聘された。大阪毎日新聞社が陸上競技 2 名を派遣した。	選手 13 名（派遣団体：明大、大毎） 陸上、野球
1915 年 第 2 回極東選手権大会（上海）	支出：593 円（このほか大阪毎日新聞社と上海在留邦人が派遣費を負担）	選手 11 名（派遣団体：体協、大毎） 陸上、競泳、庭球
1917 年 第 3 回極東選手権大会 （東京）	支出：25,683 円 43 銭 収入：皇族下賜金 175 円、入場料 20,040 円 75 銭、雑収入 467 円 68 銭、寄付金 15,000 円	選手 152 名（派遣団体：体協） 陸上、競泳、野球、庭球、蹴球、バレーボール、バスケットボール、自転車
1919 年 第 4 回極東選手権大会 （マニラ）	支出：2,422 円 収入：日本青年運動倶楽部が財界とスポーツ界の 22 人から 5,177 円 82 銭の寄付金を得る。差引 2,654 円の残高	選手 19 名（派遣団体：日本青年運動倶楽部） 陸上、競泳、庭球
1920 年 第 7 回オリンピック （アントワープ）	支出：55,937 円 26 銭 収入．予選会入場料 1,919 円．体協維持会員費 53,763 円、預金利子 255 円 26 銭	役員 3 名、選手 13 名（派遣団体：体協） 陸上、水泳、テニス
1921 年 第 5 回極東選手権大会 （上海）	支出：23,417 円 80 銭 収入：文部省交付金 1,000 円、寄付金 4,683 円 50 銭、皇族下賜金 50 円、その他入場料、音楽会剰余金、ペナント、ポスター売上代など合計 16,138 円 32 銭。不足金は維持会で支払い。	選手 102 名（派遣団体：体協） 陸上、競泳、野球、庭球、蹴球、バレーボール
1923 年 第 6 回極東選手権大会 （大阪）	支出：167,556 円 37 銭 収入：入場料 161,381 円 05 銭、雑収入 7,535 円 65 銭。剰余金 1,360 円 33 銭。	選手 183 名（派遣団体：体協） 陸上、競泳、野球、庭球、蹴球、バレーボール、バスケットボール
1924 年 第 8 回オリンピック （パリ）	支出：66,400 円 76 銭（年末決算では 68,350 円 31 銭） 収入：政府補助金 60,000 円、体協 6,400 円 76 銭（このほかに役員自弁 49,000 円）	役員 9 名、選手 19 名（派遣団体：体協） 陸上、競泳、レスリング、テニス
1925 年 第 7 回極東選手権大会 （マニラ）	支出：63,250 円 64 銭 収入：政府補助金 60,000 円	選手 140 名（うち女子 2 名）（派遣団体：体協） 陸上、競泳、野球、庭球、蹴球、バレーボール、バスケットボール
1927 年 第 8 回極東選手権大会 （上海）	支出：58,026 円 68 銭 収入：政府補助金 60,000 円、雑収入 5,081 円（剰余金あり）	選手 173 名（うち女子 15 名）（派遣団体：体協） 陸上、競泳、野球、庭球、蹴球、バレーボール、バスケットボール、卓球
1928 年 第 9 回オリンピック （アムステルダム）	支出：109,499 円 55 銭 収入：政府補助金 60,000 円、寄付金 45,256 円 01 銭、雑収入 535 円 92 銭、体協 3,707 円 62 銭	役員 13 名、選手 43 名（うち女子 1 名） 陸上（男女）、水泳（飛び込みを含む）、漕艇、ボクシング、レスリング、馬術
1930 年 第 9 回極東選手権大会 （東京）	支出：200,392 円 99 銭 収入：入場料 153,026 円 20 銭、雑収入 8,016 円 79 銭、補助金 39,200 円（東京市 2 万円、文部省 1 万 5 千円、東京府 3 千円、東京商工会議所 1 千円、清水組 2 百円）、下賜金 150 円（次回大会費 11,901 円 30 銭を繰り越し）	選手 191 名（うち女子 4 名）（派遣団体：体協） 陸上、競泳、野球、庭球、蹴球、バレーボール、バスケットボール、卓球
1932 年 第 10 回オリンピック （ロサンゼルス）	支出：494,797 円 11 銭 収入：下賜金 10,000 円、後援会払いで政府補助金 10 万円、野球リーグ 5 万円、東京市 2 万 5 千円、一般 153,919 円 80 銭、在米後援会 19,961 円 32 銭、国際観光局 7,062 円、水上連盟よりドル買入資金預り 6,345 円、ほかに日本郵船寄付 46,372 円 95 銭、為替差益 25,480 円 09 銭、利子 655 円 95 銭、野球リーグの未収入 5 万円	役員 62 名、選手 131 名（うち女子 16 名）（派遣団体：体協） 陸上（男女）、水泳（男女、飛び込み男女を含む）、水球、漕艇、ボクシング、レスリング、ホッケー、体操、芸術
1934 年 第 10 回極東選手権大会 （マニラ）	支出：86,000 円 37 銭 収入：政府補助金 60,000 円、一般寄付金 10,477 円 62 銭、雑収入 1,021 円 85 銭、特別会計支出 1,375 円 09 銭、前大会繰越金	選手 130 名（派遣団体：体協） 陸上、競泳、野球、庭球（男子）、蹴球、バレーボール、バスケットボール、卓球
1936 年 第 11 回オリンピック大会 （ベルリン）	支出：804,237 円 37 銭 収入：下賜金 10,000 円、政府補助金 300,000 円、一般寄付金 520,824 円 81 銭、積立金 91,399 円、預金利息 4,818 円 83 銭（122,805 円の剰余金）	役員 67 名、選手 180 名（うち女子 16 名）（派遣団体：体協） 陸上（男女）、水泳（男女、飛び込み男女を含む）、体操、レスリング、自転車競技、ウェイトリフティング、射撃、ボクシング、漕艇、ヨット、馬術、フェンシング

日本体育協会編『スポーツ八十年史』日本体育協会、1959、100-102 頁より作成

（六）パリ大会の結果―欧米との体格・体力差

このように政府補助金を得て迎えた一九二四年のオリンピック・パリ大会だったが、陸上競技では織田幹雄が三段跳で六位に入ったほかは、前回同様に「惨敗」といってよい成績だった。織田は「日本を出るとき，新聞は入賞確実だとさかんに書き立てていたが、現地にきてみると、問題にならないことはすぐわかった」（織田 一九七七、七〇頁）と、他国の選手との力量差について述べている。

図5 パリ大会開会式（『アサヒグラフ』40号、1924年8月13日3頁）.

このパリ大会でも前回までと同様に欧米各国の選手との体格・体力差がクローズアップされた。水泳競技に出場した宮畑虎彦は、日本人選手の泳ぎは美しいと評判を取ったが競技では体格と体力の差を痛感したと伝えている（東京朝日新聞社 一九二四b）。また陸上競技の益田弘の「問題は体力にあることを今度の大会を見て痛感せしめられた。今度の優勝者を見ても判るやうに其競技を見て与へられた直感は美ではなく力其物であった」（東京朝日新聞社 一九二四）といった談話も新聞で紹介されている。前回同様に、代表選手たちに共通する見解は技術的な面ではなく体格・体力の差だった。東京高等師範学校教授の大谷武一は、パリ大会後、日本人の体力について以下のように述べている。

> オリムピックゲイムスに参加して帰来した我が選手達は、異口同音に、オリムピックに於ける敗因を邦人の体力の劣勢なのに帰している。これは決して選手の負け惜しみの言葉として軽々に聴き流すべきではない。これは、彼等の衷心の感想であると信ずる。運動会の怪傑岡部平太氏の如きも、こん度の国際競技を看て、日本人の体力の徹底的に弱いのを痛感したと云ってゐる。
>
> 邦人の体格の矮小であることは、別に選手の証言を待つまでもなく、吾々がとっくの昔から、自覚してゐるところであるが、体力の薄弱なことは今度オリムピックの選手によって発見してもらったのである。（大谷 一九二四、二頁）

破荷生も「去年巴里（パリ）遠征の途より帰来せる我が国

際競技大会出場選手は異口同音に、我が選手の体力が遙かに彼れに及ばざることを語り、我が選手の敗因は必ずしもその技術の上にあらずして、その体力の上にあることを明かにするを得たりと談すを聞く」と、大谷同様に体力的課題について述べ、「今日世界の競争場裡に立って雌雄を決する最後の条件は国民力、即ち国民体位の優劣如何に依ってかかることは他言を要しない処であらう。体力が捷利の最後の鍵鑰となることは、敢てただに競技に於てのみではない。学術に於て、実業に於て、社会生活の多数の条件はこれによって定まると云へやう」と、競技成績の問題が国民的課題に直結すると論じた（破荷生 一九二四、二頁）。

このように、競技成績の劣勢と国民の体力問題という国家的課題とを結びつける考え方は参加当初からあったが、特に二〇年のアントワープ大会から二四年のパリ大会あたりまでに顕在化していった。欧米人に対する身体的コンプレックスは、開国以来、欧米人と接触する日本人に共有される感情だったが、オリンピックでの敗北を通じて改めて国民に流布することとなった。そして国民体力向上という国家的課題は、選手派遣費用の捻出に苦慮する体育・スポーツ界が国庫補助を求めるための方便として用いられたのであった。

おわりに

日本が初めてオリンピックに参加した一九一〇年代初頭、スポーツは学生たちや一部愛好家たちによっておこなわれる「遊び」や「娯楽」として捉えられていた。ＩＯＣの意をうけて大日本体育協会は民間組織として活動し、政府もスポーツを政策の対象として考えることはほとんどなかったため、国からの支援は期待するべくもなかった。しかしながら、極東選手権競技大会への参加や一九二〇年のアントワープ五輪での経験を通じて、スポーツ界は、各国と互角以上にわたりあうには国家的な取り組みが必要であるという認識を固めた。そして一九二〇年代、体協関係者はオリンピックへの選手派遣や競技スポーツ振興の国家的意義を説くことで国家の財政的支援を得ることに成功した。政府は当初、スポーツに積極的に関わることはせず、補助金は体協側の数度にわたる請願や議会での建議を重ねてようやく与えられたものだった。

いまだ発展途上にあったスポーツ界の組織化や国際大会への選手派遣費用の捻出のためには、スポーツの国家的意義を積極的に主張する必要があった。一方では、国際主義的・自由主義的なスポーツを標榜しつつ、他方では、国家主義的な見地からスポーツの有用性について主張する必要性に迫られていたのである。

本稿で示してきたスポーツ界の動向は、政府によってスポーツが利用されたという従来の研究が提示してきたイメージを部分的に修正するものであろう。少なくとも日本の場合、オリンピックが国家権力によって利用される前にスポーツ界が国家権力に積極的に接近していった事実があるということだ。体協は、ナショナリズムと消費を結びつける経済界やメディアと連携しながら、スポーツの国家的意義を説き、国家の財政支援を取り付けていった。つまり、スポーツの娯楽的側面を抑制しつつ、国民の体位向上や国威発揚という大義名分を主張することで派遣費用を得ることに成功したが、それはスポーツ界に国家という「くびき」をはめることにもなった。スポーツの価値として「遊び」は影を潜め、国家的有用性が主張されなければならない状況が作り出されるようになったのである。

国際スポーツの場が後発の近代国家日本にとってどのような意味をもっていたのかについて、若干の考察を加えたい。当時の日本を特徴づけるのは、欧米先進諸国に対する劣等感や疎外感と表裏をなす発展への希求であった。この複雑な感情は、近代日本が置かれた状況によって作り出された。近代日本の社会科学の特質について論じたA・E・バーシェイは「発展的疎外」(developmental alienation)という語を用いてこの感情の根底にあるものを説明している(バーシェイ 二〇〇七)。後発帝国日本は自国の政体や支配権を確立することはできたものの、「その『後発性』や『後進性』によって実質的に『環大西洋』に対する歴史的文化的な自己イメージを条件づけられていた」というのである(同前、二八八頁)。後発国日本は欧米先進諸国を近代化モデルとしていたが、それはモデルである欧米諸国から身を守るためであった。つまり、この発展の過程は常に疎外感や劣等感に動機づけられるものでもあった。日本の独自性はこのアンビヴァレントな感情に見出すことができ、それはオリンピックへの参加によってスポーツの場にも顕著に示されることとなった。

日本がオリンピックに初めて参加したのは、不平等条約改正という課題が達成され、近代国家として新たな段階に歩を進めつつある時期だった。韓国を併合し、一九一五年には中国にいわゆる二一カ条の要求を突きつけた日本は、自らが疎外されていたようにアジアの国々に振る舞うことを選択した。極東選手権競技大会での対応からは、中国、フィリピンという「アジアの後進国」とその背後にあるアメリカYMCAやIOCとの間で葛藤する日本の姿が垣間見える。

日本はモデルとした欧米先進諸国へ近づく一方で、欧米諸国によって作られたルールの中で彼らを凌駕することが至難の業であることも味わい続けた。オリンピックへの挑戦は、アジアで初めて欧米諸国への仲間入りをする名誉として捉えられる一方で、彼らが作ったルールの中で彼我の体力差を目の当たりにすることになった点で国際政治の世界と共通していた。オリンピックへの参加は、先進国としての発展段階を実感する機会でもあったが、挫折や疎外感を味わう経験も不可避だったのである。オリンピックの場で勝利を収めることや他国からの賞賛を得ることは、この疎外感や劣等感を払拭し、国民的プライドを高めることにつながった。これが近代日本とオリンピックの関係がもつ特殊事情であり、「国家・国民のための日本代表」という意識を膨張させる原動力でもあったのである。

注

1　読売新聞に紹介された永井道明談話によれば、当初は四名送る予定であったが経費その他の都合で二名になったという（読売新聞社 一九一二）

2　極東大会の前身ともいえる一九一二年のカーニバル大会では、テニスの選手と早稲田大学野球部が招待されている。このテニス選手の一人が後に大日本体育協会理事を務め、日本庭球協会設立にも携わった朝吹常吉だった。

3　極東選手権競技大会については、高嶋（二〇一二、一三一―一三三）を参照。

4　バレーボールは五月一〇日の中国対フィリピン戦が風のため途中でノーゲームとなり、翌日再試合となっている（大日本体育協会編 一九三七、一一五九頁）。

5　大口の寄付は、以下のとおりである。金五百円：住友吉左衛門、山田藤次郎、阪神電気鉄道会社、大阪毎日新聞、大阪朝日新聞。金三百円：阪神急行電鉄会社、朝吹常吉、中村照子。金二百円：藤田平太郎、田中虎之輔（大日本体育協会編 一九三七α、七四五頁）。

6　行田重治は早稲田大学在籍時に陸上中距離選手として活躍。一九二四年に卒業した後は東京日日新聞の運動記者として活躍。一九三〇年八月没。

7　デューク・カハナモク（一八九〇―一九六八）　ハワイ出身の水泳選手。一〇〇m自由形でストックホルム大会、アントワープ大会を連覇した当時のトップスイマーで、サーファーとしても有名だった。

8　その一つは政治的には軍縮条約であり、経済的には金（為替）本位制であった。一九三〇年一月には、金解禁を実施することによって、第一次世界大戦中に離脱した金本位制に復帰し、政治的には一九二二年のワシントン海軍軍縮条約を補完するロンドン海軍軍縮条約を一九三〇年四月に成立させた。結果的に挫折したものの、それらは一九二〇年代の日本を方向づけた外交政策の到達点だったといえよう。しかし、この国際協調外交にもとづいた軍縮条約に関しては、統帥権干犯問題が起こったように特に軍部から批判が強かった。そして翌三一年九月、満州事変が起こる。時代は国際協調から排外的なナショナリズムへと傾斜し始めたのである。

9 広瀬謙三（一八九五―一九七〇） 大正時代に新愛知新聞、国民新聞、時事新報の運動部記者として活躍し、一九三六年の日本職業野球連盟創立時に公式記録員となった。野球規則、記録集計の権威者として評価され、一九七三年野球殿堂入り。

10 坂上康博（二〇一六）は昭和天皇の「玉体」とスポーツとの関係について論じ、裕仁が幼少時代からどのように体育やスポーツに勤しんだかを追い、二〇年代に皇室のスポーツが皇室ブランド向上の一環として用いられたことについても説明している。

参考文献

アンドリュー・E・バーシェイ／山田鋭夫訳（二〇〇七）『近代日本の社会科学：丸山眞男と宇野弘蔵の射程』NTT出版
潮恵之輔（一九二二）「発刊を祝して」『アスレチックス』第一巻第一号、三頁
大隈重信（一九一五）『国民教育論』通俗大学会
大阪朝日新聞社（一九二〇）「興味に満ちた当時の感想」『大阪朝日新聞』一一月七日、一一頁
大谷武一（一九二四）「民族的覚醒を望む」『体育と競技』（大日本体育学会編、復刻版は第一書房、一九八四―八五）第三巻第九号、二一―一一頁
織田幹雄（一九七七）『わが陸上人生』新日本出版社
金栗四三（一九七六）「学業を休んで出場」『別冊一億人の昭和史 昭和スポーツ史 オリンピック八〇年』毎日新聞社
嘉納治五郎（一九二二）「発刊の祝辞として私の感想を」『アスレチックス』創刊号、六頁
岸清一（一九二三）「極東オリムピック大会の観方」『実業の日本』二六（九）、五七―五八頁
北豊吉（一九二八）「オリムピック大会と官民の後援」『アスレチックス』第六巻第七号、二―五頁
行田重治（一九三〇）「極東大会の解剖」『中央公論』四五（五）、一九四―一九六頁
熊谷一弥（一九七六）『テニスを生涯の友として』講談社
坂上康博（二〇一六）『昭和天皇とスポーツ：「玉体」の近代史』吉川弘文館
シュテファン・ヒューブナー／高嶋航・富田幸祐訳（二〇一七）『スポーツがつくったアジア―筋肉的キリスト教の世界的拡張と創造される近代アジア』一色出版
大日本体育学会（一九二二）「創刊の辞」『体育と競技』第一巻第一号、一頁
大日本体育協会編（一九二〇）『国際オリムピック大会出場選手報告 第七回』大日本体育協会
――（一九二四）「国際オリムピック競技界日本代表選手派遣費補助請願書」『国際「オリムピック」競技大会一件 第一巻 五．第八回（パリ）』JACAR B04012501700の三―四枚目

――（一九八三）『大日本体育協会史（上）』第一書房（復刻版、原本は大日本体育協会発行、一九三七年刊）
――（一九八三）『大日本体育協会史（下）』第一書房（復刻版、原本は大日本体育協会発行、一九三七年刊）
――（一九八三）『大日本体育協会史（補遺）』第一書房（復刻版：原本は大日本体育協会発行、一九四六年）
高嶋航（二〇一二）『帝国日本とスポーツ』塙書房
東京朝日新聞社（一九一二ａ）「我選手の競争振：人気頗る大にして大喝采を博したり」『東京朝日新聞』七月一五日、五頁
――（一九一二ｂ）「日本選手喝采」『東京朝日新聞』七月二一日、五頁
――（一九一七）「極東大会には金が剰った」『東京朝日新聞』九月一〇日、五頁
――（一九一九ａ）「極東大会脱会　麻尼拉から延期不可能の回答日本からは選手を送らぬ事に決定す」『東京朝日新聞』三月一八日、五頁
――（一九一九ｂ）「顔触れの内定したる麻尼拉行の選手：体育協会関西支部の奮起　新たに倶楽部を起こし廿名を派遣と決議す醵金して二百円宛の補助」『東京朝日新聞』四月九日、五頁
――（一九二〇）「国際選手を送る」『東京朝日新聞』五月一四日、三頁
――（一九二一ａ）「運動会の新しき途（四）：運動家の社会的地位」『東京朝日新聞』一月八日、七頁
――（一九二一ｂ）「敗因は旅と不馴れ」『東京朝日新聞』二月一二日、五頁
――（一九二一ｃ）「運動競技界　我が国最近の傾向」『東京朝日新聞』一九二一年五月五日、六頁
――（一九二四ａ）「オリムピック選手土産話　賞賛された美しい我が泳法」『東京朝日新聞』九月二日、三頁
――（一九二四ｂ）「根本問題は体力　技術では劣ってゐぬ」『東京朝日新聞』九月二日、三頁
床次竹二郎（一九二二）「発刊を祝す」『アスレチックス』第一巻第一号、三頁
中橋徳五郎（一九二二）「Athletics の発刊を祝す」『アスレチックス』第一巻第一号、二頁
日本体育協会編（一九五九）『スポーツ八十年史』日本体育協会
野口源三郎（一九三〇）「極東大会と日本の使命」『アスレチックス』第八巻第五号、二―六頁
広瀬謙三（一九二三）「大正一一年度の運動界総まくり」『体育と競技』第二巻第二号、八一―六頁
破荷生（数川与五郎）（一九二四）「体育連盟の活躍を待つ」『体育と競技』第三巻第八号、二―三頁
読売新聞社（一九一一）「我国運動界の名誉：オリンピック競技に参加」『読売新聞』九月二一日、三頁
――（一九一二）「国際競技選手決定：三島氏と金栗氏の栄誉」『読売新聞』一九一二年二月一七日
――（一九二四ａ）「どうしても補助金を出させるつもり　オリンピック派遣選手の金に困っている体育協会」『読売新聞』三月一一

日、五頁

——（一九二四b）「運動の理解：オリンピック選手費補助に就て」『読売新聞』三月一五日、三頁

第6章「日本代表」意識の醸成（1928-38）
——オリンピック熱の高まりとナショナル・アイデンティティ

佐々木　浩雄

はじめに

一九三六年七月三一日、ベルリンで開かれたIOC総会で一九四〇年のオリンピック東京開催が決定した。関係者の歓喜を伝える新聞各紙の報に接して、社会主義者山川均は、スポーツが国家的に利用されることへの抵抗感を次のように示している。

> 人間精力の純粋な浪費であり、その追求する目的が何にもならぬという意味で完全に無価値なところにスポーツの価値があると同時に—であるからまた—それが人生にしろ社会にしろ天下国家にしろ、それらのものにとって如何に重要であり有益であり有意義であろうとも、いやしくもそういうものの考慮がひとたび入ってくると、スポーツはその瞬間から単なるスポーツではなくなってしまう。即ちスポーツは、無意義という意義を失い、無価値という価値を失い、従ってその明朗性に曇りがかかる。そしてそういう意図や考慮や意義—他の見地からはそれがいかに高貴なものであろうとも—が入ってきた瞬間に、スポーツの純粋性または純真性は失われたことになる。（山川　一九三六、八三頁）

山川は、「トラックの周りを廻るのが一秒時間の十分の一早かろうがおそかろうが、人生にとってたいしたことではない」が、「人生における意義とか、国家のためどうなるとかいうような一切のことを忘れてただ走るがために息をはずませて走るというところに、スポーツの無邪気さ」があるのだと自身のスポーツ観を示した。しかし、彼が見たように、一九三六年の時点ではすでにオリンピックからそうした「純粋性」や「純真性」は後退し、国際スポーツの宿命として国家的意義が濃厚に付与されていたのである。

むろん、山川が言うようなスポーツの「無邪気さ」は完全に失われたわけではない。しかし、国際競技大会が始まると、「日本代表」選手は欧米先進諸国と対等にわたりあうことを期待され、彼らの勝利は国家や民族の優秀性を証明するものとして日本国民の胸を躍らせたのであった。そして、この感情は現在の私たちにも引き継がれている。

このように、「日本代表」にナショナルプライドが重ね合わせられ、国家が支援し国民が熱狂する状況は、いつ頃から、どのようにして強化されていったのだろうか。またこの感情はどのような過程を経て定着したのだろうか。これが本稿で明らかにしたい疑問である。

一　日本代表の躍進とスポーツ・ナショナリズムの成長

(一)寄付金集めとオリンピック熱:国民のためのオリンピックへ

一九二四年のパリ大会以降、補助金交付という形で政府の協力は得られるようになったが、一九二八年、文部省体育課長だった北豊吉は、パリ大会まで一般の国民はオリンピックに「殆ど没交渉」だったと振り返っている(北　一九二八、四—五頁)。国民を巻き込んだオリンピック後援活動が始まったのは、後援会が結成されて寄付金集めが始まったパリ大会だったが、それは微々たるものだった。北は、派遣選手の数が増えるアムステルダム大会では、パリ大会以上に国民が幾分かの金銭的な支援をし、オリンピックに関心をもつことが必要であると国民世論の喚起と後援を呼びかけている。大日本体育協会(以下、体協)でも本格的に派遣費用への支援を国民に求めることとなり、オリンピックは選手のための大会ではなく、国民のための大会であるという主張が盛んに発信されることとなる。

例えば、アムステルダム大会を前にした『アスレチックス』誌上の漫画記事「選手に送る漫画」(杉田三太郎)には、以下のように国家代表への期待が示されている[1](杉田　一九二八、八〇—一頁)。

選手自身の力も必要だが全国民の偉大なる援助の力が其れ以上に必要なものである。熱誠なる全国民の親愛なる力こそ、百万の味方でもあり又武器ともなるのである。

日の丸高くかざして世界レコードを作り、其の意気、其の体力正に万国一のほまれも高く、堂々と戦ひ堂々と争ふ魂こそ、大和男児の持つ唯一の気概であらねばならぬ。

諸君は常に国家なるものを背負って立って居る事を忘れてはならぬ。何にも国のため国家の為と、第一に先づ国家と云ふことを念頭に置いて、戦線に於ける勇士の如き気持ちで争はねばならぬ。

「やっぱり日本人は強い、何事に於いても強い卓越してゐる」と他国民をして一唱三嘆の声をもらさしめるにはやはり諸氏の努力をまつに他はない。戦へ弓折れ矢尽る迄、これが諸君の栄ある出発のモットーとして全国民を代表して送りたい。

ここに示されているのは、国際競技会に臨む際の選手や国民のあるべき姿であろう。オリンピックへの国民的関心を高めようという政府と体協による積極的働きかけはパリ大会で開始され、一九二八年のアムステルダム大会の頃にはさらに強化されていたのである。

選手派遣のための寄付金集めもそれまでの実業家を対象にしたものから幅広い層へと拡大し、体協機関誌『アスレチックス』には寄付をした小学生の声も紹介されている。二円を寄付した岡山県和気郡本荘小学校六年生一同代表（廣石均）からは、「我が日本の為我等の為日本代表してアムステルダムに行かれて世界選手を相手に戦って下るやうに僕等六年生はかげながらいのってゐます。どうか一生けんめいに奮闘して頂きたい。僕等はほんのわづかの金でも送って一人でもよけいに選手を送たいと思っています。（中略）たとへまけたとしても運動精神を発揮して頂きたい。どうか日本選手諸君日本の競技界を世界にかがやかして頂きたい」（廣石 一九二八、八六頁）というメッセージが寄せられた。三円八〇銭を寄付した渋谷町長谷戸小学校五年生一同も、担任教師にオリンピックの話を聞き、「組の皆んなで相談した結果『僕等の気持』として集めました」と寄付のいきさつについて説明し、『日本の代表選手』だといふ固い決心とで、正々堂々と戦って下さい（中略）祖国には僕等の様な小さい後援者のあることをお忘れなく日本の為めにきっと優勝して下さい」と激励の言葉を寄せている（奥田 一九二八、八七頁）。いずれも宣伝記事として割り引いて見るべきだが、こうした「日本代表応援」言説が、小学生の語りとして、寄付金の募集を背景に発信されていることに注目したい。

また、アムステルダム大会の前には、スポーツ界の側から国民とオリンピック選手をつなげるさまざまな努力がみられるようになる。体協からは「オリムピック記念バッヂ」が一個五〇銭で売り出され、三越やその他運動具店で売られたほか、郵送でも買うことができた（送料二銭）。この記念バッヂ売り上げの利益は派遣費とされることも説明されている。[2]

(二)アムステルダム大会での躍進と選手たちの声

こうして迎えた一九二八年のアムステルダム大会では、三段跳びで織田幹雄、二〇〇m平泳ぎで鶴田義行がそれぞれ金メダルを獲得したほか、八〇〇m走で人見絹枝が日本女子初めての出場で銀メダルを獲得するなど日本代表選手は躍進を見せた。

大会後には選手の活躍を賞賛する記事が散見される。『アスレチックス』誌は巻頭言で、日本選手の奮闘は「スポーツを通じて我が日東帝国の国威を世界に発揚するもの、我がスポーツ界の世界的位置を躍進せしめ其の権威を広く認めしめしたるの功績に至っては正にエポックメーキングである」と称えた（武郎生 一九二八、一頁）。また、これに満足することなく「我が国威と併せて我がスポーツ界の権威とを各々発揚して彼の米国其他の強豪をついに凌駕する事こそ我等の願である」と期待を示した（同前）。

体協会長の岸清一は、「我水泳は全体に於て世界第二位、陸上競技は第八位の好成績を占め、又唯一の婦人選手たる人見嬢の活躍せるあり、之に依りて世界列強をして極東に日本なるスポーツの一大新興国ある事を認識せしめたるは、真に痛快の至りなり」（岸 一九二八、三頁）と躍進ぶりを手放しに喜んだ。

ようやく国際舞台で結果を残したアムステルダム大会の頃、メディアを通して発信される代表選手たちの意識はどのようなものだったのだろうか。『アスレチックス』誌には、三段跳びで日本初の金メダルを獲得した織田幹雄の私信の一部が紹介されている。

若しもオリンピックが不成功に終ったとしたなら、私は如何にして日本国民にお詫びしてよいか。勝敗は時の運とは言ひますけれど私にとっては二度目のオリンピックであり、失敗を招くといふことは有り得ないと言はねばならぬ身にありますから、若しも不成功に終るやうなことがあったとしたら如何なる方法をもってしても申訳は立たないと思ふのです。（帆山 一九二八、四四頁）

水泳二〇〇m平泳ぎで金メダルを獲得した鶴田義行は「私の優勝は、決して鶴田義行の力ではなく、日本国民後援の賜物だったと思ひます」（鶴田 一九二八、三〇頁）と「国民の勝利」であることを強調した。ボクシングの臼田金太郎も「私は民族のチャンピオンとして、勝たねばならない戦闘意識が猛然と湧き上がった。そして、又、私の肩に、私を選出した国民に対する責任が重く重く感じられた」（臼田 一九二八、九三頁）と開会式に臨む心情について述べている。いずれも自分たちの競技が国民の支援によって成り立っているのだという自覚と代表としての責任感が示されている。

織田や鶴田らが感情面から代表意識に言及しているのに対し、この大会から参加した馬術競技の選手たちは、国の支援と競技成績の関係について冷静に分析している。馬術競技で二八位に終わった遊佐幸平は「馬さへ良ければ必ず巧くゆくと云ふ確信を何時も有って居ります。さうして日本の国内が此を準備すべき環境を吾々に与へて呉れるならば、決してみじめな成績を取らないと確信致します」（遊佐 一九二八、七〇頁）と馬術競技に必要な国の支援を要請した。馬術競技では選手だけでなく馬も輸送しなければならない。どのような馬を送り、どのような条件で準備・調整できるかが競技成績に直結するためだ。遊佐は続けて、オリンピック選手は陸軍省でも農林省でもなく「国力を外国に出す」ために「国家が出すもの」と述べ、「従って準備とか、選手選定とか馬を飼ふとか総てのものに対して所謂国民がやる」という考え方ですべてを定めるべきと主張した（同前、七一頁）。遊佐は馬術競技に必要な準備をどのようにするべきかを問い、金が掛かる馬術競技はやはり国家・国民の支援がなくては立ちゆかないと訴えた。勝つためには「馬の準備」が必要であること、ヨーロッパ各国ではこれを支援する体制が整っており、そのため選手は「国家を代表すると云ふ観念が徹底して居る」ことを説明した（同前、七四頁）。日露戦争で戦功をあげ、騎兵中佐として指導的立場にあった遊佐は、自分たちが技術的には劣っていないことを強調し、勝つための国家的支援を要望したのであった。

(三) 人見絹枝の「日本代表」意識――定型化する国民的物語

アムステルダム大会は、女子の陸上競技が解禁された大会でもあった。日本からは一九二六年の第二回万国女子オリンピックで突出した活躍を見せた人見絹枝が参加した。人見は一九二九年に『スパイクの跡』、三一年に『ゴールに入る』という自伝的著作を残しており、これらに「代表選手」としての意識も示されている。人見の場合は、海外の大会に代表として参加する初めての女子選手であり、日本代表であると同時に日本女性代表という重荷も背負っていた。国内では女性の競技に対する理解が乏しく、国民の理解や普及への道を切り開くためには世界の舞台で活躍する日本女性の姿を見せなければならなかったのである。

人見は一九二六年の第二回万国女子オリンピック出発に際して先輩や同輩が催してくれた「多くの送別会や盛大な見送り」を「忘れられぬ記憶」と記している。大会ではたった一人の日本人選手として奮闘し、走幅跳（五m五〇㎝の世界記録）、立幅跳で優勝、円盤投で二位、一〇〇ヤード走で三位など個人総得点一五点（個人優勝）をあげた。人見は大会を終えるにあたって、「日章旗！大和民族ならでは得がたきこの愛国心のほとばしり……奮ひ立て、日東の婦女子！目覚めよ我友よ。我等の奮起と覚醒により日本女性の優越が全世界に示されるのも近くにある」（人見 一九二九、一七五頁）と結んでいる。人見は万国女子オリンピックに出場した一九二六年から毎日新聞に入社し、社の支援を受けて競技を継続した。

一九二八年のアムステルダム大会では、出発に際して「どの様な成績で帰って来られるのであらう」と不安な気持ちを吐露し、「唯一つの此の戦の為に自分の最後の努力を注ごうと決心した」（同前、二九一頁）と悲壮な決意を振り返っている。

大会中は日本人選手が苦戦するなか、人見にもプレッシャーが重くのしかかった。陸上競技監督の竹内廣三郎に望みを託された人見は「今までの安々とした気持ちが急に重くなる。勝たう、走れる丈走らうと考へれば考へる程苦しくなってくる」と重圧を感じる様子を描いている。結局、人見はこの一〇〇m準決勝で四位となり、決勝に進むことができなかった。この敗戦を受け止めきれない人見は他の選手が悔しさに声を上げて泣く傍らで茫然として泣くこともできず、『何と云ふ事だ、負けたのか』と何処からか大きな声で叱られる様な気がした。もう目の前は真黒になって奈落の底に落ちた様な気持ちであった」（同前、三五〇頁）と振り返る。人見は続けて、「ああ二年間の努力も遂に恵まれなかった！あの寒さ厳しい冬の日や、炎熱焼くが如き夏の日の練習は何の為になしたのか。ああ凡ては終ってしまった。私にはもう凡ての幸はなくなってしまったのだ」（同前、三五一頁）と当時の心情を綴っている。

図1 人見絹枝（『アサヒグラフ』251号、1928年8月29日、16頁より。写真は100メートル予選時。）.

　メダルが期待された一〇〇m走の結果を受け止められずにいた人見は、未だ走ったことのない八〇〇m走への出場を決意する。それは、「男子の選手等は各自の定められた種目に負けたとて日本に帰れない事もない、私にはその様なことは許されない。百米に負けました！と云って日本の地を踏める身か、踏む様な人間か！何者かを以て私は此の恥を雪ぎ責任を果さなければならない」（同前、三五三―四頁）という強い気持ちに突き動かされたからだった。

　日本女子スポーツ界の将来を開くという重責を背負い込んだ人見は、悲愴な決意で残された八〇〇mに臨む。八〇〇m決勝、最後には意識が飛ぶような激走の末、人見は二着でゴールする。

> ああ！之で幾分の責任を果たしたのだ！よく走れた！もう思ふ事もない。果し得た心の喜びに止め度もなく涙が出ます。国家の名誉の為にも、又自分の名誉の為にも、之で責任は果し得たかと思ふにつけても、先刻迄の悲しみが一緒になって益々泣かれるのでした。（同前、三六九頁）

　人見の銀メダル獲得に続いて、三段跳びで織田幹雄が金メダル、南部忠平も四位に入る。人見は「三人の泣く涙！それこそ私等日本国民でなくては持たぬものでなくてなんでありませう」（同前、三七〇頁）と、分かち合う喜びと国民意識を結びつける。また、「此の日本選手の活躍は全世界に影響する事も亦大きかった。一等の米国より、二等の芬蘭土（フィンランド）より、英国より、新興のドイツより私等ヤポンは世界中の人に強い恐れを抱かしめたのであります。三大強国を誇る我が日本の若人として」（同前、三七七頁）と国威発揚に貢献できた喜びを語った。人見の文章は、毎日新聞記者としてオリンピックでの様子や心情を伝え、またパイオニアとして女性スポーツへの理解を広げようという使命を帯びていた。したがって、すべてが彼女の素直な思いであると断定はできないが、文面から彼女が置かれた状況を察することはできよう。

人見はパイオニアとしての苦悩を次のよう表現している。

> 静かに過去の三カ年の一日一日をふりかへって見ると、事毎に私は女子競技会の陣頭に立って、いや立たされて終始戦ひつづけて来たと云ってもいい。陣頭に立たされた私には云うに云はれぬ苦しさと淋しさがあった。之は誰にも味えぬ私丈のものであった。（同前、四〇五頁）

人見は一九三〇年九月六～八日にプラハで開催された万国女子オリンピックにも出場した。このときは他の若い女子選手五名を連れて、競技に奮闘するだけでなく引率役も務めた。このときの遠征費用は、全国の女学校から募金を集めることとなり、人見も積極的に関与した。一口一〇銭で四〇万個の応募袋を作り、全国の女学生から寄付を募った結果、遠征出発の三日前に目標額に到達した。プラハでの大会は、走幅跳では優勝、三種競技は二位、やり投で三位、六〇mで三位、四〇〇mリレーで四位、一〇〇mは準決勝敗退という成績であった。個人得点一三点で二位という成績は十分といえたが、人見以外ではリレーで四位に入っただけであり、人見自身にとっても満足のいく結果ではなかった。人見は雨中の競技で体調を崩したが、同月一一日にはワルシャワで日本・ポーランド女子対抗競技に出場、一三日にはベルリンで日・英・独女子競技大会に出場した。さらに二〇日にはブリュッセルで日本・ベルギー対抗競技に出場、翌日はパリに場所を移して日本・フランス女子対抗競技に出場した。高熱にふらつく中での競技であったという。体調不良をおして出場したこれらの競技会ではいずれも複数の競技に出て日本チームを牽引した。このような無理を続けたのは、経験の浅い若い選手たちへの配慮もあったが、何よりも国民の募金によって遠征をしているという責任感のためであったと考えられる。ロンドンから海路帰国の途につき、一一月六日に帰国した人見は心身ともに疲れ果てていた。それでもなお、遠征費用を出してもらったからにはと新聞社の仕事や寄付の御礼を兼ねての講演会に奔走し、翌三一年三月二五日、ついに病に倒れ入院する。肋膜炎という診断だったが、その後肺炎を併発し、八月二日、乾酪性肺炎で死去した。二四歳という若さだった。

日本国民の期待を背負い、日本女子スポーツ連盟の命運を背負った人見の競技は、人見個人のものではなかった。人見は、スポーツを専門的におこない、仕事の傍ら国際試合を転戦するという当時の日本人女性が経験したことのない日々を許されることと引き替えに、パイオニアゆえの強烈な使命感と義務感を背負っていた。女性がスポーツをすることへの社会的承認を得るために、日本女性の新しい姿を示すという彼女の役割は、一九二六年の万国女子オリンピック（イエテボリ）での成功によって明確となった。人見の著述からは、代表選手になり国際大会で活躍することによって「大和魂」を備えた「日本人」であることを内面化していく様子がうかがえる。有元健は、国民的な想像力に個人のスポーツ経験を回収しようとする動きが支配的であったことを前提としながら、人見絹枝の代表選手として以外の経験をあわせて読み解くことで、そこに彼女の国家的使命から離れた自我の萌芽を確認しようとしている（有元 二〇〇四、一九四―二一六頁）。それは国際舞台で活躍し、英国のガン選手ら女子スポーツ関係者と親しく交流することで人見自身が日本社会や日本のスポーツ界、日本の女性を客観的に評価する視点を得ていく姿である。人見は代表選手として国際交流の経験を積み重ねることで、国家的使命というくびきから脱する契機を得ようとしていたのである。

人見を含めた選手たちの語りは国民的道徳や国家的期待に応えるべくつくられた物語という側面をもっており、それは次第に国家や国民が期待する物語へと定型化していく。そして、その物語から逸脱することは国家や国民、競技団体の支援を受けた「代表選手」としては避けるべきこととなる。人見は、「個人の身体・個人の経験としてのスポーツ」と「国家の身体・国家の期待を実現するためのスポーツ」との狭間で苦悩したのであった。これは人見に限らず、国家的・国民的支援を受けるようになった選手たちに共有され得るものだった。織田幹雄は後年、当時の代表意識について次のように語っている。

日本のためにぜがひでも…というような考え方は初めにはなかった。自分の楽しみ、自分の力をどこまで伸ばせるかといった、自分の問題として競技に没頭していたのである。しいていえば、オリンピックでポールにあがる旗がアメリカ、フィンランドなど外国のものばかりだから、そこへ一つ日本の旗をあげてやろうという気持ちは強かった。しかし、国内事情はそんな気持ちを許さなかったから、やはり、国のためにということを口にせざるをえなかった。
(織田 一九七七、一〇七頁)

織田は個人的には自由にスポーツを楽しみ、技術を探求したいという思いを持ちつつも、国内事情が「国のために」と口にせざるを得ない雰囲気を作り始めていたことを示している。オリンピックへの国家的な支援や国民的な注目は選手たちの国際舞台への進出を後押しするものであったが、国家や体協の論理によって次第に「スポーツの無邪気さ」は後退し、時には悲壮感さえ漂わせ始めることとなったのである。

(四)オリンピックとナショナルプライド

アムステルダム大会での躍進を経て、オリンピックと国民の距離はさらに接近した。また、多くの選手や役員が派遣されることで欧州各国の競技や国民体育の状況も関係者に共有されることとなり、政府関係者のスポーツへの理解もさらに進んでいく。例えば文部大臣小橋一太は、世界各国で体育振興の気運が濃厚であり、第一次世界大戦後はその傾向が顕著であると述べている(小橋 一九二九、三頁)。彼はその一例として、敗戦国ドイツが体操団体の活動などによって国民体育を推進していることを紹介した。加えて、世間では運動が一部愛好家の占有的な娯楽のように考える向きもあるが、運動は単なる娯楽ではなく、「身体を練り精神を養ふといふ、大きな目的の為に行はるべきもの」であること、そしてそれが国民に行きわたると、「そこに国民体育としての真の価値が充実した大きな国運隆昌の原動力として現れる」とスポーツの価値を説いた(同前、五頁)。

北豊吉のあとを引き継いだ文部省体育課長の山川建は、日本のオリンピック参加が「遠くアジアの東から来た『小さい選手』として珍しがり、むしろ一種の憐憫的同情を以て迎へた」という状況から始まったことをふまえ、「茲に国際スポーツ界に於ける我が国の地歩は断然確立されるに至った」とアムステルダム大会で結実した成果を強調した(山川 一九三〇、四頁)。さらに、一九三〇年に東京で開催された第九回極東選手権競技大会でも「名実共に東洋の盟主たるに背かざる、確固たる地歩を固めた」ことを評価し、「その際支那の代表者が日本のスポーツ界の急速なるしかも堅実なる発達の有様を見て、是全く日本が「スポーツ」を国家的に重視してゐる結果であって、自分の国のやうに国家の統一の取れてゐない国では、とても日本のやうに国民が心を協せて、スポーツに邁進することは到底出来ない、といって嘆いてゐた」(同前、五頁)と、中国からは日本が成功モデルとして見られていることを紹介した。山川は「スポーツの発達を望み得ない国では、到底国民が協力一致国難に処し、また国家の興隆に精進するといふことは、出来ないのでありませう。スポーツの興廃と国家の興廃とが、その歩調を共にするといふ過去の事実は、現在に於ても亦立派に証明せられることと思ひます」(同前)と体力問題を含めた総合的な国民の力と競技成績を結びつけている。

国際大会での活躍や紳士的な振る舞いは、国際社会における対日感情の改善という意味でも重視された。『アスレチックス』誌はパリ在住の邦人からの私信の内容を「外人の眼に映った日本選手の活躍」として紹介している(大日本体育協会 一九二八)。記事は、アムステルダム大会とその後にパリで開催されたインターカレッジ試合で「相当な(外人にはかなり予想外な)成績を日本選手が示してくれた為に、『日本』といふものの存在が、色々の意味で無知な連中を啓発してくれ」たこと、競技での素晴らしさが「やがて『日本人』に対する同情と畏敬にもなり、(たいていは印度支那同格にしか扱はれませんが)随分歓待してくれて」(同前、一二二頁)いることなど、競技会での活躍が日本人のイメージ向上に貢献していることを説明した。

国際競技会は日本が文明国であることや優れた精神文化をもつことを宣伝する機会になり得るという考えは以前からあったが、アムステルダム大会での活躍などをふまえ、一九三二年のロサンゼルス五輪では大会参加の目的の一つとして日系移民への扱いを含めたアメリカの反日感情緩和という事項が加えられることとなる。

二　挙国一致的な支援体制の開始——一九三〇年代のナショナリズムとオリンピック

(一)東京大会招致の開始とオリンピック後援会の組織

第一〇回ロサンゼルス五輪に向けては、体協のさらなる意気込みが示されることとなる。大会を前に、会長の岸清一は「四年前アムステルダムに於て示した望外の成功は、最近四年間の精進と努力に依って、毫も危な気のない身についた力に迄成熟した。今や我々は我国スポーツ界の実力を、自信と誇りを以って世界列国の前に強く主張し得るものである」(岸 一九三二c、三頁)と自信を示した。一九三〇年に東京で開かれた第九回極東選手権競技大会でフィリピン、中国を寄せ付けなかった陸上競技、水上競技を中心とした選手たちの力量は、欧米諸国と互角に戦えるまでに成長したと期待された。

一九三一年の年頭には陸上競技、水上競技、ボクシング、サッカー、ホッケー、スキー、スケートの八種目(スキー、スケートは同年のレイクプラシッド大会）に監督・選手あわせて一六五名を派遣するという案が出され、これに役員を加えた派遣費用は二五万円を要すると試算された。体協は「文部当局をはじめ、江湖諸彦の挙国一致の後援を切に冀ふ次第」と派遣に際しての支援を要望している（大日本体育協会 一九三一、一頁）。

しかし、アムステルダム大会の三倍以上となる選手団を送る企てには、これまで以上の財政的支援が必要であった。折しも世界恐慌で国際的な経済危機が訪れ、国内でも長引く不況に政府が頭を悩ませていた時期である。ヨーロッパからは距離のある西海岸のロサンゼルスで開催されることもあって欧州各国が選手団を縮小するなか、日本は開催国アメリカに次ぐ大選手団を送ることを決定する。体協はその後、体操、馬術、レスリング、芸術を含む一〇競技二〇〇名余りの選手団を派遣すべく四〇万円の予算を見積もった。そのうち三〇万円について国庫補助を文部省に申請したが、赤字と時局多難を理由に大蔵省が反対し、一時は削除されることとなった。その後、文部省と体協の奔走によって七万円の補助金（最終的には一〇万円）が支出される算段へと漕ぎ着けたが、当初の予算との差額は三〇万円以上となっていた。さらに、世界恐慌のあおりを受けた不況と金輸出禁止の影響から円安が進み、予算は二～三割増しで考えなければならなくなった。幸い、東京六大学野球連盟から一〇万円という大口の寄附の申し出があったが、それでも状況はかなり厳しいものだった。

岸は「最も決定的なる障碍は我国が世界の各国と共に受けつつある経済的苦難と、我国が特に其の渦巻の中心に立つ満蒙事件其他の政治問題の結果、我国民一般が苦悩を嘗めつつある社会的経済的困難である」（岸 一九三二b）と派遣費用捻出の難しさを語った。この深刻な不況にもかかわらず体協がさらに巨大な選手団を送ろうとしたのは、サッカー、体操など新たに参加種目を増やしたこと、女子選手の増加、前年に世界記録二つと日本記録十数種を更新した陸上競技界の好調、メダルが期待される水泳など、スポーツ界の盛り上がりに水を差したくないという事情があったからだった。加えて、理屈次第では補助金・寄付金獲得が可能であるという計算があったためと考えられる。その理屈とは、国民体力向上・国威発揚という従前からの意義に加え、スポーツ界の目覚ましい成長、満州事変により悪化した日米関係の改善、そして東京大会招致への布石だった。体協は選手数を減らそうとせず、国民の支援を募る理由について、次のように表明している。

単なる虚栄や感情から多数の代表者を送り度いと云ふのではない。運動界の実質的向上、全体的進歩が必然的に要求するのだ。国際オリンピック大会の重大性に鑑みるならば徒に憂愁に沈淪して居る時ではない。此に於て吾等は凡ゆる手段を講じて可及的多数の選手を派遣すべく、悲壮なる決意を以て立った。固より本会の独力を以てしては其の経費の全部を支弁する事は不可能である。茲に大方の御賛同と御協力を仰ぐ次第である。（大日本体育協会 一九三二、一頁）

一九三一年九月に勃発した満州事変、そして翌三二年一月の上海事変から三月の満洲国建国までの動向は日本の国際的孤立を招来した。とりわけアメリカの反発は強く、一九二四年のいわゆる排日移民法に象徴されるアメリカ国内の排日・反日ムードはさらに強まっていた。地理的な問題と世界的な不況によって欧州各国が選手派遣を渋るなか、大選手団を派遣することで親米的態度を示すことも理由とされた。また、一九三一年一〇月に東京市会で決定した一九四〇年のオリンピック招致を実現するためには、日本国民のスポーツ理解やオリンピック熱、オリンピック思想にもとづく国際協調の姿勢を他国に見せておく必要があるという判断もはたらいた。ロサンゼルス大会への準備とともに東京オリンピック招致も動き出していたのである。

東京大会招致のきっかけは、一九二九年、国際陸上競技連盟会長エドストロームが来日したときに、アムステルダム大会で日本選手団総監督を務めた山本忠興（日本学生陸上競技連盟会長）が東京開催の可能性についてエドストロームと意見を交わしたことにあるという。その後、一九三〇年五月に東京市長となった永田秀次郎が、ドイツに発つ山本に、皇紀二千六百年にあたる一九四〇年に東京市でオリンピックを開催したい旨を伝え、招致に関して欧州スポーツ界の状況調査を依頼した[3]（古川 一九九八、六四―五頁）。そして、一九三〇年一二月、永田は東京招致についての考えを公表し（東京朝日新聞社 一九三〇）、翌三一年一〇月二八日、東京市会で第一二回オリンピック大会の東京招致を市に求める建議が満場一致で可決された。その翌日、岸は東京市役所に永田を訪問し、選手派遣費用捻出のために組織されたオリンピック後援会の会長を依頼した。副会長には体協副会長の今村次吉が決定した[4]。東京大会招致を決めた東京市長永田秀次郎は警保局長も務めた元内務官僚であり、元大蔵官僚である今村は財界とのパイプ役も果たしていたと考えられる。永田は一九二〇年代後半以降、万博など紀元二千六百年に向けた様々な行事を画策しており、オリンピックもその一つとして計画された。永田をオリンピック後援会長に据えることでロサンゼルス大会への選手派遣費用調達は東京大会招致活動と強く結びつくこととなる。

オリンピック後援会副会長の今村次吉は、後援会の趣旨を次のように説明している。

　而して斯く吾人がオリムピック後援会を組織して選手を羅府（ロサンゼルス）へ送りたいのは、実に近来勃興しつつある我スポーツを愈々益々発展向上せしめたいのと共に、羅府大会に於て我国民の意気と元気とを世界列国に認識せしめたい為めなることは勿論であるが、特にオリムピック大会は世界列国殆ど之に加入しないものはなく、従って其れが世界的親善と平和とに貢献することが少くない関係上我国も是非之に参加せなければならぬからである。併し吾人は此等の事由の外に今一つ重大なる目的を有するのである。或は其れが唯一の目的であると言ふても可いかも知れぬ。其れは何かと言ふと第十二回国際オリムピック大会を我東京市で開きたいのである。（今村 一九三二、六五頁）

　今村は第一二回大会が予定される一九四〇年が紀元二千六百年に当たることを説明し、「世界多数の人を我国に誘致し、我国の風光を観せしめ我国の文化を知らしめ、世界に日本を紹介するは是れ程可い機会はなからうと思ふ」とそのねらいを示した。今村はこの東京招致が「唯一の目的であると言ふても可いかも知れぬ」と正直な思いも披瀝している。そのためには「予め今より其の種を蒔かねばならぬ」として「今回羅府（ロサンゼルス）へ多数の選手を派遣し列国環視の裡に奮闘活躍せしめ世界的覇権掌握に邁進せしむること」の重要性を説いた。また、東京開催については次のようにその経済効果にも言及している。

　若しオリムピック大会を東京市に於て開催するとせば直に数十万人の外客を容易に我国に誘致し得て数千万円の巨額の金を我国に落とさすことが出来る。そして其れが又縁となり爾後年々観光客の殺到すべきことは疑いを容れない。最早観光局を煩はす要がないことになる。之を考ふれば観光局の経費はオリムピック後援会に頂戴しても可い位である。さればこそ吾人が此の不景気深刻なる際にも拘らず世の同情者に訴ふるは一に此の重大なる目的を達成せんが為めである。（同前）

　オリンピックを開催すれば相当額の外貨が落ちるという話はこの頃から流布し始める。一九三〇年に東京で開催した極東大会でも入場料収入は一五万三千円余りにのぼり、雑収入も八千円を超えていた（日本体育協会編 一九五九、一〇〇―一頁）。スポーツ、特に国際試合は興行的に「はずれ」がなく、加えて数多くの外国人が訪れるのだとすれば、経済的に潤うことは間違いないというのである。今村は、スポーツへの理解の有無にかかわらず、選手支援のために応分の金を義捐することは将来の東京に大きな利益をもたらすという理屈で国民からの寄付を募った。世間には「不景気の際に何を苦しんで寄付金まで募集し選手を米国辺りへ派遣する要があるかと言ふ者がある」が「此等の人にしても若しオリムピック大会を東京市に於て開催し、外人数十万を誘致することに付て異義を唱ふることはなからうと思ふ」と経済効果をあてにした論理を展開して寄付を呼びかけた。反対する声を抑え、賛成派を形成するには外貨獲得の話が有効だったのである。

(二) メディア・企業とオリンピック

メディア・企業がオリンピック消費へ熱を上げたのもアムステルダム大会からロサンゼルス大会にかけての時期であった。さらに東京大会が決定した一九三六年の九月、読書新聞社から『オリンピック東京大会：三億円の金が落ちる！何をして一儲けするか！』(読書新聞社編　一九三六) という書籍が刊行されている。書中では「三億数千万円の大金がまき散らされるオリンピック大会と、全国的大感激の皇紀二千六百年祭の大祝典が挙げられるのだ。そこに金儲けが転がって居ない筈はない。日本体育協会の大島理事が『東京オリンピック大会を利用して金儲けを企む様な奸商を排撃する』といち早く声明しているが、この声明こそ金儲けの絶好の機会たることを裏書きするものでなくて何であらう」と東京大会での商機を煽っている (同前、「はしがき」)。注目したいのは、「問題はその金儲けが我が輝かしい日本帝国の面目と合致するかどうかだ。吾等は最も合法的であり、輝かしい祝典にふさはしい道を以て金儲けを計画する事は祝福された吾等の特権だと思惟する。そして吾等は準備が必要だ」(同前) と述べている点である。商魂たくましくしても、「日本帝国の面目と合致する」ことが前提とされていたのである。具体的には一九四〇年に向けて競技場、東京駅、道路、旅行会館、選手村、東京市庁舎、大民族博物館、万博、建国記念館などこれから建設が予想される施設やインフラに始まり、交通、芝居・映画、旅館、食料品、ガイド、衣類洗濯店などオリンピックに向けて需要が増すと考えられるものを網羅的にあげている。また土産物は何をどのように売ればよいかといった具体的な説明や、語学学校、観光ガイドブック、オリンピック関連の各種出版物、懸賞、株など間接的なビジネスチャンスにも言及している。一九三六年時点ではかなり具体的なアイデアが出されていることがわかるが、こうしたオリンピックの経済効果が喧伝される状況は一九三二年あたりから顕在化している。

また、オリンピック報道では新聞各社が競い合う状況が見られる。例えば東京朝日新聞社では一九三二年四月から「オリンピック応援歌」の懸賞募集キャンペーン（一等は賞金五〇〇円。当選した歌詞には山田耕筰が作曲し、レコードに吹き込まれた。）が実施され、国民の関心を喚起した。特派員の数も増やされ、電信で伝えられた記事は号外や夕刊によって国民へと伝えられた（朝日新聞百年史編集委員会編 一九九一、四〇二―三頁）。ラジオでの実感放送（当時の様子を再現した放送）やニュース映画も好評を博し、新聞各社では写真原稿を飛行機で運ぶなど、情報の高速化も競われた。このようにロサンゼルス大会では、オリンピックが大規模報道の対象となり、新聞社と企業が結びつきを強めてオリンピックを商業的に利用する状況が加速することとなった。[5]

(三)挙国一致的な支援体制の構築へ

選手派遣費用を集めるためのオリンピック後援会は、政財界の要人を取り込んで結成されたが、ロサンゼルスへ大選手団を送るためには五〇万円の巨額が必要とされ、この資金調達は容易ではなかった。派遣を見送るべきという意見や選手団を少数精鋭にすべきという意見もあるなかで、体協会長の岸は新聞紙上で国民にオリンピックへの理解と協力を呼びかけた（岸 一九三二b）。岸はオリンピックが、「世界の文明国が、高き文化的目的に向っての共同事業である」こと、「各国は之に参加して、其の最高の目的への向上に夫々寄与する国家的義務を負ふて居る」こと、そして「其は文明国のみが負ふてゐる光栄ある義務であり特権である」ことを説明した。また、選手派遣は体協の役割ではなく国民的義務であり、選手は「全国民の中から選ばれ、全国民を代表して日本のスポーツの力を実現するもの」であるから、「其派遣費用は当然同胞諸君の負担すべきものである」と訴えた。

一九三二年四月には『読売新聞』が、オリンピック後援会の活動開始について報じている。同年一月から三月の上海事変の影響で休止されていた活動が再開され、四月一日に開かれた第一回委員会では五〇万円のうち三〇万円を一般から募集することが決定された。委員会の冒頭では、会長の永田秀次郎から東京大会を実現するためには「どうしても今回のロスアンゼルスの大会に出来るだけ多数の精鋭を送って優秀な成績を示さねばならぬ」こと、また移民問題に加えて満州事変や上海事変によって悪化するアメリカの対日感情を好転させるためには「どうしても多数の選手を送ってスポーツによる日米親善を計るより他に方法がない」ことが説明された（読売新聞社 一九三二a）。岸や永田の言葉は、ロサンゼルス大会への参加がそれ以前の大会に比してより明確な政治的意味合いをもったことを示している。

この時点で、必要な総費用は五〇万円と見積もられ、このうち政府補助金が一〇万円、六大学野球連盟から一〇万円の寄付がほぼ確定した状況であった。残りの三〇万円を一般から募集することとなったのだが、これはオリンピック後援会のメンバーを中心に新聞の協力を得ながら大々的におこなわれることとなった。五月一六日付の『読売新聞』では「オリンピックに日本を勝たせよ！選手派遣の寄金を募る　スポーツ日本威力発揚の秋　最大多数の精鋭を送れ」と見出しを打って読者の寄付を募っている（読売新聞社　一九三二b）。締め切りは六月二〇日とされ、寄付者の氏名と金額は紙上に発表されることなどが記された。

オリムピックに
日本を勝たせよ！
選手派遣の寄金を募る
スポーツ日本威力發揚の秋
最大多數の精鋭を送れ
規定
讀賣新聞社
オリムピック後援會

図2 オリムピックに日本を勝たせよ!（『読売新聞』1932年5月16日）.

新聞メディアは、選手派遣費用について一貫して体協に同情的であり、一九二〇年代初頭から政府の無策やスポーツへの無理解を批判してきた。一九一〇〜三〇年代にかけて新聞社は様々なスポーツイベントを主催・後援した。それは新聞の購読者数を増加させることをねらいとしていたが、同時にスポーツ界の発展にも貢献した。六大学野球や甲子園での中等学校野球は、すでに多額の入場料収入を生み出し、第三回、第六回、第九回と日本国内で開かれた極東選手権競技大会のほか、陸上競技、野球などで企画された外国選手を招いての国際試合も一定の成功を収めていた。新聞各社はスポーツ欄を創設・拡大し、スポーツは大衆文化の一つとして隆盛へと向かった。スポーツとメディアの互恵的関係は強まり、オリンピックの場合はさらに政府が加わることで国家的正当性をまとうことができた。人々を東京大会招致へと駆り立てたのは、商業的な成功への期待とともにスポーツの国家的な意義を主張できる見込みが立ってきたためであろう。

一方で、緊迫する国際情勢の中で選手たちには国家・国民が要望するような「代表」としての活躍と態度が要求されることとなる。まず一九三二年三月二四日、一足早く出発する馬術選手の送別会で、岸は選手たちに代表として相応しい振る舞いをするよう要望した。満州事変勃発後、数ヶ月間はオリンピックに参加することが妥当かどうか協会内でも議論があったこと、特に上海事変によってアメリカ国民の反日感情が高まっていることを示し、「今回の我がチームが平常よりも特に重大なる任務を有する所以を心に銘し真の国民外交の目的を達するやう厳格なる規律と統制の下に充分の活動」をするよう求めたのであった（岸 一九三二、二一―二三頁）。

（四）皇室の支援と国家代表意識の強化

選手と国家との結びつきは皇室を介しても強化された。資金調達に苦慮する中で五月五日、天皇から一万円が下賜され、これは選手たちが着用する「恩賜のブレザー」にあてられた。岸は出発に際して「恩賜のブレーザーを纏って、オリムピック・ゲームに臨む我々は、此の聖恩に答ふるが為めに、悲壮なる一大覚悟を以て居ると云ふことを、同胞諸君に伝へ致したい」（岸 一九三二、三頁）と決意を述べた。また、選手団は出発時には明治神宮へ参拝し、東京駅前では秩父宮から下賜された「聖恩の日章旗」を先頭に隊列を組んで進む選手たちを多くの人たちが「君が代」や「万歳」「応援歌」で見送った（東京朝日新聞社 一九三二a）。

天皇からの下賜金は、民間からの寄付を促すことになったと考えられる。加えて五月一九日には鳩山一郎文相が財界人を茶会に招いて永田、岸とともに援助を懇請した。新聞は「政界の雲行あわただしい中にも拘わらず斡旋大いにつとめてスポーツ文相の本領を発揮」したと鳩山の働きを評し、これによって「三井、三菱を中心に相談の上それぞれ適当な額を割当て派遣費の援助をする事」になったと報じている（東京朝日新聞社 一九三二b）。

かくして六月二四日に出発した選手たちは、約一ヶ月後のオリンピックで過去最高の成果を上げることとなった。陸上競技では三段跳の南部忠平が金メダルをとり、馬術でも西竹一が障碍飛越競技で金メダルの快挙を成し遂げた。また水泳では、一〇〇m自由形で宮崎康二、一五〇〇m自由形で北村久寿雄、一〇〇m背泳ぎで清川正二、二〇〇m平泳ぎで鶴田義行、男子八〇〇mリレー（宮崎、遊佐正憲、豊田久吉、横山隆志）でそれぞれ金メダルを獲得するという圧倒的な強さを見せた。このほか銀メダル、銅メダルを合わせると一八個という大躍進だった。ただし、この大会は世界的な不況とアメリカ西海岸での開催という地理的条件が影響して、前回のアムステルダム大会（四六カ国、二八八三名）に比べると欧州諸国の参加者を中心に大幅に減じていた（三七カ国、一三三四名）点は割り引いて考えるべきであろう。[6] アメリカは四七四名、日本が一三一名であったから、この二カ国で選手総数の半分近くを占めていたことになる。しかし、このあたりの状況はメディアで積極的に報じられることはなく、もっぱら日本選手の活躍ぶりが強調されることとなった。

大会後の体協およびオリンピック後援会関係者の発言からは、彼らがこの大会を通してオリンピック日本代表をどのように位置づけたのかがわかる。ロサンゼルス大会終了後、オリンピック後援会副会長の今村次吉は、イギリス、フィンランド、ハンガリーなどの先進国を上回る成績を残したことを国家の名誉と喜び、「選手各自に充分なる責務を果させしめた根因は、選手の背後にあって銃後の人となった九千万同胞の後援なることはその一大要素でありまして、畏くも上御一人より寒村の一少年に至るまで、深い御後援に預ったがために、代表一行は心置きなく異境にあって活躍しゐたのであります」（今村 一九三二b、七頁）と、国民全体の勝利であることを強調した。またオリンピックが国威発揚や国際理解に貢献したことに加え、「主催地米国に於てはご承知の如く、比較的に我が同胞が有色人種として、ややもすれば疎じられ勝ちであったのが、大会の結果によって、初めて新興日本の目覚ましい奮戦の跡をたどって、白人悉く一目をおき或は敬意を表すると云ふやうな好転」（同前）を示したと政治外交上も大きな役割を演じたことを説明している。

図3 ロサンゼルス大会開会式（『アサヒグラフ』459号、1932年8月24日、3頁）.

九月二九日、帰国した岸は皇居御学問所で昭和天皇にロサンゼルス大会について奏上した。下賜金についての御礼とともに、大会の様子や選手の活躍、一九四〇年の東京大会招致などについて、約一時間半にわたっての進講となった（東京朝日新聞社 一九三二c）。岸はこれまでのオリンピック参加の歴史を概説した後、今大会の代表団の特徴を「非常に国家的精神に燃えたこと」と説明し、選手派遣反対論は皇室の支援と奨励（下賜金）によって収束し、国民的な支援体制の構築が進んだとして感謝の意を示した（岸 一九三二、四頁）。また、日本選手がその技量と振る舞いの両面において欧米各国から評価されたこと、特に排日・反日気運が高まっていると懸念された開催国アメリカの日本選手に対する評価は上々であったこと、「満洲問題と上海問題等に因り惹起せられたる暗雲は全然一掃せられ」、親日的な新聞はもちろん反日的な新聞も筆をそろえて日本チームのスポーツマン的・紳士的なことを賞賛したと報告している（同前）。さらには、この日本選手団の活躍と現地での好評に在留邦人が喜び、誇りに

感じてくれたことにもふれ、大会前に期待されていた外交的役割を全うしたことを報告した。

馬術選手も海外からの帰朝武官の資格によって天皇に拝謁する機会を与えられた。秩父宮も選手数名を招くなど、大会後には皇室と代表選手の関係はさらに深められた。[7]

このように国を挙げての財政的・精神的支援によって派遣されることとなった代表選手は、国民体育奨励、国威発揚に加えて政治外交にも貢献する国家・国民のための代表としての役割を期待され、皇室からの理解を得ることでその社会的位置づけを確たるものにしていったのである。

図4 馬術競技で金メダルを獲得した西竹一（『アサヒグラフ』459号、1932年8月24日、5頁）.

(五)国民的熱狂への批判的な声――ロサンゼルス大会を終えて

体協関係者が主張したオリンピックの国家的意義は概ね受け入れられ、選手たちをもてはやすメディアの論調は国民のオリンピック熱を煽った。一方で、こうした状況には批判的な見方も示されている。ロサンゼルス大会で躍進を遂げた日本水泳連盟会長の末弘厳太郎は、国民のオリンピック選手への対応について言及し、日本人のスポーツファンに批判の目を向けている（末弘 一九三二）。

末弘はロサンゼルス大会での心境を、「勝てば無精に喜んでくれる癖に負けると唾を吐きかけるやうな無理解なファンが少なくないことを常々知ってゐる自分としては『ア、負けなくて良かった』と言ふ喜びこそ、優勝の際率直に感じた偽らざる感想である」（同前、一九九頁）と皮肉交じりに表現した。末弘は選手解散式で選手たちに「『諸君が今回のオリムピック大会で為し遂げた偉業に対して、吾々は素より多数の国民も、同じやうに心から敬意を表し、心から喜んでゐる。しかし今日茲に解散式を挙げるに際して、私の最も心配することは、諸君に対する一般の歓迎が少いであらうと言ふことよりは、寧ろ多過ぎはしないであらうかと言ふことである。』」（同前）と伝えたことを披瀝した。

末弘の批判はメディアの報道傾向や関係者の態度にも向け

られる。五〇〇〇m競走で周回遅れとなりながらも懸命に走ることを止めず、先を走る選手たちに走路を譲ったことがアメリカのメディアから賞賛を浴びたとされる竹中正一郎の行動に対して、末弘は懸命に走ることは当然のことであり、走路を譲ることは賞賛されるべきどころか非難されるべき振舞いであるとしている。その上で、実際には竹中選手は故意に譲ったわけでは無いことや「あんな事で褒められるよりは、せめて六着でもいいから入賞したかった」と語っていることを紹介し、この気持ちこそがスポーツマンとして立派な言葉であるとの見方を示している。竹中のエピソードは、岸が奏上の際にも伝えるなど美談として取り上げられたが、末弘は「一体日本人の間には西洋人に褒められさへすれば、下らないことでも無性に喜びたがる悪い癖をもってゐるものが非常に多い」(同前、二〇五頁)と批判した。

末弘の苦言は、メディアや関係者が外国人から見た誇るべき日本人の姿を誇張したり、スポーツに日本人賛美の物語をやたらと付加したりする傾向を見せ始めたこと、そして、それらを無批判に受け取り、結果に一喜一憂するだけの「無理解なファン」や浮き足だって国家にすり寄る関係者が増えていることを示していた。

選手の声としては、主将を務めた織田幹雄の報告が当時の状況を冷静に伝えており興味深い(織田 一九三二、一四一—一七頁)。織田は選手たちが現地の天候不順によってコンディション作りに悩んだことなどとともに、競技が開始されてからは「邦字新聞と、在留邦人の我々に対する態度」にも悩んだと選手たちの思いを代弁している。日頃肩身の狭い思いをしている在米邦人が、このオリンピックで「日本の面目を上げ、平生から辛くあたる者たちへ一泡吹かせて大きな顔の一つもしたかったのだらう」と理解を示しつつも、「懸命に応援してくれたのは有難かったが、少々度を過ぎて少からず悩ませられた」と正直な気持ちを述べた。成績が悪い選手には「どうしてあんな弱い選手を連れて来たのだ」などと大っぴらに聞き、翌日の新聞には選手の気分を害するような記事が載るというようなことがあり、「一同参ってしまって、のめのめ街へも出られぬやうな気持ちになった」という。織田は、選手派遣費には在留邦人からの寄付もあり、この点には感謝をするものの、「熱心の方向に誤りありはしなかったか」と胸の内を明かした。さらに帰国後の国内での反応に言及し、「私たちの成績は或は寂しかったかと思ふけれども、各員懸命の努力を払って、全力を注いだ点は、汲んでいただきたい」と理解を求め、「敢て烏滸(おこ)の言をここに許されるならば、私はスポーツマンとして、この度帰朝に際しての熱狂的歓迎について申したい」と日本国民の姿勢について次のような苦言を呈している。

卑しくも国際対抗競技である以上、勝って国名を汚さぬこと言を俟たないが、所詮競技は競技であって戦争ではない。全力を尽して斃れるも亦已むを得ないであらう。所が、帰国横浜港外に於て、既に私は前二回のオリムピックに見なかった同胞の熱狂的歓迎を受けた。港に着いても、上陸しても、上京しても、報告演説会でも――熱の度は、益々募って止る所を知らなかった。俳優扱ひを受けてゐるのではないか、不図そんな不快な思ひを抱いたことが再三あった。（同前、一四六―七頁）

織田は、三段跳で金メダルを獲得した南部忠平がむしろ迷惑して逃げ出さなければならない状態であったことや選手の報告演説会で弥次が飛ぶような状況があったことにもふれている。パリ大会で六位、アムステルダム大会では日本人初の金メダルと日本の陸上競技界を背負ってきた織田は、三度目となるオリンピックで明らかにこれまでとは異なる国民の異常な熱気を感じていた。国民的な支援を受けたことへの感謝から、言葉を慎重に選びながらではあったが、国内の状況は織田に「スポーツはどこまでも、スポーツらしく」と、思うところを述べずにはいられない感情を抱かせたのであった。

もう一人、アメリカでの生活を経験し、日米関係に関する著述を数多く残した評論家である清沢洌の批判的分析も紹介しておこう。[8] 清沢は、アメリカではオリンピックの盛り上がりがほとんど感じられなかったことを説明し、「その証拠には日本が一時間毎に号外を出すほどの大事件であるオリンピックの本元では、見物人が一杯這入ったのは初日だけで、後は会場に五分から、よく入って七分ぐらゐの入り」だったことを紹介している。また、初日の一〇万人のうち七千から一万人は日本人であったこと、「日本人だけが自国選手の応援に、財布と声を一緒に枯らした」こと、「座談会とやらで一ページ近くをかっ飛ばして、一回五六千円づつを米国電報会社に奉納したご努力」を新聞社が払ったことなど、日本人ばかりが盛り上がっている様子を揶揄している（清沢 一九三二、二八三頁）。日本国内の状況やメディアの大げさな報道についても次のように批判する。

出るものは「決死の覚悟」を語り、敗けたものは悲憤の涙を絞った。そして選手の家族と後援者は、徹夜で神に祈り、勝ったが最後、郷里でも、学校でも上を下への大騒ぎである。「日本の名誉」「郷里の誇り」といふやうな文字は、小さい新聞社の工場からはスッカリ出払って、活字の増し注文をしたであらうほど毎日、フンダンに使はれた。（同前、二八二頁）

さらに「米国からの特電は紐育（ニューヨーク）タイムスが、日本選手を讃めたとか、どこの排日が吹き飛んで、日支関係から罅（ひび）が入った日米親善が実現したとかいふ報道」が飛び交う状況を批判し、こうした安易な日米関係解釈が虚構的で幼稚な情勢判断であることを示している（同前、二八三頁）。いささか辛辣な表現も混じっているが、清沢はオリンピックを批判したというよりは、メディア報道のあり方や無批判にそれを受容する国民の性向を憂慮したのであった。満州事変以後の国際社会との意見の相違について、日本ではアメリカや国際連盟の「認識不足」という詭弁を用いて国民を欺いていることなども取り上げ、同様の独りよがりがオリンピック報道でもなされている点に舌鋒鋭く切り込んだ。清沢は、満洲問題やオリンピックを俯瞰し、「外国から日本を見ると、なにもかも如何に硬ばってゐるかだ。遠くから見てゐると、日本は一等国といふ甲冑の重みに、今にも仆れそうになって頑張ってゐるやうだ」と日本の危うい状況を言い当てている（同前、二九〇頁）。

清沢は言う。「どんな意味からいっても――熱からいっても、興味からいっても、オリンピックは完全に日本国民を征服してしまったのだ。」（同前、二八二頁）オリンピック「日本代表」がロサンゼルス大会でもたらしたのは、末弘、織田、清沢らが見たように、普段のスポーツへの関心の有無にかかわらず国民がわがことのようにその結果に一喜一憂し、選手の活躍にナショナルプライドを重ね合わせる情景であった。

(六)ロサンゼルス大会以後――東京大会返上まで

以上、オリンピックを中心に国家や国民的な期待を背負う「日本代表」意識が醸成されるまでの過程を描いてきた。ロサンゼルス大会をひとまずそのゴールとしたが、その後の状況を概観しておこう。一九三四年にはマニラで第一〇回極東選手権競技大会が開催されたが、満洲国建国をめぐって日本と中国の対立は激化していた。極東大会の憲章改正をめぐる会議で中華民国代表は退場し、この大会を最後に大会は途絶えた。政治的対立が国際スポーツの場を消滅させた瞬間であった。[9]

一九三六年のオリンピック・ベルリン大会は、四九カ国三九六三名が参加する史上最大の大会となった。ロサンゼルス大会で見られた国民的熱狂はさらに過熱する。ヒトラー政権の下で開催されたベルリン大会は開催前からナチス・ドイツのプロパガンダであることを批判されていたが、オリンピックを政治利用し、招致活動が進行中だった日本はドイツを批判する空気にはなかった。一九四〇年の東京大会自体が紀元二千六百年という日本の建国神話にもとづく記念の年に、帝

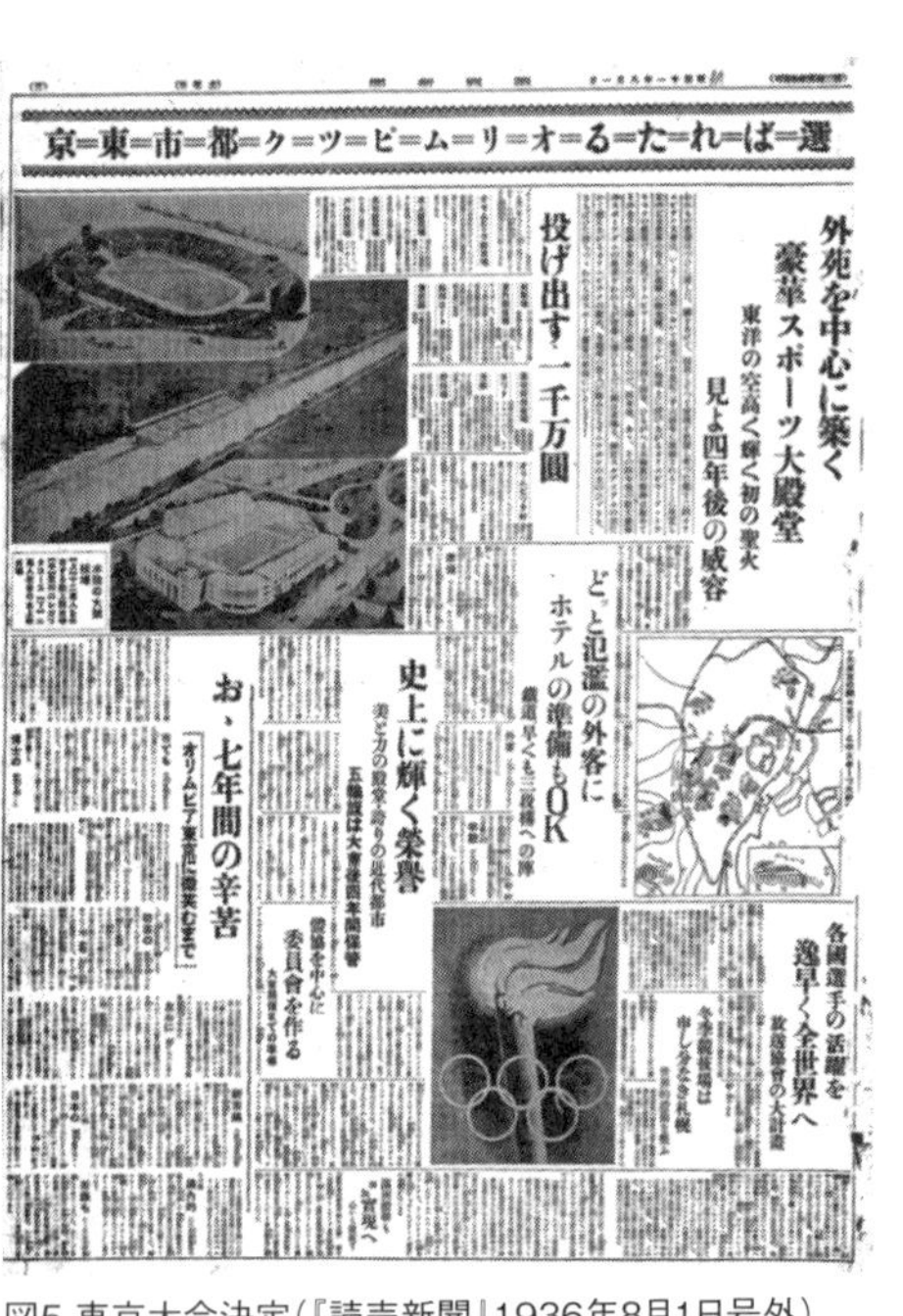

図5 東京大会決定（『読売新聞』1936年8月1日号外）.

国日本のプロパガンダという明確な目的をもって開催を企図されていたのである。そして、新聞各紙はベルリン大会に先立つIOC総会までの状況を連日のように報じ、一九三六年七月三一日、東京大会開催が決定すると翌日の新聞は一斉に歓喜を伝えたのであった。

ベルリン大会の選手派遣費用の支援を目的とするオリンピック後援会の会長には、鉄道大臣内田信也が就き、東京市長牛塚虎太郎のほか、外務大臣廣田弘毅、文部大臣松田源治、内務大臣後藤文夫も名を連ねた。内田は第一次大戦の際に船舶事業で巨財をなした後に政界入りした人物であり、彼を会長とするオリンピック後援会は政界、財界をがっちりと巻き込む強力な支援体制を構築した（東京朝日新聞社 一九三五）。

これによって、ベルリン大会での日本代表は、五〇万円以上の寄付と三〇万円の政府補助金を得て選手一七九名（男一六二名、女一七名）、役員七〇名の大選手団となり、金メダル六個、銀メダル四個、銅メダル一〇個と前回同様の活躍で国民を熱狂させた。報道体制はより強化され、国家・スポーツ・メディアのトライアングルは人々のナショナル・アイデンティティの強化に大いに貢献した。もはや誰の目にもオリンピックが「遊び」でないことは明らかであった。

それから一年足らずの一九三七年七月七日、日中戦争が始まると東京大会実施にはにわかに暗雲が立ちこめ、一九三八年七月一四日、ついに東京大会は返上という形で終止符を打つ。ここに日本のオリンピック参加の歴史は一旦幕を閉じ、戦時体制下でのスポーツ統制が本格化する。中止は厚生大臣の名で発表され、体協はそれにしたがうのみであった。メディアでも、東京大会返上は「国家の情勢からやむなし」という論調が大勢を占めることとなった。

東京大会返上決定から約三ヶ月後、体協が開催したのは国民精神作興体育大会だった。大会は銃後青年の体位向上という国家的意義を打ち出し、一一月三日から六日の四日間の日程で開催された。大会期間中には東海道を走って六本の「聖矛」を伊勢神宮、結城神社、熱田神宮、三島神社、鶴岡八幡宮、靖国神社、明治神宮に奉納する「戦勝祈願聖矛継走」（日本陸上競技連盟共催）もおこなわれた。二三一名の走者の中には吉岡隆徳や孫基禎などオリンピックで活躍した選手たちも含まれ、最終走者は四八歳となった金栗四三が務めた。大日本体育協会は、戦時体制下においてもスポーツが国家的意義を持ち得ることをいち早く示したのであった。

図6 戦捷祈願聖矛継走（『写真週報』40号、1938年11月16日、1頁）.

おわりに

一九二三年九月一日、関東大震災によって東京は壊滅的な打撃を受けた。一九二五年にはいわゆる普通選挙法によって選挙権者が拡大したが、同年にはあわせて治安維持法が制定され、一九二八年の三・一五事件に象徴されるように日本の政治言論状況は閉塞へと向かう。慢性的な農業恐慌や世界恐慌によって経済的に停滞するなか、一九三一年には満州事変が起こり、一九三二年三月の満州国建国によって日本は国際的孤立を深めることとなった（一九三三年三月に国際連盟脱退）。この間、東京市は神武天皇即位を紀元とする皇紀二千六百年にあたる一九四〇年のオリンピック招致を開始した。東京市議会では一九三一年一〇月二八日、「国際オリムピック競技大会開催に関する建議」が満場一致で可決された。当時の東京市長永田秀次郎は紀元二千六百年を彩るものとして、オリンピックだけでなく万国博覧会その他の奉祝行事を企画した人物だった。つまり、オリンピック日本代表が成功を収めつつあった一九二八年から三二年の時期に永田のような人々はオリンピックを政治的に利用することを明確に意図していた。この時期、政府にとって国民統合に貢献する国民的熱狂は困難な状況を乗り越えるための強力な梃子となった。そして、オリンピックはその絶好の機会となったのである。スポーツへの関心やオリンピック熱の高まりは「日本代表」の位置づけも変化させた。アムステルダム大会での躍進をうけてメディアは報道体制を強化し、一九三二年のロサンゼルス大会では官民一体となった大規模な選手派遣費用の募集運動が起こった。この時期にスポーツ・ナショナリズムと消費を結びつけたメディアや企業と政府、スポーツ界は相補的・互恵的関係を強固にしていった。冒頭に示した山川均の言葉はスポーツが国家や利権への依存を強め、純然なる娯楽としての自律性を放棄していく状況への批判であった。

スポーツ関係者を国際大会での勝利へと突き動かしたものは何だったのだろうか。また国民のオリンピック熱を高めていったものは何だったのだろうか。清沢洌はこれを「インフエリオチー・コンプレックス」(inferiority complex)、つまり劣等感だと喝破した。清沢は「平生、自ら勇者のゆとりをもってゐるものは、二人や三人が外国に勝ったって、そう大騒ぎはしません、それに対等同士なら、スポーツに『決死』や、国をあげての祝賀会などはありはしません(!)」(清沢一九三二、二九〇頁)とロサンゼルス大会で盛り上がったオリンピック熱の正体をつく。清沢は「外国の流行、イデオロギーの流行はむろんインフエリオチー・コンプレックスだが、これに対抗しようとして青筋を立てるファッショと国粋が著しいインフエリオチー・コンプレックスだ。大きな犬の存在を感ずる小犬は吠へたがる」(同前)と日本人の対外意識の欠陥を指摘し、これがオリンピックを介して露わになっているると論じたのであった。清沢は「この国民ほど面白い、不思議な、そして滑稽な心理的解剖の対象物はないと思ふ」(同前)と述べたが、これは後発の近代国家として欧米諸国の背を追いかけた日本人が自ら背負った宿命だったのかもしれない。そして、この言葉は現在に至るまでの日本人にも部分的には向けられよう。

最後に、現在の日本が直面する状況と本稿で描いた状況との関係について言及しておきたい。

これまでの戦前におけるスポーツとナショナリズムの関係を論じた研究では、主に国民統合を目論む政府がスポーツを利用するという図式が提示されてきた。それは、本来娯楽であり、自由主義的な活動であるはずのスポーツが国家主義に利用されたという、スポーツをいわば「被害者」とする見方といえる。しかし、実際にはどうだろうか。スポーツを含む各領域でそうした状況があったことは確かだが、必ずしも政府の強制ではない大衆的なナショナリズムやファシズムの形成という側面にも目を向ける必要がある。一九二〇～三〇年代にかけてのオリンピックをめぐる体協と国家の動向は、自由主義や国際主義に則ったスポーツに政治的価値を認め、それを大義名分として掲げながら国家主義的に動かしていくまでのプロセスであった。それは大正デモクラシー期に花開いた自由主義的スポーツが軍国主義に圧殺されていったというような単純な説明では捉えきれない。スポーツ界の動向にもみられるように、昭和の超国家主義は国民大衆と対決し、これを押さえつけて登場したのではなく、大衆民主主義による国民の支持を得ながら培養されていった面をあわせて考えなければならない。この戦前と戦後の連続性や共通性を考えておかなければ、われわれは歴史に学ぶ機会を逸してしまいかねない。

本稿で描いてきた一九二〇～三〇年代の動向と、二〇二〇年の東京オリンピック招致活動開始前後からの動向には、共通点が多いことに気づく。いうまでもなくスポーツと政治の問題は、スポーツと国家権力の問題とイコールではない。スポーツの政治性は、スポーツを取り巻く、あるいは国家を取り巻く経済界の面々や、国家的意義を背に自らの縄張りを拡大しようとするスポーツ関係者を含めた様々なアクターが織りなすダイナミズムのうちに生成される。我々は躍動するアスリートが発散する「スポーツの無邪気さ」を探しながらも、同時に「代表選手」たちに投影される諸力について考える術をもちたい。

注

1　杉田三太郎は、新聞・雑誌等で活躍した漫画・漫文家である。

2　大日本体育協会編『アスレチックス』第六巻第七号、一九二八年七月、広告。アムステルダム大会では、毎日新聞社がオリンピック観戦ツアーを企画し、三越百貨店ではオリンピック展覧会を開催するなどオリンピックを商機とする動きが目立つようになる。

3　このほか、一九四〇年の東京大会までの道程やその周辺状況については、橋本一夫（一九九四）、坂上康博・高岡裕之編（二〇〇九）、石坂友司（二〇一八）など参照。

4　オリンピック後援会のメンバーは以下のとおりであり、政財界の要人が名を連ねた。会長：永田秀次郎、副会長：今村次吉、委員：朝吹常吉、有馬頼寧、稲田昌植、金子武麿、金光庸夫、菊池愼三、河本禎助、佐藤達次郎、斉藤力、阪井徳太郎、斉藤守圀、末弘厳太郎、佐藤敏人、副島道正、高木喜寛、十時尊、永井直邦、廣瀬久忠、二荒芳徳、堀田正恒、三谷一二、山川建、渡辺鐵藏、幹事：石原市三郎、白井寛彌、前田賢次、清水照男。

5　ロサンゼルス大会からベルリン大会にかけての時期の新聞社や企業のオリンピック消費については、浜田（二〇一六）に詳しい。

6　参加国、人数はＩＯＣホームページ参照。

7　これ以前から秩父宮は一九二三年に大阪で開催された第六回極東選手権競技大会、三〇年に東京で開催された第九回大会の大会総裁を務めており、天皇からも二三年には大会優勝国に贈られる聖上杯が下賜されるなど国内で開催される極東大会等を契機に日本代表と皇室とのつながりはあった。

8　清沢洌（一八九〇―一九四五）は、戦時下における日本社会の病理についての観察・分析をしたため『暗黒日記』の著者として知られる。また、『外交史』（一九四一）およびその増補改訂版である『日本外交史』（一九四二）が代表作として知られているが、外交に止まらず日本の政治・社会・思想など幅広い著述を残した評論家であった。一六歳で渡米して以降、新聞社等で健筆をふるい、アメリカと外交に関する洞察に満ちた評論を多数残している。清沢は幾度も日米を行き来しているが、この「アメリカで日本を聴く」という記事を書いたのは、一年あまりのアメリカ滞在（一九三一年四月～三二年七月）を終えて帰国した直後であった。清沢については、北岡伸一（二〇一七）参照。

9　この前年、一九三三年一〇月二九日に岸清一が死去した。一一月一日の葬儀は法曹、スポーツ関係者約二千名が焼香に訪れ、「さながらスポーツ葬の如き観を呈した」と報じられている（東京朝日新聞社 一九三三）。下村海南（宏）は、岸の語学力や国際感覚だけでなく山積する体協の様々な課題を粘り強く解決し、日本代表の大躍進を支えた功績を紹介し、「体育協会においてはその努力に技能に根気に犠牲に経歴に、君に代わるべき人の今更に得がたきを痛感する」（下村 一九三三）と惜しんだ。体協は激変する国際情勢の中で舵取り役を失った。

参考文献

朝日新聞百年史編集委員会編（一九九一）『朝日新聞社史：大正・昭和戦前編』朝日新聞社

有元健（二〇〇四）「故郷／経路　人見絹枝の旅と遭遇―イエテボリ、アムステルダム、プラハ」清水諭編『オリンピックスタディーズ：複数の経験・複数の政治』せりか書房、一九四―二一六頁

石坂友司（二〇一八）『現代オリンピックの発展と危機一九四〇―二〇二〇：二度目の東京が目指すもの』人文書院

今村次吉（一九三二a）「オリムピック後援会の趣旨」『アスレチックス』（大日本体育協会編、大日本体育協会。復刻版は第一書房、一九八四―八五）第一〇巻第三号、六四―六七頁

――（一九三二b）「国民の後援に答へて」『アスレチックス』第一〇巻第一〇号、七ページ、六―八頁

臼田金太郎（一九二八）「オリンピックに出場して」『アスレチックス』第六巻第一一号、九二―五頁

奥田通彦（一九二八）「小さい後援者から」『アスレチックス』第六巻第七号、大日本体育協会、八六―七頁

織田幹雄（一九三二）「戦ひ終りて」『中央公論』四七（一一）、一四一―七頁

――（一九七七）『わが陸上人生』新日本出版社

岸清一（一九二八）「選手歓迎会に於ける挨拶」『アスレチックス』第六巻第一二号、二―四頁

岸清一（一九三二a）『第十回国際オリムピック大会に就て』大日

本体育協会
――（一九三二b）「読売新聞を通して同胞諸君に告ぐ！」『読売新聞』一月一日、五頁
――（一九三二c）「オリムピック参加に就て同胞諸君に訴ふ」『アスレチックス』第一〇巻第三号、二―五頁
――（一九三二d）「オリムピック馬術選手を送る」『アスレチックス』第一〇巻第五号、二―三頁
――（一九三二e）「出発に際して」『アスレチックス』第一〇巻第八号、二―三頁
――（一九三二f）「第十回国際オリムピック大会に就て」『アスレチックス』第一〇巻第一一号、二―一二頁
北岡伸一（二〇一七）『清沢洌：外交評論の運命』中央公論新社（増補版、初版は一九八七）
北豊吉（一九二八）「オリムピック大会と官民の後援」『アスレチックス』第六巻第七号、二―五頁
清沢洌（一九三二）「アメリカで日本を聴く」『中央公論』四七（一二）、二八二―九一頁
小橋一太（一九二九）「体育と国運」『アスレチックス』第七巻第一二号、二―七頁
坂上康博・高岡裕之編（二〇〇九）『幻の東京オリンピックとその時代：戦時期のスポーツ・都市・身体』青弓社
下村海南（一九三二）「岸博士を憶ふ」『東京朝日新聞』一一月一日、九頁
末弘厳太郎（一九三二）「スポーツファンを叱る」『中央公論』一一月号、一九九―二〇六頁
杉田三太郎（一九二八）「選手に送る漫画」『アスレチックス』第六巻第七号、八〇―一頁
大日本体育協会（一九二八）「外人の眼に映った日本選手の活躍」『アスレチックス』第六巻第一一号、一二―一三頁
――（一九三二）「巻頭言」『アスレチックス』第九巻第三号、一頁
――（一九三二）「オリンピックと選手派遣費」『アスレチックス』第一〇巻第一号、一頁
武郎生（一九二八）「日章旗の下に」『アスレチックス』第六巻第九号、一頁
鶴田義行（一九二八）「二度オリムピック記録を破って二百米平泳に優勝する迄」『アスレチックス』第六巻第一一号、二四―三〇頁
東京朝日新聞社（一九三〇）「紀元二六〇〇年にオリムピックをぜひ日本で 同時に万国博覧会開催の議 永田市長等」『東京朝日新聞』一二月四日、一一頁
――（一九三二）「オリムピック選手後援会長」『東京朝日新聞』一〇月三〇日、三頁
――（一九三二a）「派遣を目ざして明治神宮へ祈願 青年日本の意気高く代表選手出発す」『東京朝日新聞』六月二四日、夕刊二頁
――（一九三二b）「オリムピック選手派遣費補助を文相から懇請 きのふ財界人を招き」『東京朝日新聞』五月二〇日、三頁
――（一九三二c）「オリムピックの我奮闘を奏上」『東京朝日新

聞』九月三〇日、三頁
――（一九三三）「岸博士の葬儀 さながらスポーツ葬」『東京朝日新聞』一一月二日、夕刊二頁
――（一九三五）「スポーツによる国威発揚を礼賛 オリムピック後援会初総会」『東京朝日新聞』一〇月一六日、三頁
読売新聞社（一九三二a）「オリムピック派遣費五十万円：三十万円を一般から募集 オリムピック後援会 愈よ活動開始」『読売新聞』四月二日、五頁
――（一九三二b）「（社告）オリンピックに日本を勝たせよ！選手派遣の基金を募る スポーツ日本威力発揚の秋 最大多数の精鋭を送れ」『読売新聞』五月七日、二頁
読書新聞社編（一九三六）『オリンピック東京大会：三億円の金が落ちる！何をして一儲けするか！』読書新聞社
日本体育協会編（一九五九）『スポーツ八十年史』日本体育協会
橋本一夫（一九九四）『幻の東京オリンピック』日本放送出版協会
浜田幸絵（二〇一六）『日本におけるメディア・オリンピックの誕生』ミネルヴァ書房
人見絹枝（一九二九）『スパイクの跡』平凡社
廣石均（一九二八）「運動精神を発揮して下さい」『アスレチックス』第六巻第七号、八六頁
帆山明津（一九二八）「自信の陰につきまとふ不安 それはやはり杞憂であった―織田幹雄君が優勝するまで―」『アスレチックス』第六巻第一〇号、四二―五頁
古川隆久（一九九八）『皇紀・万博・オリンピック』中央公論社
山川建（一九三〇）「我国スポーツの国際的進出」『アスレチックス』第八巻第一一号、二一―九頁
山川均（一九三六）「国際スポーツの明朗と不明朗」『文藝春秋』一四（九）、文藝春秋社、八二―七頁
遊佐幸平（一九二八）「国際オリムピック馬術競技管見」『アスレチックス』第六巻第一一号、六三―七三頁

第7章　時代のなかの「ナショナル・スタジアム」
――一九四〇・一九六四・二〇二〇東京オリンピックの経験を通じた「日本的なもの」の行方

白井　宏昌

「そのはじまりから、「日本的なもの」という問題構制は、島国日本の外部よりの視線に属するものだった。［…］外部よりの視線がそそがれると、これに応答するための対策が内部的に組織されはじめる。[1]」

（建築家　磯崎新）

一　オリンピックとナショナル・スタジアム

四年に一度のスポーツの祭典であるオリンピックは、開催権が「都市」に与えられるイベントであるが、それは往々にして「国」のイベントともなる。世界の視線が集まるオリンピックは、まさしく、「外部よりの視線を」を意識することで、様々な思惑が形成される「国」の表象の場である。そして、大会のメインスタジアムは、それが視覚的に認知されやすいということもあり、「国」の象徴として大きな役割を果たしてきた。特に、オリンピックの開催都市がその「国」の首都である場合は、[2]メインスタジアムは「ナショナル・スタジアム」として、世界に向けての「象徴」として作られてきた。

近代オリンピック史上初めての専用スタジアムを建設した一九〇八年ロンドン大会では、十万席の座席数を誇る巨大スタジアムが建設されたが、それは大英帝国のショーケース的な役割を持っていた。また一九三六年のベルリン大会では、ヒットラー政権によるナチズムとの結びつきが強い大会であったが、ここでも競技会場の中心であったメインスタジアムは「ナショナル・スタジアム」として、ナチスドイツの威厳を世界に誇示するものとして、重厚な装いで建設された。一九五六年のヘルシンキ大会では豊かな自然環境に育まれたスカンジナビアデザインを体現するものとして、オリンピック・スタジムが建設され、二〇〇八年の北京オリンピックでは、国際コンペによりスイス人建築家ヘルツォーク&ド・ムーロンの手により、北京国家体育場が大会のメインスタジアムとして建設された。中国の伝統的な器の文様をモチーフに持つ、複雑な形状のスタジアムは、中国の伝統、技術力、実現力を示すものとして大会前から、文字通り中国の「アイコン」としてその姿が世界中に発信されてきた。

このように「ナショナル・スタジアム」の「デザイン」にはその国の様々な思惑が込められているが、それが立つ「場所」もまた重要だ。オリンピックは「都市再編」の大きなきっかけでもあり、「ナショナル・スタジアム」が作られる「場所」も、その都市の中で重要な地理的な意味を持つようになるからだ。前述した、一九〇八年ロンドン、一九三二年ベルリン、一九五六年ヘルシンキ、二〇〇八年北京の「オリンピック・スタジアム＝ナショナル・スタジアム」の立つ場所は、それぞれの「国」の首都の中で、特別な意味を表象する場所として形成された歴史を持つ。

このようなオリンピックの歴史の中で、「日本」の首都、東京は「ナショナル・スタジアム」を巡って、どのような「場所」にどのような「デザイン」を作り出してきたのだろうか？　またそこにはどのような「日本」を表象する意図があったのだろうか？　東京は幻で終わった一九四〇年大会やこれから開催される二〇二〇年大会も含めて計三回のオリンピックを経験している。そこでの経験を通じて、「日本」のナショナル・スタジアムおよび、そこに秘められた「日本的なもの」の意図を探っていきたい。なお、「ナショナル・スタジアム」は直訳すると「国立競技場」となり、すぐさま明治神宮外苑に建つ「国立競技場」が想起されるが、ここでは「ナショナル・スタジアム」を国立のスポーツ競技施設と広義にとらえて、神宮外苑の「国立競技場」以外にも言及していく。

二　一九四〇：軍国主義時代の幻の「ナショナル・スタジアム」明治神宮外苑の整備

一九四〇年の幻のオリンピックをめぐる「ナショナル・スタジアム」をめぐる物語は、招致時にメイン会場として計画された「明治神宮外苑」の整備に端を発する。一九〇七年三月、日本政府は日本の産業の発達を世界に示すことを目指した「日本大博覧会」の開催を決定し[3]、その会場計画の設計競技が一九一一年十月に開催され、国会議事堂や横浜税関の設計にも携わった吉武東里の提案が一等案に選ばれる。吉武の案は青山会場と代々木会場の二つを設け、青山会場は幾何学的な道路により区画された「洋風」、代々木会場は有機的な道路形状を持つ「東洋風」とし、両者の意匠的なコントラストを意識したものとなっていたが、その後、「日本大博覧会」の計画は、予算の増大や設営準備の遅れもあり、最終的には中止となってしまう。そして、「日本大博覧会」の計画が頓挫した後、一九一二年七月に明治天皇が崩御し、その直後に、東京市長阪谷芳郎と義父渋沢栄一は明治天皇を祀る神社を東京に建設する構想を発表する。構想では代々木御料地（南豊島御料地）に整備される内苑と青山練兵場につくられる外苑の二つの地区が計画されたが、「日本大博覧会」会場で吉武東里が計画したように、内苑と外苑は一対のものとして構想されていた。神宮内苑は百年後の姿を想定して、多種多様な樹種を多層的に植樹する森と参拝のための神社が「日本の神社の伝統に沿い、神苑にふさわしく世間の騒々しさがまったく感じられない荘厳な風致をつくる」[4]という基本方針のもと、国費で建設されたのに対して、神宮外苑は一九一五年に設立された明治神宮奉賛会が全国からの寄付（献金、献木、勤労奉仕）を募って、「体力の向上や心身の鍛錬の場、また文化芸術の普及の拠点」[5]として整備されることとなった。[6]

神宮外苑の整備は、東京帝国大学教授で建築家、構造学者の佐野利器によるマスタープランに基づいて進められ、その後一九一七年には明治神宮造営局に委託され、同局技師である折下吉延が造園実施案を作成する。折下はアメリカ諸都市を視察し、現在も残る銀杏並木道を神宮外苑に整備し、「理想的運動場本位の公園の増設」を説く。[7] これに従い、一九二四年には佐野利器、小林政一の設計による陸上競技場が竣工するが、同年、日本初の全国規模での総合スポーツ大会「明治神宮競技大会」が開かれたことにより、神宮外苑は日本を代表するスポーツの「聖地」となる。[8] その後も野球場（一九二六年）、聖徳記念絵画館（一九二六年）が建設され、一九二六年に明治神宮外苑の全体が竣工する。その後、一九三〇年には東京市で開かれた第九回極東選手権のため水泳場が建設され、日本のスポーツの「聖地」としての地位を確固たるものとしていく。

一九四〇年東京オリンピック招致

一九三〇年代になると、神武天皇が初代天皇に即位してから二六〇〇周年の一九四〇年に合わせて「紀元二六〇〇年記念日本万国博覧会」を開催しようという機運が高まり、東京市長、永田秀次郎が万博とオリンピックの共催を構想する。そこにはアジア初となる東京でのオリンピック開催が紀元二六〇〇年のタイミングで開かれることによる国威発揚の相乗効果を期待する意図もあったが、逆に言えばアジア初のオリンピックという大事業を成し遂げるには紀元二六〇〇年という大義名分が必要だったとも考えられる。問題はそのような万博およびオリンピックを開く「場所」である。一九三三年から東京市長となった牛塚虎太郎は関東大震災（一九二三年）後の東京の都市再編計画のひとつとして、隅田川河口付近の月島埋立地に万博およびオリンピック会場を整備する方針を持っていた。しかしながら「第一二回オリムピック大会招致委員会」は一九四〇年の東京オリンピックは神宮外苑にある

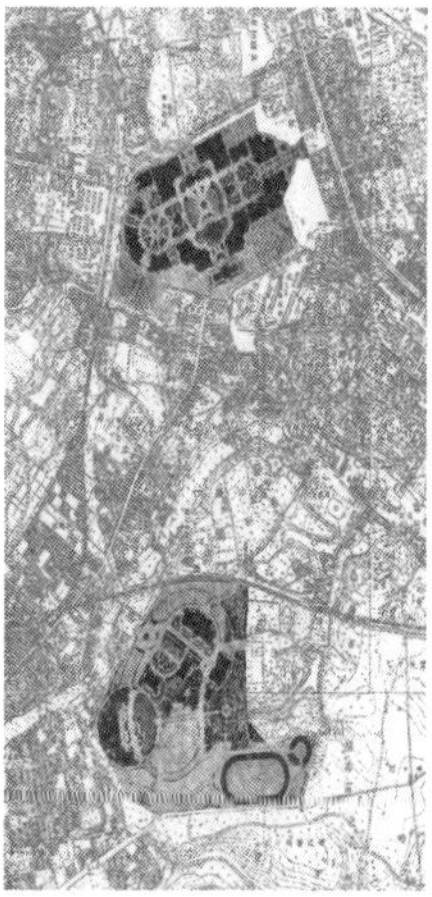

図1 吉武東里による「日本大博覧会」会場案（1911年）

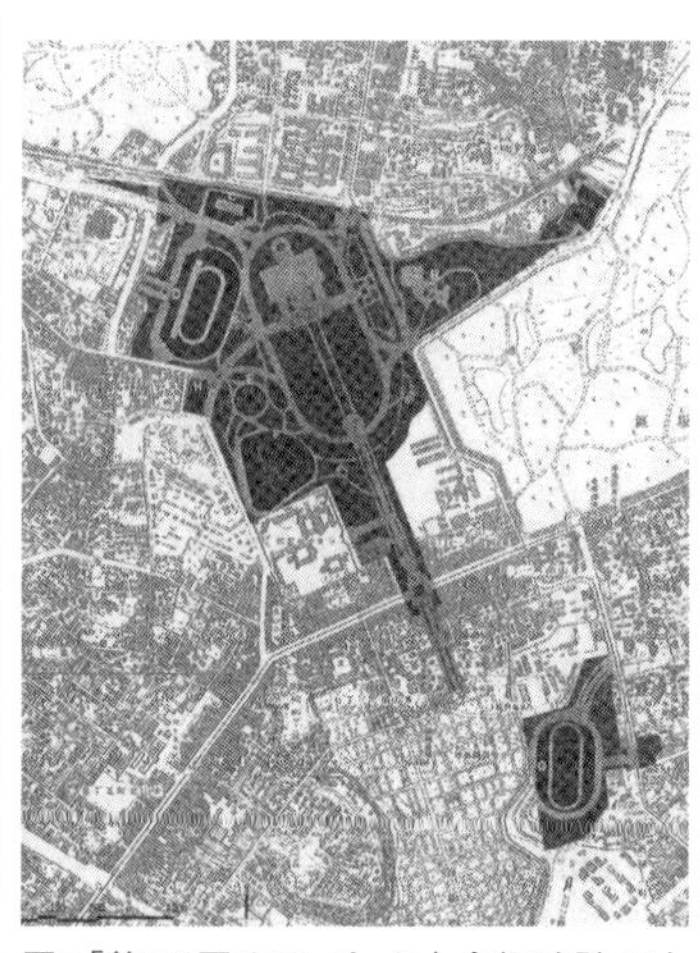

図2「第12回オリンピック大会招致計画大綱」に掲載された1940年東京大会競技施設配置図（1936年）

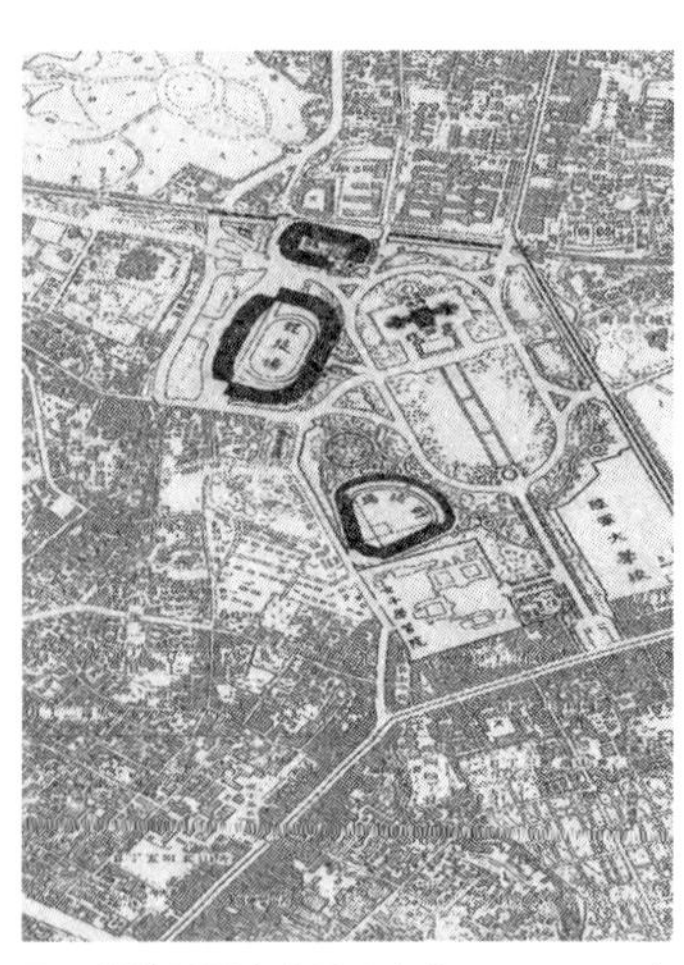

図3 競技場選定小委員会案による1940年東京大会競技施設配置図（1937年）

（出展:片木篤（2010）「オリンピック・シティ東京　1940・1964」）

陸上競技場や水泳場を増築し、さらには青山陸軍射撃場跡地に競技場兼自転車競技場を新設するなどして、外苑をメインの競技地区とする構想を持っていた。そこには日本スポーツの「聖地」をさらに拡張し、世界の視線が集まる国際的なスケールのスポーツの「聖地」にしようという意図があったが、当然のことながら、東京市の計画と大きく異なるものであった。東京市長、牛塚は招致後も「神宮外苑の改造よりも別の場所に新設するほうが経済的であり、月島ではいくらでも敷地が提供できる」[9]と主張するほど月島の整備に固執していたが、招致委員会は東京湾に近い月島地区では強風により競技運営に支障が出ることを懸念していた。また、重要な点として、万博会場とオリンピック会場を併設することにより、招致の際にIOCにマイナスのイメージを与えることも危惧していた。これは初期の近代オリンピックが万博との共存という形で開催され、自立した国際イベントとしての確立を目指しており、ようやくその思いが叶いつつあった時代性を考慮すればのことであった。オリンピックを都市再編の絶好の機会ととらえ、月島の整備を進めたい東京市とスポーツの「聖地」、神宮外苑のさらなる拡充を図りたい招致委員会の議論は平行線をたどったまま時間切れとなる。最終的には招致委員会は「場合によれば建設地の変更もあり得る」という条件付きで神宮外苑を大会のメイン会場とする案を一九三六年三月にＩＯＣに提出する。

一九三六年七月、第十二回オリンピックの東京開催が決定し、一九三六年十二月には第一回大会組織委員会総会が開かれ、改めて、日本の象徴となりえるオリンピック施設の「場所」が議論される。ここでは、メインスタジアムの敷地候補として、代々木、品川、駒沢、上高井戸、神宮外苑など九か所が候補として提案され、その後、七候補に絞られるが、第一候補の代々木（明治神宮に隣接する陸軍練兵所）は陸軍側の同意が得られず、第二候補の千駄ヶ谷（神宮外苑競技場西側一帯の民有地）は民有地の買収困難が伴うなど、すでに暗雲が立ち込めだす。さらにはスポーツ関係者のなかでも、「場所」をめぐる混乱は続く。先述の二候補を整備することが厳しいことを踏まえて、体育協会理事会は青山射撃場を推薦したが、すぐさま、ＩＯＣ委員、副島正道は神宮外苑を大拡張してメインスタジアム、水泳競技場や球戯場も同一敷地内に建設する私案を発表する。ところがこれを同胞のＩＯＣ委員、嘉納治五郎が「途方もない夢物語」と反対する。[10] オリンピックの顔となるメインスタジアムの「場所」が明確に決まらないまま、政府に予算請求をする「たたき台」として、一九三七年二月、組織員会は、大会のメインスタジアムは神宮外苑の陸上競技場を拡張して整備するという方針を打ち出す。

組織委員会が提案したのは、既存の神宮外苑陸上競技場を十万席に、水泳場を二万五千席に増築しようとするものであったが、同年五月には、組織委員会に新たに設けられた競技部競技場委員会による同様の案が建築家、東京帝国大学教授の岸田日出刀と建築家、前川國男の共同で作成されている。

ここで注目するのは、岸田の動向である。岸田は一九三六年六月から十月の期間、ベルリン・オリンピックに赴き、ナチス政権が国威発揚の場として整備したベルリン西部のライヒ・スポーツフィールドを視察している。そこで、岸田は都市・環境上の利便性および主競技場の機能性を評価するものの、その意匠性に対しては

「何れも規模宏壮にしてその意匠は豪快なものであったにはちがひないが、忌憚なく評すればその表現は些か鈍重の気味があり、明朗にしてスピーディーなものの表現にかけてゐた嫌ひがある」

と批判している。[11] また、岸田は当時ドイツで建設されていた他の国家的建築もナチス色を強めていることに危機感を覚え、東京オリンピックで建設される施設については、これとは異なる意匠性を持つことを主張する。実際、岸田はナチス政権がその政治的プロパガンダとして進めることには批判的であった。ベルリン・オリンピックでナチス政権が採用し

た重厚で威厳のあるデザインに対して、岸田が提案したのが「明朗なる白色系」というデザインモチーフである。「明朗なる白色系」が示唆するのは当時西欧ですでに開花していた近代建築である。伝統的な建築のあり方ではなく、新しい技術と合理性に基づいた近代建築は、地域性を超えるインターナショナル・スタイルとも呼びうるものだった。ベルリンで見たナチス政権による重厚な古典主義的な建築に対して、岸田は新しい近代的な建築をもって、日本の象徴として作ろうとしていたと言えよう。

ベルリンでの視察から、岸田はドイツとは異なる意匠性で日本の「聖地」を作ろうとしていたが、オリンピックのメイン会場であるライヒ・スポーツフィールドが持つ、広大な敷地に悠然と施設が配置された「モニュメント性」は高く評価していた。そして、これこそが東京オリンピックでの明治神宮外苑案が欠如していたことを岸田は理解していた。実際、岸田は先述の一九三七年五月に大会組織委員会競技部競技場委員として神宮外苑案を提出したのと同じタイミングでも神宮外苑主会場案に反対を唱えている。岸田によれば外苑の敷地はあまりにも狭く、オリンピックサイズのスタジアムを整備したときに、その周囲には狭小な敷地しか残らないこと、風致地区としての外苑の景観にオリンピック施設のスケールが合わないこと、また要求されるサイズのスタジアム整備は改造でなく新築のような大工事となってしまい、増築の利点が生かしきれないことがその理由である。そのうえで岸田は

「オリンピック大会を機会に大綜合競技場を新たに建設すべし［…］代々木練兵場又はその一部は理想の地であるが、軍部の都合により全く望みが絶たれた今日としては、私は第一に駒沢ゴルフ場を推すに躊躇しない」

と述べている。[12] 岸田が都市景観等の観点から神宮外苑案に対して批判的でありながら、あえて案を示すことにより、神宮外苑案がオリンピック会場としては不適切であるという意図を示そうとしたのだ。しかし、その意図と反して神宮外苑案が肯定的に捉えられてしまったと後述している。また岸田はこの案が発表の一か月後に開催予定であったＩＯＣワルシャワ大会で、東京大会の進捗状況を説明するため急遽作成されたスケッチであったが、新聞にも写真入りで広く流布されたことで、案が独り歩きしたことに対して、岸田は「ジャーナリズムの犠牲」となったとも述べている。[13]

岸田の複雑な思いをよそに、神宮外苑は思いもよらぬ政治的な決着をみることとなる。大会組織委員会は案を進めるべく、一九三七年五月に内務省神社局に対して「明治神宮外苑競技場改造願」を提出するが、神社局長、児玉九一は「風致

（図4）駒沢ゴルフ場跡地に計画された1940年東京大会競技施設（1938年）
（出展:/ The Organizing Committee of the XIIth Olympiad（1940）「Report of the Organizing Committee on its work for the XIIth Olympic Games of 1940 in Tokyo until the relinquish」）

上、管理上の問題および明治神宮外苑が国民の浄財で造苑された記念物であることなどから、内務省としては同競技場の改造計画案には同意しがたい」との見解を出す。[14] 児玉は神宮外苑に手を付ける代わりに、隣接する民有地を買収して新競技場を建設する案を内務省案として提出するが、これには短期間での用地買収が必要で、実質不可能な案であった。[15] 児玉の発言からは国民の寄付により造られた神宮外苑で国際的なスポーツイベント会場にすることへ躊躇が伺えるが、結果的にこの発言が神宮外苑を一九四〇年オリンピックのメイン会場として、スポーツの「聖地」を拡充することを不可能にしたのである。

再度、暗礁に乗り上げた一九四〇年オリンピックのメイン会場であるが、一九三八年四月に開かれた第二五回大会組織委員会総会で、新たに敷地を世田谷の駒沢ゴルフ場跡地に建設することが決定する。この決定には収容人数十二万人以上の巨大スタジアムの建設を要望していた東京市の意向が強く働いている。東京市はこのような巨大スタジアムを建設するにあたり、内務省や神宮側との折衝を擁する外苑案よりも、政治的な制約のない駒沢案を自ら建設することを望んだのである。「紀元二千六百年記念総合競技場」と命名された、一大スポーツ施設は、中央に紀元二千六百年記念塔を持つ広場が設けられ、それを挟んで十二万席（常設六万二千席、仮設四万八千席）のメインスタジアムと、三万席（仮設含む）が計画されていた。また、同敷地の近隣には選手村も建設することも計画され、さらには浅草から駒沢までの地下鉄線整備や道路の拡充なども図り、神宮外苑を凌駕する日本最大の総合スポーツセンターを作ろうとしていた。これにより、東京市は「世界に通用する一流のスポーツ都市」へと変容する野望を持っていたのである。

東京市がオリンピックを契機に新たなスポーツの「聖地」である「紀元二千六百年記念総合競技場」をつくるに当たって、その設計は東京市臨時建築部が率いることになるが、その中心をなす広場はまさしく、岸田がベルリンで見たライヒ・スポーツフィールドの五月広場を彷彿させるものであった。岸田は東京大会でも五月広場のような大きな広場を設け、「建国広場」と名付けることも夢想していたが[16]、敷地に制限のある神宮外苑では果たせなかった。その思いが駒沢で叶うこととなったのだ。さらには、ベルリンと同じく、メインスタジアムと水泳競技場が隣接して配置される様は、岸田らが描いた西欧の先進国が持つ、「モニュメンタルなスポーツの聖地」の典型的な形式を極東の地に再現するものであった。また岸田は、ベルリンのオリンピック・スタジアムの重厚な意匠性は否定するが、スタジアムが持っていた石張りの列柱空間は東京での夏季の日除けとして機能するとの見解を示していたが、駒沢に計画されたメインスタジアムでは、それが鉄骨の軽やかな列柱となって計画されていた。

ようやく決まった一九四〇年のメイン会場であったが、時代はこの国際イベントの中止を要請していた。一九三八年四月の施設計画の決定を受け、東京市は五月にはオリンピック開催施設予算の計上に関して市会の承認を得るものの、その一か月後の六月、時の近衛内閣は企画院提出の「昭和十三年ニ於ケル重要物資需給計画改定ニ関スル件」を承認することとなる。これは戦争遂行のための軍事目的以外の国内需要を極度に制限することを示したもので、そこには万国博覧会とオリンピック工事の中止も明記されていた[17]。確実に歩み寄る戦争の前に、世界基準の日本のスポーツの「聖地」を作ろうという東京市の野望は、かくももろく崩れていったのである。

三　一九六四：民主主義時代の「ナショナル・スタジアム」神宮外苑の再整備

第二次世界大戦での壊滅的な状況から、復興を遂げつつあった一九五〇年代後半。一九五六年の「経済白書」には有名な「もはや戦後ではない」との言葉が明記される。日本スポーツ界が戦後初めてオリンピックに参加するのは一九五二年のヘルシンキ大会からだが、これに先立ち、戦後作られたアジア競技大会の第一回ニューデリー大会で国際大会への復帰を果たしている。そして、その約半年後、日本体育協会は東京都知事、安井誠一郎に対して「第三回アジア競技大会（一九五八年）」の東京での開催招致を打診し、安井はこれを承諾する。また安井も翌年の一九五二年には東京都が一九六〇年オリンピックの招致を目指すことを表明したため、アジア競技大会の開催は、オリンピック開催に向けての国際大会の開催能力をアピールするという意味合いを持つようになった。[18]

一九五四年四月、「第三回アジア競技大会」の招致に成功すると、同年一〇月には「国立競技場建設促進協議会」が設立され、一二月には正式に主競技場は国費で建設される「国立競技場」として整備されることが衆議院で可決され、その敷地選定が始まった。もともと明治神宮外苑の陸上競技場は「国立競技場」として性格を持っていたが、改めて、武蔵野グリーンパークや球場跡地（武蔵野市）駒沢総合運動場（世田谷区）、砧緑地（世田谷区）、東京湾埋立地などが候補となったが、最終的には明治神宮外苑に新設されることとなった。これには都心からのアクセスと共に、スポーツ界からの強い要望があったと言われている。[19] 敷地を明治神宮外苑としたメインスタジアムの計画にあたっては、まず戦後の政教分離により宗教法人明治神宮の所有となった、神宮外苑の土地のうち、既存の明治神宮外苑競技場とその敷地を、他の外苑敷地と切り離し、国有財産とすることからはじまった。そのうえで、新競技場の設計は、一九五六年文部省下に創設された「国立競技場設立協議会」が基本設計を行い、その後、建設省関東地方建設局営繕部が実施設計を行うこととなった。設計に当たっては、「とりあえず本設スタンドは五万人収容の線で実施し、いざというときには本設スタンドのまわりに五万人収容できるよう設計を工夫しておく」としたが、ここで重要なのは、戦前に風致地区となっていた神宮外苑の景観との調和であった。特に、一九四〇年オリンピックの際に、壮大なメインスタジアムをこの地に作ることに反対であった児玉神宮外苑管理部長は「絵画館側スタンドをあまり高くしてもらっては困る」との見解を示し、結果的にスタンドの高さを七・九m以下となるよう計画された。[20] 新しい神宮外苑競技場は「国立競技場」として一九五七年一月に着工し、一九五八年三月に竣工、そして同年五―六月に予定通り、「第三回アジア競技大会」のメインスタジアムとして使われることとなった。アジア大会の成功が、日本を代表する国際的競技施設としての「国立競技場」というイメージを国内外に印象づけることに成功したことは言うまでもない。

風致地区としての神宮外苑の景観を守りながら、国際的なスポーツの「場」としての役割を果たした「国立競技場」だが、その「都市と建築」の関係が崩れたのが、後に続く一九六四年東京オリンピックの開催である。一九五九年五月、ドイツのミュンヘンで開かれたIOC総会で念願の開催権を手にした後、文部省下に「国立競技場拡充計画協議会」が設置され、副会長には一九四〇年でも大きな存在感を示した、岸田日出刀が収まった。一九六〇年五月に開かれた第一回委員会を経て収容人数は七万五千席へと決められたが、[21] これにより、一九五八年のアジア大会の際に守っていた景観への配慮は崩れ、スタジアムの高さはバックスタンド聖火台頂部まで三十三・二mとなってしまう。これはすでに他界していた児玉神宮外苑管理部長がこれまで拘っていた神宮外苑の景観維持にも背くこととなり、岸田日出刀も、「主競技場をなんとか十万人の収容の線に近づけようと一方のスタンドを大きく張り出して拡張させたが、その最上部は外苑内の道路の上に大きくおおいかぶさることになってしまった。それほどまでにこの敷地はせまいのである」と述べている。[22] さらには、一九六四年東京オリンピック会場の全体責任者であった高山英華（東京大学教授）は巨大なコンクリートの建造物が出来たことに対して、神宮外苑を創出した先輩の佐野利器、小林政一に対して、申し訳ないことをしたと証言している。[23]

　大会組織委員施設特別委員会委員長である岸田日出刀は一九六四年東京オリンピックに向けて、再整備された国立競技場と戸田漕艇場について「ともに国立だが、どれも在来のもので、その規模を大きくしただけのものであり、建築関係は建設省関東地方建設局の設計である。」と述べ、[24] 一九六四年大会のメインスタジアムである国立競技場には大きな関心を払っていない。そして、岸田は一九四〇年大会で考えたのと同じように、神宮外苑では、一九三六年ベルリン大会のメイン会場のライヒ・スポーツフィールドのようにメインスタジアムと水泳競技場を並べて象徴的に作れないことを悔やんでいる。そして、この岸田の思いは、一九六四年大会で作られる、もうひとつの国立の競技施設、国立代々木屋内競技場の設計への情熱へと変わっていく。大会組織委員施設特別委員会副委員長であった高山英華は国立代々木屋内競技場の設計、さらに言うならばその設計を愛弟子の丹下健三に担当とさせる以外興味がなかったようだと振り返っている。[25]

国立屋内総合競技場という新たな「象徴」

　先述したように神宮外苑にはメインスタジアムと隣接して水泳競技場を配置することが困難であったため、代々木にある旧ワシントンハイツがその敷地に設定された。[26] 旧ワシントンハイツの米軍宿舎などを転用した選手村に近接して、一万五千席の水泳競技場、および三千五百席のバスケットボール競技会場の二つの建物からなる国立屋内総合競技場（現国立代々木競技場）がつくられることが決められた。選手村として使用されるワシントンハイツは大会終了後解体され、森林公園とする（そのために、選手村機能で新設するものは仮設とする）ことが構想され、ここに恒久的なスポーツ施設である国立屋内総合競技場を含む、広大な都市公園が出現することが構想された。新たな「象徴」をつくるべく敷地が決まったが、大きな課題は設計者選定と、あまりにも短い工事期間であった。

ワシントンハイツの返還を受けて、総合競技場建設協議会」が組織され、一九六二年七月の同協議会で、施設の規模や機能的要求を決めるとともに、「国際的水準にふさわしい建物を建設すること」という大きなビジョンを設定する。[27] そして同年、広島平和記念公園や東京都庁舎など戦後の日本の象徴的な公共建築を手掛けてきた建築家、東京大学教授の丹下健三に設計を依頼する。この人選は公開コンペなどによって決められたものではなく、岸田日出刀が大きく関わることとなった。岸田は「（国立屋内総合競技場と付属体育館の設計者として）、わたくしたちは建築家丹下健三教授を強く要望して、なんとかその実現をみるようにと苦心した。」と述べる一方、「建築界の一部に、この人選に対してその不透明性を指摘して非難する向きもあるやに聞くが、これらの人選に対しては、施設特別委員会の委員長であるわたくしが、その全責任を負うものであることを、ここではっきり明言しておきたい。」と語っている。[28] 戦後民主主義の時代に合って、設計者の選定をコンペなどの民主的な手続きで決めることなく、特命で決定したことへの批判は多かったが、岸田はそのような批判には耳を傾けず、自らの責任表明をもって、丹下を指名したのである。

このような状況で、丹下は短い設計期間の中で、「国際的水準にふさわしい建物」のあり方を模索し、十八か月という工期で「国立屋内総合競技場」を完成させるという大きな使命を負ったのである。設計に当たって丹下が重要視したのは「開かれた空間」をつくることであった。これは戦後民主主義の時代の公共建築のあり方として、丹下がこれまで基本としてきた設計思想であり、「国立屋内総合競技場」での設計に当たっても、大きな根幹をなすものであった。丹下は、多くのスポーツ施設が閉ざされたスタンドがさらに屋根で覆われることによって閉鎖的になることを排除し、大勢の人々を迎え、送り出し、さらには「国立屋内総合競技場」が持つ二つの建物を関係つけるということからも「開かれた形」が必要だと考えていたのだ。[29] そして、一万五千席のスポーツ施設を「開かれた空間」としてつくるため、丹下は「吊り構造」による建築を提案する。これは二本の鉄骨の支柱にケーブルをかけ、それらを支えに屋根を構築していくという方法で、どちらかという橋梁などの土木分野で使われてきた技術を建築の分野に応用しようというものである。国内はおろか、国外を見ても前例は少なく、設計、施工期間を通して、数々の難関を突破して初めてできる建築であった。それはまさしく丹下が考えていた「現代技術が、現代精神の象徴を空間形態のなかに創造しえるもの」[30]の具現化であったが、この大きな挑戦を、「建築界の全知能」を傾けて、わずか十八か月という工期で完成させてしまう。[31]また、丹下は建設コストの調整にも苦心するが、これには当初二十八億円と想定されていた予算が設計開始前に二十三億円に減額されたことも大きな要因となっていた。世界的にも類を見ない「吊り構造」による「開かれた建築」をつくるために、丹下は時の大蔵大臣、田中角栄に直談判し、建設費の増額を訴えている。これに対して、田中は「今回のオリンピックは、日本が初めて行う大きな国際的行事です。あまりみみっちいことをして下されるな。足りない分は私が考えましょう」と言い、建設費の増額を決めたという。[32]「国立屋内総合競技場」の設計者を特命で指名した岸田日出刀、そして建設費の変更を大臣の一声で決めた田中角栄。丹下が構想した「開かれた建築」は両者のサポートなしには実現しなかったのである。

丹下が「開かれた空間」を意図するなかで、そこにはもう一つの大きな課題が潜んでいた。それが建築の「日本的なもの」への応答である。丹下はそれまでの建築作品において、日本の伝統的な建築造形を近代の視点で再解釈し、表現したことで知られていた。丹下は一九五〇年代にはいかに日本の伝統を理解し、それを乗り越えていくかに力を注いでいたが、一九六〇年代にはそのような伝統と近代の関係を構築することがあまり気にならなくなったという。[33]実際、「国立屋内総合競技場」の設計意図を説明する際に、直接的に「日本」的な造形などについて言及したものはほとんどない。しかしながら、その造形は見るものに「日本的」であると感じさせるものがある。建築史家の藤森照信は、「国立屋内総合競技場」について「全体に漂う造形感覚は、弥生と縄文が緊張感を保ったままバランスを取り［…］具体的な形における伝統性は、屋根にきわまっている。［…］丹下の戦後の作品歴のなかでこれほどはっきり誰にでもわかるように伝統を刻印する屋根はなかった。」[34]と、「国立屋内総合競技場」が丹下の他の作品と比べても、より直接的に日本建築の伝統性を感じる建築になっていると主張している。しかし丹下は

「［…］しかし外国からくる連中が、お前の屋内競技場はたいへん日本的だというんですよ。（笑）たいへんがっかりするわけです。[35]」

と述べているように、明らかに「日本的」ということに対して避けていたきらいがある。丹下にとって、世界が注視する

(図5)丹下健三設計による国立屋内総合競技場(1964年竣工)
(出展:丹下都市建築設計ホームページ:www.tangeweb.com/works/works_no-27/)

オリンピックという舞台で表現したのは、あからさまな「日本的なもの」の追求ではなく、「開かれた建築」というよりユニバーサルな問いかけへの応答だったのである。

四　二〇二〇:グローバル化時代のナショナル・スタジアム
二〇一六年東京オリンピック招致

一九六四年東京オリンピックから四〇年ほど経ち、時の東京都知事石原慎太郎はふたたび、東京でオリンピックを開催することを決定する。二〇〇六年三月には東京都議会にてオリンピック招致が決定され、翌四月の招致本部設立を経て、二〇〇七年十一月にはオリンピックの開催計画が発表される。一九六四年で会場となった都内の施設群と、新たに湾岸地区に作られる施設群が、クラスター化され、その中間にメインスタジアムが位置するという計画である。当初、神宮外苑の既存の国立競技場を使用するか、晴海地区の更地に新設するかが議論されたが、晴海地区に新設することが決まった。主な理由は、東京の新たな発展の可能性を有する臨海地域に位置していること、水と緑の優れた景観を有し、東京の新しいランドマークとなる期待できること、都市計画法等の規制が多い神宮外苑では不可能な十万人規模のスタジアムや補助競技場等の用地を確保可能なこと、選手村予定地の有明北地区から至近距離にあることであった。当初、招致委員会は東京で二つ目となる「国立競技場」を建設する旨を政府に要求したが、政府は二つの大きなスタジアムを抱えることに難色を示し、東京都が都立として整備することとなった。しかしながら、十万席（大会後は八万席に縮小予定）の巨大施設を維持していくことは困難が予想され、国費の補助や民間資金の導入などを予定し、多目的利用も可能な第一種陸上競技場としていくことを計画していた。そして、その場合、神宮外苑の「国立競技場」はサッカースタジアムとして使用することが想定されていた。[36] ＩＯＣに提出した招致申請ファイルには東京湾に突き出すように配置されたスタジアムが描かれているが、これはあくまでも仮の姿であり、招致成功の暁には、改めて国際コンペを開催し、実際に建てられる建築のデザインを募集するものであった。

二〇二〇年オリンピック招致：「地球人のための象徴」

しかしながら、二〇〇九年十月コペンハーゲンで行われたＩＯＣ総会で二〇一六年の開催都市がリオデジャネイロに決まり、東京のオリンピック招致は失敗に終わり、晴海のスタジアム構想もお蔵入りとなった。だが、その四年後、東日本大震災の余韻がまだ残る二〇一一年六月に、石原は再度二〇二〇年の東京オリンピック招致を東京都議会にて表明し、ふたたび招致計画が練られることとなった。二〇一六年の招致計画のように、都心部にある一九六四年オリンピックの遺産施設群と湾岸の新しい施設群の二つを改めてヘリテージゾーン、東京ベイゾーンと改めて定義したが、基本的な計画に変更はない。しかし、メインスタジアムの位置は大きく変わることとなる。東京湾岸の晴海地区ではなく、ふたたび神宮外苑の「国立競技場」がその役を担うことになったのだ。当初は、既存の「国立競技場」を改修して使用することなども検討されたが、今日のオリンピックが要求する規模や仕様にするには、改修のメリットが生かされないとの判断で、既存を解体し、新築で建設することとなった。さらに、前回は招致時には「仮の姿」であったデザインに関しても、招致ファイルには建設予定の正式のデザインを掲載し、東京の「本気度」を見せようと、ＩＯＣでの招致決定前にスタジアムのデザインを決める国際コンペを行うというふうに方針転換がなされた。[37]

二〇一二年三月に「国立競技場将来構想有識者会議」が組織され、施設建築ワーキンググループの座長には安藤忠雄が選ばれた。第一回目の会議では、論点として「新国立競技場」に求められる要件や神宮外苑地区の都市計画上の緩和規制などが論点として挙げられた。[38] そして七月に行われた第二回会議で早速、安藤忠雄を審査委員長とする「新国立競技場基本構想公開デザイン競技募集要綱（案）」が作られ、独

立行政法人 日本スポーツ振興センターが主催者となり、この国際コンペは七月二〇日に募集開始となった。「新国立競技場基本構想公開デザイン競技募集要綱」は二〇二〇年東京オリンピック・パラリンピックのメインスタジアムとして使われるが、その冒頭に「ナショナル・スタジアム」の目指す方向性として次のように書かれている。

「この難しい時代に、国家プロジェクトとしてつくられる競技場とは、あらゆる制度的な枠組みを超えた、地球人がつくる地球人のための建築でなければならない。そして、混沌とする世界状況にあって、人々が新しい人間文明の未来を構築すべく立ちあがる、その意志を喚起するような、力に溢れたものでなければならない。つくるべきは地球人の未来へと向かう灯台、希望の象徴となれる場所だ。」[39]

ここで注目すべきは日本の「ナショナル・スタジアム」が目指すものであるが、そこで求められているのは「グローバル」な視点での建築のあり方であり、その対象も「日本人」ではなく「地球人」としている点である。それはグローバルな時代にあって、「国家」の持つ意味が希薄になり、それゆえの「地球人」を対象にした「象徴」と理解することもできよう。このような「超国家」的な性格を反映してか、日本人審査員の他に、ノーマン・フォスター、リチャード・ロージャスという世界的な建築家（ともに英国人）が名を連ねている。またコンペの参加資格も建築界のノーベル賞と呼ばれるプリツカー賞など、国際的な建築賞の受賞者か、ある程度の規模以上のスタジアム設計経験者に限られた。コンペ時には、主催者の日本スポーツ振興センターは「デザイン案の選定から完成までのプロセスをオープンにすることで、みんなでつくりあげていくスタジアムにしたい」[40]と述べたものの、参加資格に挙げられた「国際的な建築賞の受賞者」については、該当している日本人建築家は数名しかいないことから、その後も多くの批判を浴びることとなった。そして、二か月後の応募締切時には、国内一二作品、海外三四作品が寄せられ、審査に当たっては「地球人にとっての希望の象徴となるべきデザイン」という点が重要視され、特に上位作品については「未来に示すデザイン性、技術的なチャレンジ、スポーツイベントの際の臨場感、施設建築の実現性等」[41]の観点から詳細に審査がされたと記録されている。その上で、審査委員会はイラク出身でイギリスを拠点とする建築家。ザハ・ハディッドの案を「強いインパクトをもって世界に日本の先進性を発信し、優れた建築・環境技術をアピールできるデザインである」[42]と高く評価し、最終案に選出した。このコメントで思い起こされるのが、一九六四年東京オリンピック時

（図6：左）ザハ・ハディッド設計による新国立競技場案（2012年コンペ時）
（出展https://www.dezeen.com/2013/09/10/tokyo-2020-olympics-to-centre-around-zaha-hadid-stadium/）

（図7:右）ザハ・ハディッド設計による新国立競技場修正案（2015年）
（出展https://www.dezeen.com/2015/07/17/japan-scraps-zaha-hadid-tokyo-2020-olympic-stadium/）

に丹下健三が設計した「国立屋内総合競技場」が「吊り構造」で実現し、世界に日本の技術力を示したことであり、丹下の「現代技術が創造しえる現代精神の象徴」という言葉である。二〇二〇年では、その挑戦を「外国人のデザイン＋日本の技術力」という枠組みで再現しようとしたのだ。

「ナショナル・スタジアム」の白紙撤回

国際コンペで最終案に選ばれたザハ・ハディッドはデザイン監修者という立場で、「新国立競技場」の実現に向けて作業を進めていくこととなるが、その後多くの困難に直面することになる。ザハ案は、コンペ時の段階で与えられた敷地境界を超えて提案していたが、実現に当たっては、現状の敷地状況に合わせて、そのダイナミックな形態を調整することになった。また、「新国立競技場」の建設に当たって、神宮外苑の敷地に与えられた高さ制限が大幅に緩和されていたが、[43] それでも「新国立競技場」が神宮外苑の景観に与える影響は突出しており、これが多くの批判を浴びることとなった。特に建築家の槇文彦は日本建築家協会の機関誌「JIA MAGAZINE」二〇一三年八月号に「新国立競技場案を神宮外苑の歴史的文脈の中で考える」を発表し、進行中の「新国立競技場」を痛烈に批判した。槇の論点は明治以降守られてきた（あるいは守ろうとしてきた）神宮外苑の景観に合った計画とすべきであり、それに合わない機能的要件を課した「国際コンペ」と、それを組織した事業主を批判した。[44] 槇の論考は二〇二〇年オリンピック招致決定前に書かれたものだが、招致が決まり、いよいよザハ案が実現されようとするに至って、その思いをますます強めていく。槇はメディア等も使って「新国立競技場」への批判を展開し、建築界も巻き込んで大きな運動をつくっていった。[45] 景観上の課題に加えて、ザハ案が直面した大きな問題はコストである。当初コンペ時には一三〇〇億円と想定された建設コストは、当初からその範囲内で納めることは厳しいとされたが、日本での建設コストの上昇も重なり、大幅に予算をオーバーしていく。その後は三〇〇〇億円まで上昇するとの見込みも出たが、デザインの簡素化などによりコスト削減を図ることを試みる。その結果、変更されたザハ案はコンペ案のような躍動感あるものから大きく変わり、建築家の磯崎新はコンペ時のダイナミズムがなくなり、まるで「列島の水没を待つ亀」のような鈍重な姿に失望したと述べている。[46] それでも二〇一五年七月の試算では二五二〇億円となってしまい、最終的にはこれが引き金となり、安倍晋三首相は七月十七日にザハ案の「白紙撤回」を発表する。ザハ案で進んでいた「新国立競技場」の批判を先導していた槙はその後のインタビューで「ザハ・ハディドは日本的な曖昧さの犠牲者だった」と述べている。[47] 槙の批判は終始「新国立競技場」の過剰な機能的要件であり、また設計者ではなくデザイン監修者を選びプロジェクトを進めようとした枠組みであった。そしてそれらが、明確な指針を持っていなかったことを「日本的曖昧さ」と表現したのだ。国際コンペで意図された「地球人にとっての希望の象徴となるべきデザイン」は槙の言葉を借りれば、「日本的な曖昧さ」によって消滅することとなったのだ。

「日本らしさ」と「木」：新たな「新国立競技場」の理念

ザハ案の白紙撤回を受けて、その翌月には「新国立競技場整備計画再検討のための関係閣僚会議」が設置され、すぐに「新国立競技場」計画が再スタートした。[48] そして、八月には「新国立競技場の整備計画（案）」が出され、新たに「新国立競技場」に求める整備指針が示されるが、これは前案で国際コンペ時に求めたものとは大きく異なるものだった。「整備計画」には特に配慮すべき事項のひとつとして、

「わが国の優れた伝統や文化を世界中に発信し、内外の人々に長く愛される場とするため、日本らしさに配慮した施設整備を行うとともに、木材の活用を図る。」[49]

と明記されたものがある。先の国際コンペで求めていた「地球人のための象徴」といった表現はなくなり、あらめて「日本らしさ」が設計の基本理念として設定されたのだ。そして、そのような「日本らしさ」とともに、前コンペではなかった「木材活用」というコンセプトが登場する。しかし唐突に「日本らしさ」と「木材活用」を同様に扱うことに対しての違和感は拭えない。建築家の磯崎新は「「木材活用」すれば「日本らしさ」に見えると解釈するのはあまりにもナンセンス」と批判しており、[50] 科学ジャーナリストの尾関章も同様

（図8）隈研吾チームによる新国立競技場案（2015年コンペ時）
（出展:新国立競技場整備事業大成建設・梓設計・隈研吾建築都市設計事務所共同企業体（2015）「新国立競技場整備事業に関する技術提案書」）

に、木造建築は世界中にあり、日本らしさは、ただ木を使うことではないとの意見を述べている。[51] だが、ここで明記された「配慮すべき事項」は、その後九月に日本スポーツ振興センターが発表した「新国立競技場整備事業業務要求水準書」に受け継がれていく。そこには「日本の伝統的文化を現代の技術によって新しい形として表現する」ことが新たなコンペの整備指針として設定され、「日本らしさに配慮した計画」が審査の評価項目の一つになることが明記された。そして、「木材活用」の積極的な推進も施設計画に盛り込まれることとなった。[52] さらには特筆すべきは、コンペの応募資格である。前回の国際コンペのように、世界的な建築家の応募を直接的に促すことはなくなり、今度は設計者と施工者がチームを組んでコンペに応募を求めているのだ。これは間接的に、海外からの応募を困難にし、実質は日本国内からの応募に限られていくような状況を作り出していくものであった。実際、二度目となる「新国立競技場」の整備指針には英訳版は用意されていなかったのだ。

　約二か月半後の十一月には、建築家の隈研吾が中心のチーム（大成建設・梓設計・隈研吾建築都市設計事務所共同企業体）と同じく建築家の伊東豊雄が中心の二つのチーム（伊東・日本・竹中・清水・大林共同企業体）から提案書が提出される。白紙撤回された前案が周辺環境との関係において、大きな批判をあびたせいだろうか、両者とも、建物高さをザハ案の七十メートルより低い約五十メートルに抑えている。そのうえで、両案とも神宮外苑を「杜」ととらえ、提案のタイトルを「杜のスタジアム」としている。両案ともにコンペで求められた「日本らしさ」への取り組みについては、提案書の中でも詳細に語られているが、そこには異なるアプローチを見ることができる。隈案では日本の伝統的な建築を想起させる連続した軒庇の水平ラインを繊細な「木」を用いて作ることにより、

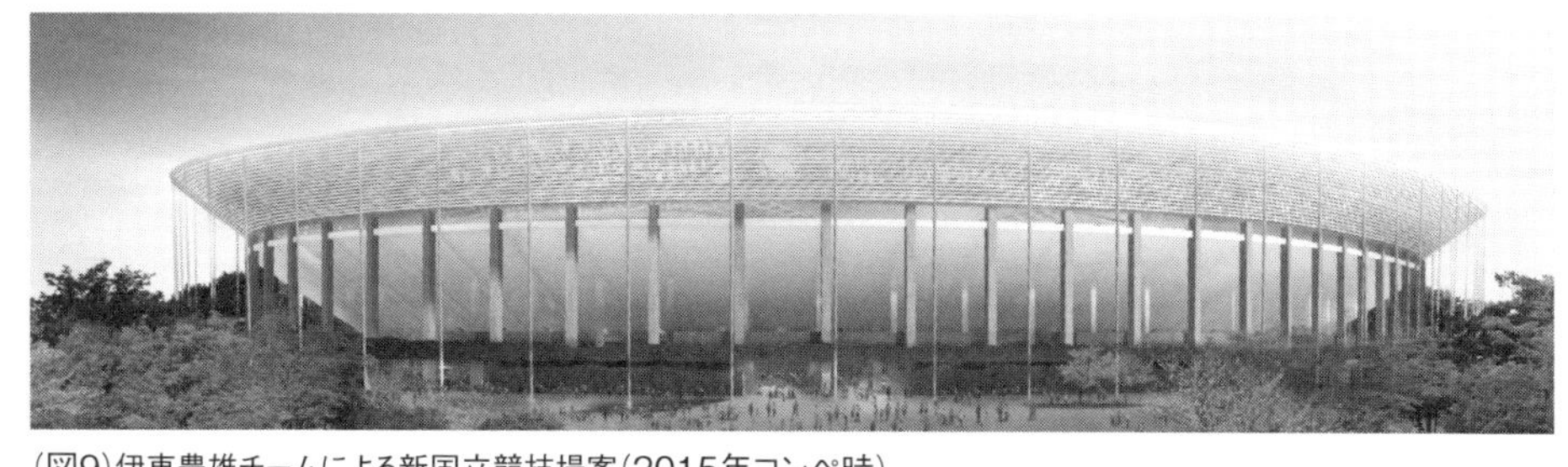

(図9)伊東豊雄チームによる新国立競技場案(2015年コンペ時)
(出展:新国立競技場整備事業伊東・日本・竹中・清水・大林共同企業体(2015)「新国立競技場整備事業に関する技術提案書」)

「日本らしさ」を表現しているのに対して、伊東案では七十二本の「木」柱によって白磁の外観を持つ客席部分が支えられる「新しい伝統」を提案している。[53] 両案とも「木」を象徴的に使うことで、「日本」の伝統的な建築構法との関連をつくりだしているが、隈案がスタジアムの「水平面」を日本らしさ表現の場としているのに対して、伊東案は「垂直面」に求めているのだ。また、両者の差異は繊細な「木」の軒を提案する隈案を「弥生的」なものと理解するのに対して、力強い「木」の柱を提案する伊東案を「縄文的」とするような対比としてとらえることもできよう。[54]

現代の日本を代表する建築家どうしの戦いは隈案に軍配が上がる。そして、二〇二〇年東京オリンピック開幕まで、三年を切った段階で、新たな「新国立競技場」の建設が本格的に始まる。そして、設計者の隈研吾も、自身のデザインの意図を様々なメディアで語ることとなる。その中で隈は「木」を使うことの意義を強調しているが、隈の言説はコンペ時に求められていたような、「木」が「日本の象徴性」を直接的に表現するようなものより、むしろ二〇二〇年という時代に「木」を使う意義を問うような言説が多くなっている。隈は一九六四年の東京オリンピックで丹下健三が設計した「国立屋内総合競技場」も見て建築家になることを決心したというが、一九六四年の時代が要請する「象徴性」と二〇二〇年のものでは異なることを強く意識している。一九六四年の丹下の建築を「垂直性、形は広く、コンクリート」とするのに対して、自身の「新国立競技場」を「水平性、高さは低く、材料は木」と対極的なものとして定義しており、そのような意味での二〇二〇年という時代性のなかので「新国立競技場」が持つ「象徴性」そして「木」のあり方を強調する。[55] 隈は自著「なぜぼくが新国立競技場をつくるのか」のなかで、現代のモニュメント性として、「神宮外苑の杜の一部として競技場もぼんやり覚えているみたいなあり方」を意識しているとし、「木の建築だからこそできる〝偉大なる平凡〟」を説く。

そして、「木の面白さとは、まさに、その「平凡さ」「民主性」にこそある」と主張している。[56] また同書での脳科学者、茂木健一郎との対談では左記のようなやり取りがある。

茂木：隈さんの建築にも、寿司と同じような、日本的なものの精髄が表れていると思うんですよ。新国立競技場が、その寿司的、日本的な輝きの象徴になるといいな、と個人的には強く思っています。

隈：いい寿司を作りたいな、という思いはありますね（笑）。［…］寿司もいろいろありますが、マーケティング重視の回転寿司ではなく、かといって限られた人しか行けない超高級の寿司でもなく、普通の町にある寿司屋が、こんないいものを出している、という感じになるといいな。そう思っています。[57]

茂木の問いかけに対して、隈は寿司も建築もともに多様なグレードを持っていることに注目し、そのうえで、隈はまちにあふれる建築で使われてきた「木」を「偉大なる平凡」として時代の象徴に位置づけようとしている。[58] そして、「偉大なる平凡」の「木」を前面に押し出すことによって、ひいてはそれが、国内外に向けた日本の木材産業のブランディングにつながることも意図している。隈はインタビューでも「日本の木というのは、高い技術を持っていながら今までちゃんとしたブランディングができていなかった。そのため世界に出て行けなかったり、高い値段で売れなかったりしたことがすごく残念。［…］オリンピックというと必ずテレビに映るし、ブランディングのことはかなり意識していますね。」と述べている。[59] グローバル資本主義の時代に、「新国立競技場」を「偉大なる平凡」として発信することによって、ナショナルスタジアムを自国の文化として表現するだけでなく、自国の産業のマーケッティング手段としても用いられていると理解できよう。

五　変容する「ナショナル・スタジアム」を巡る議論：「場所」、「象徴」、「人」

一九四〇年、一九六四年、二〇二〇年東京オリンピックの「ナショナル・スタジアム」をつくるという経験を通して、どのようなことが見えてくるのだろうか？

まとめとして「場所」、「象徴」、「人」の三点から考察したい。三つのオリンピックを通した日本の「ナショナル・スタジアム」を巡る「場所」の問題は、やはり明治神宮外苑を中心に議論されてきたといって良いだろう。そして、その起源として、一九一二年に予定されていた「大日本博覧会」会場が「和」の代々木地区会場、「洋」の青山会場と一対のものとして構想され、それがのちに「静寂な祈りの場としての内苑」、「体力の向上や心身の鍛錬の場、また文化芸術の普及の拠点としての外苑」と引き継がれていった。しかしながら、「外苑」が日本を代表するスポーツの場として整備するには小さく、面積的な制約を受けざるを得ないことから「ナショナル・スタジアム」の場を巡る議論は大きく展開していった。そもそも当初の「体力の向上や心身の鍛錬の場」という整備指針には、世界的な「メガ・イベント」の会場となることは想定してなかったであろう。一九四〇年オリンピック招致の際には、「外苑」に代わり、東京市は「湾岸」を推し、また一九三六年ベルリン・オリンピックを視察した岸田日出刀は、オリンピックのような国際的な基準の「ナショナル・スタジアム」を「外苑」に建設することは不可能だと感じ、「駒沢」が新たな「場」として選定された。一九四〇年東京大会は幻となってしまうが、この「外苑」を巡る「狭さ」の感覚は一九六四年大会にも引き継がれていく。メインスタジアムと水泳競技場を神宮には並列して配置できないことから、「代々木」がもうひとつの「ナショナル・スタジアム」の場として構想され、それは同時にアメリカ占領地を日本のスポーツ・リクリエーションの場に変換していく象徴ともなっていく。そして二〇一六年の東京大会招致時は、一九四〇年招致時と同じように「湾岸」が再度「ナショナル・スタジアム」の候補として計画されるが、二〇二〇年東京大会では再度、「外苑」の再整備が登場する。当初、想定されたザハ・ハディッドの案が大きな周辺環境との関係において批判を浴び、白紙撤回となったのも、「外苑」の土地の面積的な制約があったことに、大きく起因している。一九二六年に「体力の向上や心身の鍛錬の場、また文化芸術の普及の拠点」として整備された「外苑」はその後、その「狭さ」ゆえ、オルタナティブな「場所」として「湾岸」や「駒沢」などが登場し、「ナショナル・スタジアム」の建設地を巡る多様な議論を引き起こしてきたのである。

では明治神宮外苑を中心に展開した「ナショナル・スタジアム」の「象徴性」、別の言い方をすれば「日本的なもの」の表象は、どのような経緯を辿ったといえるだろうか？　三つのオリンピックを通して、冒頭に紹介した日本の「外部からの視線」が「ナショナル・スタジアム」の「日本的なもの」を作り上げてきたといえるだろう。幻の一九四〇年大会の時は、岸田日出刀の一九三六年ベルリン大会視察がやはり大きな影響を及ぼしている。ナチスドイツによる、重く荘厳な古典主義的なデザインに対して、岸田が打ち立てた「明朗なる白色」というデザイン・コンセプトは、明らかに、ベルリンで展開されていた様式を反面教師として、「日本」独自に打出すことのできる建築スタイルであった。そこには岸田の眼を通した、「外部からの視線」がある。また一九六四年大会の建築的な「象徴」となった丹下健三による「国立屋内総合競技場」は、「開かれた空間」というコンセプトを持っていたが、これは戦後、具象的に「日本的なもの」を表現することを避けてきた丹下が戦後民主主義国家として日本が発信すべき世界に向けたメッセージであろう。当然そこにも「外部からの視線」は存在するが、皮肉なことに、「開かれた空間」を構築するために採用された「吊り構造」は、丹下の意図と反して、海外から「日本的なもの」として理解される。恐らくは一九四〇、一九六四、二〇二〇を通して、国際的には最も「日本的なもの」と評される建築であろう。そして二〇二〇年。「地球人のための希望の象徴」として、「日本的なもの」を排除して臨んだはずの外国人建築家による「新国立競技場」が「白紙撤回」されたことにより、その反動として改めて「日本らしさ」が求められる。そしてその問いに対して、隈研吾は「偉大なる平凡」として「木」を定義し、それを前面に出した新たな「新国立競技場」を提案する。「木」こそが、世界中で多くの建築プロジェクトを展開するグローバル。アーキテクトの隈にとっては「日本が世界で勝負できる産業」であり、「新国立競技場」はそのショーケースなのだ。

最後に三つのオリンピックを通して「ナショナル・スタジアム」の発する「象徴性」を担ってきた「人」として、その時々の時代をけん引する東京大学建築学科教授陣による華麗なるバトンリレーを見ることができる。初期の明治神宮の設計に携わったのは、伊東忠太（内苑）佐野利器（外苑）といった日本の建築学の基を作った教授たちであり、一九四〇年大会に大きな影響を与えたのはその後輩にあたる岸田日出刀教授である。そしてその後の一九六四年大会では、岸田のサポートを受けて、愛弟子の丹下健三が活躍し、二〇二〇年大会ではその丹下にあこがれて建築家になり、東京大学の教授も務める隈研吾が設計者として登場する。国家プロジェクトである「ナショナル・スタジアム」の設計にはこのような教授陣が、それぞれの時代性を考慮しながら、それぞれの「日本的なもの」を構想してきたのである。

注

1　磯崎新（二〇〇三）『建築における「日本的なるもの」』新潮社、一一頁。

2　現在、開催都市が決定している一八九六～二〇二八年の三十一回の夏季オリンピック開催都市のうち十八の大会が首都での開催である。

3　これは世界各国からの出品を一堂に会した実質的な万国博覧会であり、一九一二年（明治四五年）四月から十月までの開催を計画していた。（外務省ホームページ　https://www.mofa.go.jp/mofaj/annai/honsho/shiryo/banpaku/page 三.html）

4　http://www.minto.or.jp/print/urbanstudy/pdf/u39_02.pdf

5　明治神宮外苑ホームページ http://www.meijijingugaien.jp/history/import.html

6　計画理念も大きく異なる神宮内苑と外苑だが、その設計に際して関わった人物も大きく異なる。ともに東京帝国大学（現東京大学）建築学科の教授が関わっているのだが、神宮外苑が建築の技術的側面に注目し、日本における構造力学を確立したとされる佐野利器がマスタープランや施設の設計に関わっているのに対し、神宮内苑では工学的な側面よりも、建築の歴史および思想的な価値を重要視し、日本建築史を学問として創出した伊東忠太が関わっている。同時代に全く異なる観点から建築にアプローチし、後の建築学の礎を築いた日本の最高学府の教授たちが明治神宮内苑、外苑の設計に携わっていたのである。

7　片木篤（二〇一〇）「オリンピック・シティ東京　一九四〇・一九六四」『河出ブックス』、七〇頁。

8　後藤健生（二〇一三）『国立競技場の一〇〇年』ミネルヴァ書房、一〇一頁。

9　東京朝日新聞主催座談会「東京大会の指針」、一九三六年一一月二九日。

10　橋本一夫（二〇一四）『幻の東京オリンピック　一九四〇年大会　招致から返上まで』講談社、一六八―一六九頁。

11　片木篤、前掲書、七四頁。

12　同書、七四―五頁。

13　勝原基貴（二〇一六）『大正・昭和戦前期における岸田日出刀の近代建築理念に関する研究』日本大学大学院理工学研究科建築学専攻　学位請求論文、一五九―六〇頁。

14　後藤健生、前掲書、一五一―二頁。

15　橋本一夫、前掲書、一七二頁。

16　片木篤、前掲書、八一頁。

17　橋本一夫、前掲書、二三五―七頁。

18　後藤健生、前掲書、一九五頁。

19　同書、一九六頁。

20　片木篤、前掲書、一三六頁。

21　他には聖火台のバックスタンド中央への移設、グラウンド地下道の新設、電光掲示盤や夜間照明設備の改修なども改修工事項目として付け加えられた。

22　岸田日出刀（一九六四）「オリンピック東京大会とその施設」『新建築』一九六四年一〇月号、一一七頁。

23　越沢明（二〇一四）「新国立競技場は、神宮外苑とオリンピックの歴史を踏まえるべき」槇文彦・大野秀敏（編）『新国立競技場、何が問題か』平凡社、一五三頁。

24　岸田日出刀、前掲書、一一七頁。

25　高山英華・藤森昭信・石崎順一「戦後モダニズム建築の軌跡・丹下健三とその時代　〇九」『新建築』一九九八年一〇月号、一二七頁。

26　旧ワシントンハイツは第二次世界大戦後に、アメリカ軍が有していた兵舎や家族用居住宿舎などからなる軍用地である。一九五九年の招致成功後は埼玉県朝霞市のキャンプドレーク（現自衛隊朝霞駐屯地）に予定していた選手村も、旧ワシントンハイツの返還によって一九六一年一〇月の大会組織委員会で選手村をワシントンハイツに変更することが決定された。

27　国立代々木競技場ホームページ、https://www.jpnsport.go.jp/yoyogi/sisetu/tabid/278/Default.aspx

28　岸田日出刀、前掲書、一一六―一一七頁。

29　丹下健三「国立屋内総合競技場設計をかえりみて」『新建築』一九六四年一〇月号、一二七―三二頁。

30　丹下健三「空間と象徴」『建築文化』一九六五年六月号、一〇三頁。建設工事は一九六三年二月一日に始まり、一九六四年八月三一日、オリンピック開会式の三九日前に完了する。

31　五十嵐太郎（二〇一六）『日本建築入門―近代と伝統』筑摩書房、五六―七頁。

32　栗田勇（一九七〇）『現代日本建築家全集（一〇）丹下健三』三一書房、一九二頁。

33　丹下健三・藤森照信（二〇〇二）『丹下健三』新建築社、三三一―二頁。

34　栗田勇、前掲書、一九二頁。

35　東京都オリンピック・パラリンピック招致委員会（二〇一〇）『二〇一六年オリンピック・パラリンピック競技大会招致活動報告書』三五―七頁。

36　東京都が二〇二〇年オリンピック招致に名乗りを上げる以前の二〇〇九年七月には二〇一九年ラグビーワールドカップの日本での開催が決まっており、二〇一一年二月にはラグビーワールドカップ二〇一九日本大会成功議員連盟（安倍晋三、麻生太郎が顧問をつとめ、森喜朗も国会楽ビークラブの顧問として名を連ねている）から「国立霞ヶ丘競技場の八万人規模ナショナルスタジアムへの再整備等に向けて」という決議書が出され、二〇一九年ラグビーワールドカップ大会の会場としても使用する八万人規模のナショナル・スタジアムにすべく、明治神宮外苑の都市計画や周辺環境整備を進めるべきとの意見が述べられている。

37　独立行政法人日本スポーツ振興センター（二〇一二）『第一回国立競技場将来構想有識者会議　議事録』。

38　独立行政法人日本スポーツ振興センター（二〇一二）『新国立競技場基本構想国際デザイン競技募集要項』、二頁。

39　独立行政法人日本スポーツ振興センター（二〇一二）『新国立競技場基本構想国際デザイン競技報告書』、四頁。

40　同書、一〇五―六頁。

41　同書、一〇六頁。

42　高さ制限は一五メートル（一九七〇年の条例制定前に建設された

建物の建て替えの場合は三〇メートル）から七〇メートルに緩和。（東京新聞WEB「高さ緩和前提で募集　新国立デザイン「七〇メートルまで可能」」二〇一三年一二月三一日 http://www.tokyo-np.co.jp/article/culture/culture_news/CK2014010602100006.html）。

43　槇文彦『新国立競技場案を神宮外苑の歴史的文脈の中で考える』JIA MAGAZINE 二〇一三年八月号、一〇—五頁。

44　二〇一三年一一月には日本を代表する建築家、建築学者が連名で文部科学大臣、東京オリンピック・パラリンピック担当大臣宛てに「新国立競技場に関する要望書」を提出しているが、そこには「外苑の環境と調和する移設規模と形態」、「成熟時代に相応しい計画内容」、「説明責任」の三点が要望として記されていた。また署名には後に「新国立競技場」の設計者となる隈研吾も名を連ねている。（ラグビーワールドカップ2019日本大会成功議員連盟『国立霞ヶ丘競技場の八万人規模ナショナルスタジアムへの再整備等に向けて』、二〇一三年）。

45　磯崎新『新国立競技場　ザハ・ハディド案の取り扱いについて』二〇一四年一一月五日に配信した声明文　https://architecturephoto.net/38874/

46　槇文彦『ザハ・ハディドは日本的な曖昧さの犠牲者だった　発注者と監修者、設計者の役割分担の検証を』ケンプラッツ、二〇一五年九月一六日。https://tech.nikkeibp.co.jp/dm/atcl/feature/15/11020007/110500003/?P=3&ST=SIO-tec

47　新国立競技場整備計画再検討のための関係閣僚会議『新国立競技場の整備計画（案）』二〇一五年。

48　新国立競技場整備計画再検討のための関係閣僚会議　第四回配布資料『新国立競技場の整備計画（案）』二〇一五年、七頁。https://www.kantei.go.jp/jp/singi/sin_kokuritsu_kyougijou/dai4/siryou1.pdf

49　磯崎新（二〇一六）『偶有性操縦法—何が新国立競技場問題を迷走させたのか—』青土社、一二一頁。

50　尾関章『新競技場をカネのことだけで語るな　木を使えばいい？——新国立ゼロベース出直しにみる歴史観のなさ』、朝日新聞DIGITAL『論座』。http://webronza.asahi.com/science/articles/2015090700007.html

51　独立行政法人日本スポーツ振興センター（二〇一五）『新国立競技場整備事業　業務要求水準書』。

52　新国立競技場整備事業大成建設・梓設計・隈研吾建築都市設計事務所共同企業体（二〇一五）『新国立競技場整備事業に関する技術提案書』。

53　新国立競技場整備事業伊東・日本・竹中・清水・大林共同企業体（二〇一五）『新国立競技場整備事業に関する技術提案書』。

54　建築史家の豊川斎赫はスタジアムを緑化して覆う隈案を「縄文的」、陶磁器のような客席部外観を持つ伊東案を「弥生的」と解読することも可能で、「縄文的」、「弥生的」の理解は解読者によって異なることを指摘している。（豊川斎赫『縄文と弥生』WEB版建築討論、二〇一七年。http://touron.aij.or.jp/2017/08/4344）

55　隈研吾（二〇一六）「時代を象徴する建築をつくる～水平性、高さは低く、材料は木～」日本元気塾共通講義レポート。https://www.academyhills.com/note/report/2016/staff161219.html

56　隈研吾（二〇一六）『なぜぼくが新国立競技場をつくるのか』日経ＢＰ社、五八頁、一九五―六頁。

57　同書、九三頁。

58　実際、隈の手掛ける「新国立競技場」は鉄と木とのハイブリッド構造であり、純粋な木造建築とは異なる。

59　隈研吾「新国立競技場は日本の木材ブランディングにつながる」日刊工業新聞、二〇一六年。https://newswitch.jp/p/6868-2

60　隈研吾は二〇二〇年三月に東京大学教授を退官予定である。

参考文献

磯崎新（二〇〇三）『建築における「日本的なるもの」』新潮社

磯崎新『新国立競技場　ザハ・ハディド案の取り扱いについて』、二〇一四年一一月五日に配信した声明文

磯崎新（二〇一六）『偶有性操縦法―何が新国立競技場問題を迷走させたのか―』青土社、

五十嵐太郎（二〇一六）『日本建築入門―近代と伝統』、筑摩書房

片木篤（二〇一〇）『オリンピック・シティ東京　1940・1964』河出ブックス

尾関章『新競技場をカネのことだけで語るな　木を使えばいい？――新国立ゼロベース出直しにみる歴史観のなさ』、朝日新聞DIGITAL、論座

岸田日出刀『オリンピック東京大会とその施設』新建築　一九六四年一〇月号

隈研吾（二〇一六）『なぜぼくが新国立競技場をつくるのか』日経ＢＰ社

隈研吾『時代を象徴する建築をつくる～水平性、高さは低く、材料は木～』日本元気塾共通講義レポート、二〇一六年隈研吾『新国立競技場は日本の木材ブランディングにつながる』日刊工業新聞、二〇一六年　https://newswitch.jp/p/6868-2

栗田勇（一九七〇）『現代日本建築家全集（一〇）丹下健三』三一書房

古川隆久（一九九八）『皇紀・万博・オリンピック』、中央公論社

越沢明（二〇一四）「新国立競技場は、神宮外苑とオリンピックの歴史を踏まえるべき」、槇文彦・大野秀敏（編）『新国立競技場、何が問題か』、平凡社

後藤健生（二〇一三）『国立競技場の一〇〇年』ミネルヴァ書房

高山英華・藤森昭信・石崎順一『戦後モダニズム建築の軌跡・丹下健三とその時代　〇九』、新建築　一九九八年一〇月号

勝原基貴（二〇一六）『大正・昭和戦前期における岸田日出刀の近代建築理念に関する研究』、日本大学大学院理工学研究科建築学専攻　学位請求論文

新国立競技場整備計画再検討のための関係閣僚会議　第四回配布資料（二〇一五）『新国立競技場の整備計画（案）』

新国立競技場整備事業伊東・日本・竹中・清水・大林共同企業体（二〇一五）『新国立競技場整備事業に関する技術提案書』
新国立競技場整備事業大成建設・梓設計・隈研吾建築都市設計事務所共同企業体（二〇一五）『新国立競技場整備事業に関する技術提案書』
丹下健三『国立屋内総合競技場設計をかえりみて』、新建築一九六四年一〇月号
丹下健三『空間と象徴』建築文化　一九六五年六月号
丹下健三・藤森照信（二〇〇二）『丹下健三』新建築社
東京都オリンピック・パラリンピック招致委員会（二〇一〇）『二〇一六年オリンピック・パラリンピック競技大会招致活動報告書』
独立行政法人日本スポーツ振興センター（二〇一二）『新国立競技場基本構想国際デザイン競技募集要項』
独立行政法人日本スポーツ振興センター（二〇一二）『新国立競技場基本構想国際デザイン競技報告書』
独立行政法人日本スポーツ振興センター『第一回国立競技場将来構想有識者会議　議事録』
独立行政法人日本スポーツ振興センター（二〇一五）『新国立競技場整備事業　業務要求水準書』
橋本一夫（二〇一四）『幻の東京オリンピック　1940年大会　招致から返上まで』講談社
豊川斎赫（二〇一七）『縄文と弥生』ＷＥＢ版建築討論
槇文彦『新国立競技場案を神宮外苑の歴史的文脈の中で考える』JIA MAGAZINE 二〇一三年八月号
槇文彦『ザハ・ハディドは日本的な曖昧さの犠牲者だった 発注者と監修者、設計者の役割分担の検証を』ケンプラッツ　二〇一五年九月一六日
ラグビーワールドカップ2019日本大会成功議員連盟（二〇一三）『国立霞ヶ丘競技場の八万人規模ナショナルスタジアムへの再整備等に向けて』

第8章　最終聖火ランナー・坂井義則
——'64東京オリンピックの創られた代表

竹崎　一真

坂井君は聖火を高くかかげて、完全なフォームで走った。ここには、日本の青春の簡素なさわやかさが結晶し、彼の肢体には、権力のほてい腹や、金権のはげ頭が、どんなに逆立ちしても及ばぬところの、みずみずしい若さによる日本支配の威が見られた。この数分間だけでも、全日本は青春によって代表されたのだった。[1]

一　最終聖火ランナーの政治学

聖火リレーは、一九三六年のベルリンオリンピックで行われて以来、オリンピックに欠かせない文化的パフォーマンスであり続けている。聖火台に点火する最終ランナーは、その一連の文化的パフォーマンスの中でも、とりわけ開催国の代表として大きな意味が付与される。有名なところで言えば、レイファー・ジョンソン（ロサンゼルス五輪：一九八四年）、モハメド・アリ（アトランタ五輪：一九九六年）、キャシー・フリーマン（シドニー五輪：二〇〇〇年）がいる。むろん、彼ら／彼女らはスポーツ選手だ（った）。だが、トーチを掲げ、聖火台に点火する彼らは、代表選手あるいはスポーツ選手として表象されるわけではなかった。ジョンソンが黒人初の最終ランナーであったように、アリのオリンピックへの再登場がアリ（あるいは黒人アメリカ人）とアメリカ社会との和解とみられたように、フリーマンが白人とアボリジニ人の統合の象徴として語られたように、彼ら／彼女らはスポーツ選手でありながら、それとはまったく異なる意味合いで国家を代表することとなった。すなわち、彼ら／彼女ら最終ランナーは、スポーツの至高の舞台とされるオリンピックの場でありながら、スポーツとは関係のないところに配置されたのである。

ジョン・マカルーンは、最終ランナーがそのような役割を担うのは、聖火リレー自体が「グローバルな儀式形態」を取りつつも、「ローカルな知」を多分に含みこもうとする構造を持っていることに原因があると指摘する。[2] なぜなら、文化的パフォーマンス自体が、「単なる娯楽や、教訓ないし説得の定式や、また芳醇な憂さ晴らしなどを越えるもので、一個の文化あるいは一個の社会としてわれわれが自らを鏡に映し出し、自らを定義し、その集合的神話と歴史を劇化し、さまざまな代替案（オルタナティブ）を自らに提示」するというローカル性を内包しているからだ[3]。つまり、聖火リレーという文化的パフォーマンスは、ある面では同じ姿のままとどまりながら、ある面で変身を遂げた国家の姿＝「ローカルな知」を国民そして世界に提示する役割を持つのである。それゆえに、聖火リレーの中でも最重要演者である最終ランナーは、とりわけスポーツとは関係のない場に配置され、国家の姿を映し出す媒介者（メディア）として当該国（＝空間）を再ナショナル化する役割を担わされるのである。こうした意味において、最終ランナーは代表選手以上に国家を代表すると言える。

では、そのような最終ランナーはどのように選ばれ、語られ、そして表象されながら、国家の代表を担わされていくのであろうか。もちろん、これまでの先行研究においても聖火リレーや最終ランナーは取り上げられてきた[4]。しかし、そこでは開会式全体が研究対象とされているため、最終ランナーはその大きな儀式＝文化的パフォーマンスの演者の一人としてしかみなされておらず、最終ランナーの重要性は等閑視されてきた。そこで本稿では、一九六四東京オリンピックの最終ランナーである坂井義則に焦点をあて、彼がいかなる力学（＝選考過程）によって最終ランナーの役目を得ることとなったのか、当時の国民に彼はどのようにまなざされ、国家の代表としていかなる象徴性が彼に託されたのかを検討する。そのことによって、一九六四東京オリンピックにおいて坂井義則を中心にどのような国家の姿が再創造されていったのかを明らかにする。

二　東京オリンピックにおける聖火リレーの意味

東京オリンピックの招致運動の開始が一九五二年五月九日に正式に決まった。この時、当時東京都知事であった安井誠一郎は、東龍太郎（日本体育協会会長）、田畑政治（日本水泳連盟会長）、浅野均一（日本陸上連盟理事長）らを都庁に招き、オリンピック招致の意思を次のように示した。

> 平和回復と国際舞台に復帰した日本の本当の姿、真に平和を希求している日本人の素朴な姿を、いかにすれば世界の人々に理解してもらえるか、ややもすれば希望を失いがちである青少年にどうすれば明るい曙光を与えることができるかと熟考した結果、オリンピック大会を東京に招致して開催することがもっとも望ましい[5]。

そして一九五九年五月二六日のＩＯＣ総会において、第一八回オリンピック大会の東京開催が決定、同年九月には組織委員会が設立された。オリンピック開催にむけて東京都を中心に日本全体が大きく動き始めたのである。

この大会での組織委員会の最重要命題は、安井が訴えていた「平和回復と国際舞台に復帰した日本の本当の姿」というものをオリンピックを通じてどのように表現するかであった。そのため組織委員会は、「東京オリンピックをどう演出するか」[6]に躍起になっていく。言わば、東京オリンピックが戦後復興した姿を国内外にアピールするための装置として位置づけられていたのである。

ところが、東京オリンピックが日本の戦後復興だけをアピールすることになることを危惧する人物がいた。オリンピック東京大会組織委員会事務総長に就任した田畑政治である。田畑はオリンピック招致決定前から次のように危惧していた。

アジアの国々は反日感情をいまだ抱き続けている。このまま開催すれば平和の祭典ではなく、復興を遂げた姿をこれ見よがしに自慢するだけのオリンピックになってしまうのではないか。[7]

田畑は、東京オリンピックが経済的な復興をアピールするだけとなり、〝平和の祭典〟としての意味合いが薄れてしまうことを危惧していた。そこで田畑が着想したのが、ベルリンオリンピック以来続いている聖火リレーを平和のアピールに利用することであった。具体的には、かつて日本が占領したアジア諸国を巡り、未だ占領されている沖縄を〝国内〟最初の上陸の地とし、そこから全国、東京へ繋ぐという計画であった。その意気込みは、次のコメントにも表れている。

当時はヒトラー全盛期で、国威発揚を主眼にして、ドイツの財的・科学的・芸術的すべてのものを投入したのがベルリン大会である。しかし実際運営したのはヒトラーではなくスポーツ哲学者のカール・ディームで、東京大会における私のような立場にあって、彼の考えが表現されたのである。彼の一番の功績は、初めてオリンピックの火をベルリンの競技場まで、地上を走って運んだことである。（中略）東京大会の大きな特徴は、初めてアジアでオリンピックが開かれることである。その意味でオリンピックを象徴する聖火は、少なくともアジアでオリンピックに出る国を回ることが理想ではあるまいか。[8]

聖火リレーが最初に行われたナチス政権時代のベルリンオリンピックでは、聖火リレーが国威発揚のために利用されることになる。しかし田畑は、聖火リレーの重要性は他国を経由して運ぶことにあると語り、聖火リレーを国威発揚ではなく「平和」を象徴するものとして利用するという方針を打ち出した。つまり、田畑は聖火リレーを東京オリンピックの演出の中心に据えることで、東京オリンピックのイメージを「戦後復興」から「平和」へとズラそうとしたのである。

三　最終ランナーの選考基準：日本を代表するのはどのような人物か？

聖火リレーがそのような政治的思惑を持って構想されるなか、最終ランナーはどのような基準で選ばれようとしていたのだろうか。

最終ランナーについて最初に報道がなされたのは、一九六三年三月二一日付の読売新聞の夕刊だった。

> オリンピックで生まれるヒーローは数多いが、その中で真っ先に登場し、いちばん晴れがましいのは聖火リレーの最終ランナーだろう。（中略）開会式の花形は、開会宣言、選手宣誓などほかにもあるが、開会を最も象徴的に告げるのが聖火である。（中略）最終ランナーだけはまだわからない。ヌルミ（ヘルシンキ五輪：筆者注）のように開催国を代表する世界的な選手がなる例もあれば、メルボルンやローマのように無名の選手のこともある。東京ではどちらの流れをとるにしろ、若い日本の力を代表する人を選んでほしいもの。[9]

この時点では、組織委員会においても最終ランナーに関する会議は開かれておらず、同記事は聖火とはいかなるものか、これまでのオリンピックではどのような人物が最終ランナーを務めたのか、を報じる程度であった。その後しばらくの間、最終ランナーを取り上げた新聞報道は見受けられない。したがって、この時点では最終ランナーへの国民の関心は低かったと推察できる。

最終ランナーについての報道が激化し始めたのは開会式まで残り五ヵ月となったころであった。きっかけは組織委員会が、最終ランナーが聖火台に点火するまでの走路（ホームストレートを通り、トラックを四分の三周して、バックストレート中央まで走り、一八二段の階段を駆け上がり点火する）を発表し、それに対して日本陸上競技連盟が次のような「最終聖火ランナーに関する要望書」[10]を組織委員会あてに提出する方針を表明したことに始まる。

> 一、最終ランナーは長い階段があるので陸上の現役選手で、しかも特別の訓練を受けた適性のある人でなければむずかしい。

二、七万人の大観衆が注目する中でオリンピックムードを最高に盛りあげる〝聖火入場〟〝聖火台点火〟だから、走者もそれにふさわしいムード〝走る美しさ〟を持った選手であることが望ましい。

三、最終走者は決められたペース（速度）で走る選手でなければ開会式典の運営に支障をきたす恐れがある。

――などの点でペースランニングの訓練を受けた中長距離の選手が適当である。

日本陸上競技連盟は、この要望書によって世界中が見つめるなか聖火をもって走るに値する「技術」の重要性を訴え、それを持つのは陸上中長距離選手であると強調した。一方、組織委員会側はこの要望書への公式な回答をしなかったが、この報道に合わせて新事務総長・与謝野秀による「オリンピック選手でない、無名なもの。そして若い人が良い」、前事務総長・田畑政治による「最終ランナーは戦後の日本を代表するという点からすると、オリンピックの日本代表に漏れた人物は二流だから良くない」、「演出効果として敗戦にうちひしがれた日本に希望を与えた水泳の古橋広之進」、「陸上の選手ではマラソン代表の円谷幸吉選手」が良い、という相反したコメントが掲載された。[11] このことから最終ランナー問題が一層注目を集め、メディアは予想合戦を繰り広げ始めたのである。

大方の予想としては、田畑があげた古橋広之進や円谷幸吉、そしてベルリンオリンピックで三段跳びの世界記録を樹立した田島直人だったが、実はこの他に皇太子（明仁上皇）の名も候補にあがっていたことに注目が集まっていた。[12]

メディアによるこうした最終ランナーの予想合戦が二ヵ月ほど続いたのち、ようやく組織委員会は、最終ランナーを選考する競技部式典課競技小委員会を組織し、選考基準の策定に動き始めた。この委員会には、与謝野秀、竹田恒徳、久富達夫の三人を中心に、東竜太郎、田代茂樹、横田秀一、福永健司、出口林次郎、田畑政治、青木判治ら組織委員会の中心メンバーが加わった。委員会がこのような人選となったことは、最終ランナーがオリンピックにおいてどれほど重要視されていたかを示している。そして、一九六四年七月九日の委員会で以下の選考基準が決定された。[13]

一、昭和二〇年八月一五日以降に生まれた男子
二、東京近郊在住
三、全国競技大会に参加した競技歴のあるもの
四、身長一メートル七〇以上、体重六五キロ前後で、日本人を代表するにふさわしいもの
五、学業、人格ともにすぐれた少年

組織委員会は、これらの基準を満たす人物を最終ランナーとすることで「開催都市トウキョウと新生日本を象徴しよう」[14]と目論んでいた。特に組織委員会がこだわっていたのは、「戦後生まれ」で「学業、人格ともにすぐれた」「男子」ということだった。というのも、それらの選考基準こそが、安井誠一郎が訴えていた「平和回復と国際舞台に復帰した日本の本当の姿、真に平和を希求している日本人の素朴な姿」[15]を演出することに繋がっていたからだ。

しかし、ここで最終ランナーに付与された「平和」の意味は、国外聖火リレーにおけるそれとは異なっている。国外聖火リレーでは、過去＝戦争に対する贖罪という意味で「平和」という言葉が用いられていた。つまり、そこで語られる「平和」の背後には、戦争が存在していたのである。ところが最終ランナーでは、戦後生まれの若者、すなわち戦争を知らない若者が据えられ、戦争からの復興と希望あふれる「新生日本」の未来を表象することが「平和」として位置づけられた。つまり、戦争の記憶をあえて覆い隠すことによって「平和」を演出することが企図されていたのである。言い換えれば、最終ランナーにおける「平和」の意味が、「戦争」の対義語としてではなく、「経済復興（高度経済成長・成長神話）」や「国家の未来」との同義語として捉えられていたのである。

選考基準にはもう一つ特徴がある。それは最終ランナーは「男子」から選ばれるという点である。東京オリンピックの次の大会である一九六八年メキシコシティオリンピックでは、エンリケタ・バリシオという女性が最終ランナーを務めているし、オリンピック憲章でも差別は明確に禁止されている。それにもかかわらず、組織委員会は何ら注釈をつけないまま、「男子」であることを条件に盛り込んでいた。そして新聞各紙も、そこに一切の疑問を持たず、当たり前のこととして「男子」が最終ランナーに選ばれると報じていた。

厳粛で豪華なオリンピック開会式がクライマックスに達したとき、聖火をかかげてグラウンドを一周する名誉ある走者が、最終ランナーである。ロンドン、メルボルン、ローマでは無名の選手がその名誉をつかんだ。（中略）いつの日か、その国の力と美と若さの象徴を、最終ランナーに選ぶ習慣となった。[16]

こうした最終ランナーにおけるジェンダーの非対称性には、ジョージ・L・モッセが示したようなナショナリズムと男性性の強い結びつきが影響していると考えられる。[17]すなわち、国家を象徴するのは男性であり、「復興から立ち上がった力強い日本」というナショナリズムを体現する最終ランナーは、スポーツする男性に他ならないという認識が、時の組織委員会、そしてメディアのなかにも存在していたのである。

もちろん、こうした問題に対して異論が出なかったわけではない。組織委員会理事で衆議院議員の福永健司が「女子も選考対象に」との意見を提出していたのである。これによって、選考基準が若干修正され、七月二三日付の夕刊では「男子に限らず女性も選考対象となる」と報じている。[18]

しかしながら、新しく発表された選考基準は女性を巧妙に排除していた。というのも、新基準では女性も対象とされたが、「身長一メートル七〇以上、体重六五キロ前後」という体格基準は変更されなかったのである。この体格は、身長一六五センチ／体重五六キロという一九六四年当時の成人男性の平均身長／体重から見ても大きく、必然的に最終ランナーに「男子」が選ばれることを示していた。[19] つまり組織委員会は、建前では「女性も選考対象となる」としつつも、男性的な体格基準を残すことで「男子」こそ「日本人を代表するにふさわしい」のだということを暗示していたのである。

四 「創られた代表」：坂井義則

四・一 坂井義則の選出と東京オリンピックの意味変化

こうした基準でもって、組織委員会は八月九日に一〇人の最終ランナー候補者を選抜した。一方、この連絡を受けた新聞各紙は、八月一〇日付の朝刊で坂井義則を最有力候補として報じ始める。特に朝日新聞は他紙に先んじてまだ候補者である坂井が、最終ランナーに「内定」したと報じた。[20] 同紙は、坂井が他社に取材されないよう広島の実家から列車やセスナ機を駆使して東京へと連れ出すというほどの徹底取材を行い、国立競技場の聖火台に手を添える坂井の写真を翌日一一日に特ダネとして報じている。この一連の朝日新聞の行為は、まだ正式な決定通知を出していない段階で行われたため、組織委員会の怒りを買うことになり、最終ランナーの決定が一時見送られる事態にまで発展した。[21][22]

こうしたメディアの過熱報道を契機にして、一躍最終ランナーの最有力候補として知られるようになった坂井であるが、しかし坂井はもともと候補にすら上がる予定ではなかった。というのも、当初の選考基準では一貫して「戦後生まれ」の「東京近郊在住」の若者を対象としており、八月六日から九日にかけて行われた全国高校陸上競技大会の成績をもとに決めるものとされる予定だったからだ。[23] しかし、候補にあげていた選手たちの成績が一向に振るわなかった。そんななか、東京オリンピックの四〇〇メートルと一六〇〇メートルリレーの強化選手に指名されていた坂井に白羽の矢が立ったのであった。

そして同月一九日、組織委員会より正式に坂井が最終ランナーに選出されることになった。坂井が最有力候補として報じられ、結果として選出された背景には、織田幹雄や青木半治、河野一郎（オリンピック担当大臣）といった最終ランナー選定に関わる早稲田大学競走部ＯＢの影響があったともいわれているが、[24] それ以上に選考に影響したのが彼の生い立ちであった。坂井は後年になって、当時の選考を次のように振り返っている。

坂井をめぐる朝日新聞の特ダネ写真（朝日新聞、1964年8月11日朝刊七面）

> 選ばれた理由はよくわからない。確かに僕は二〇年の八月六日に広島県内で生れましたけど、選考委員会が当初から原爆投下の日に生まれた人から探していたわけではありません。戦後一九年、日本経済の復興を象徴するのが東京五輪でした。若々しく成長していく姿を示すために、一〇代の後半から二〇代の若者をと選んでいたのでしょう。選ばれた僕の生年月日を見て、面白くするために〝原爆の日に生まれた子供〟だったのでしょうね。僕はあまりに無名で話題性がなかったんですよ。[25]

「原爆の日に生まれた子供」、これが最終ランナーに坂井が選ばれた最大の理由だったのは明らかである。事実、組織委員会側からは「平和日本を象徴する〝若い力〟を、というのが組織委員の一致した意見」であり、「坂井君が、最初から〝もっともふさわしい候補〟として注目していた」[26] というコメントが出され、さらに田畑からも「東京オリンピックの最高の基調は、原爆のない世界平和の実現ということだ」[27] というコメントがなされた。そしてこれを受けてメディアも次のように報じている。

> 昭和二〇年八月六日、広島を一瞬の間に灰とした原爆投下の日に同じ広島県下の三次市で生まれた、いわば〝原爆っ子〟である。陸連首脳としては、原爆は日本人の〝平

和祈願〃への出発の日であり、こうした点から坂井君を選ぶことは世界でただ一つの原爆被災国の日本で開かれるオリンピックに象徴的であり、ふさわしいと考えるに至ったもの。[28]

組織委員会の公式コメントや田畑の発言は、東京オリンピックに戦争や原爆、広島（そしてまた長崎）の記憶を介在させることを事実上表明したことになる。そしてその選択は、メディアが報じているように、「世界でただ一つの原爆被災国の日本で開かれるオリンピック」という象徴性を東京オリンピックに孕ませることとなった。

しかしながら、坂井自身も語っているように当初の組織委員会は東京オリンピックを通して、経済復興を遂げた「新生日本」を象徴することであった。もちろん、ここには「平和」という意味も込められている。だが先にも述べたとおり、ここで表現される「平和」とは、戦争の記憶を覆い隠すという手法によって表現される「平和」、もっと言えば経済復興＝平和という図式で解釈されていた。だからこそ組織委員会は、戦後生まれの若者を最終ランナーに据えることで、それを表現しようとしていたのである。だが、「原爆の日に生まれた子供」という「面白さ」を持った坂井が現れ、選出されたことによって、戦争や原爆、広島・長崎の記憶を東京オリンピックに介在させざるを得なくなってしまった。つまり、坂井の選出が東京オリンピックの象徴性自体に変化を生じさせたのである。

四・二　坂井義則はいかに象徴化されたのか

このような背景を抱えながら最終ランナーに選出された坂井は、国民から好奇の目を向けられることとなった。そしてメディアは、坂井の存在を東京オリンピックの象徴的な存在としてより際立たせるため、坂井の生い立ちについて報じ、戦争や原爆、平和となった戦後社会との連続性を探り始めていく。

坂井君が生まれたのは、広島へ原爆が投下された二〇年八月六日の午前一一時ごろ、約七〇キロ離れた三次市にも被爆者がぞくぞくと避難してきました。その日から終戦までの八日間、連日空襲が続き、ユキコさんは産後のからだで坂井君をだいては裏庭の防空ゴウへ逃げ込んだことを忘れないといいます。それに食糧難で母乳が全く出なくなったのです。もちろんミルクも栄養剤もありません。しかたなしに米の粉の汁で育てました。そのせいか幼少期は、ひ弱で、とても将来スポーツマンを想像できる体格ではなく、ユキコさんは人知れぬ気をつかいました。[29]

空襲、敗戦の混乱と貧困は、国民の誰しもが経験した記憶であった。記事は、そうした最中での出産や坂井の幼少期の様子を語る母親の言葉を掲載することで、読者の中に戦争と戦後の混乱の記憶を呼び起こしていく。しかし同記事はそのすぐ後に、「だが義則少年は、戦後の平和で自由な空気の中で、伸び伸びと育ってゆく」と綴る。また別の記事でも、「典型的な中距離ランナーの体つきをしている義則君には、成年前のあどけない〝少年〟の面影があるが〝原爆〟にまつわる暗い影はみじんもない。ポピュラー音楽が大好きだといい、アメリカのポピュラー歌手〝ペギー・マーチ〟の歌を口ずさむ義則君の表情は〝平和のシンボル〟聖火を運ぶ最終ランナーにふさわしく〝平和〟そのものである」[30]と伝えている。また坂井の地元広島の新聞社である中国新聞は、「日焼けした顔の奥にキラキラ光る黒メノウのようなヒトミ。笑うと健康そのものの白い歯が〝平和の聖火〟を点火する最終ランナーに全くふさわしい顔になる。戦後の日本が生んだよい意味の若い時代を代表する青年の顔である」[31]と伝え、さらには「生まれながらにして〝平和の使徒〟としての約束を運命づけられてきた」[32]とまで象徴化した。

アメリカでも最終ランナーの決定は伝えられている。ニューヨーク・タイムズは次のように評している。

聖火台点火者の選考、その栄誉をつかんだ広島出身のアスリートは、イデオロギーから解き放たれた平和という国家意思の象徴としてみなされている。[33]

原爆を〝経験した〟坂井の身体は、廃墟と化した日本の土壌から立ち上がり、戦前・戦中とは全く異なった戦後という平和な暮らしの中、アメリカにも触れながら健康的に育まれてきた。そうした坂井についての語りは、戦争の悲惨さ、原爆の破壊力、そして原爆を投下したアメリカの存在までも飼い馴らし、〝原爆投下が戦争を終わらせ、日本を平和にした〟という戦後日本の物語として布置されている。そしてそれは、「坂井君のいままでの歩みは、日本の若者たちすべての歩みであった」[34]と朝日新聞によって伝えられたように、若者の象徴であったと同時に、まさに戦後日本社会そのものとして理解された。

しかしながら坂井は、このように自身と原爆とを結び付けて報じられることに釈然としなかった。なぜなら、坂井が生まれ育った場所は、爆心地から約七〇キロも離れた三次市だったからだ。だからこそ坂井は、「ぼくは原爆の日に生まれたことなんか全然意識もしませんでした」[35]と語る。また後年になって、「僕も後でテレビ局で働いていてわかったけれど、見出しになりやすいということでしょ。けれども、日本の人々の夢なのだと考えて、壊さないように生きてきた」[36]と振り返っている。つまり坂井は、自身と原爆との関係が虚構であると理解していたのである。だが、それと同時に自分自身が「人々の夢」として国民から期待されている存在であるということにも気づいていた。次の引用は、坂井が最終ランナーに正式に決定した八月一九日に、朝日新聞に掲載された坂井本人の手記である。

ぼくは、広島に原爆が落とされた昭和二〇年八月六日、広島県で生れた。僕が生れる数時間前、買出しに行っていた父は、七〇キロ離れた南の広島の空がピカッと光るのを見たという。幸いに、ぼくは戦争を知らない。しかし、何万という日本人が、戦争の犠牲となって一瞬のうちに死んだ同じ日に生をうけたことは、ぼくに〝偶然〟といってすまされないものを感じさせる。あれから一九年、ぼくたち戦後の子は、なにもかも新規まき直しになった平和日本の、自由な空気の中でのびのびと育ってきた。(中略)晴れの日まであと二ヵ月たらず。〝終戦っ子〟のぼくが、東京オリンピックの開幕の舞台に登場できるということは、ぼくら若い世代にかけられている期待の大きさを示す一つの証拠と、心から感謝している。[37]

坂井はこのように手記を綴ることによって、自らを戦争、原爆、そして戦後の日本の歩みを代表する存在へと主体化させたのである。むろん、ここには「人々の夢を壊してはいけない」という坂井の心持ちが込められているのだろう。しかし、坂井自身がそう感じざるを得ないほど、組織委員会やメディアによってその存在価値を期待されていたのである。つまり坂井の存在は、〝最終ランナー〟という以上に、〝戦後日本〟という時代を映し出す「日本代表」としての役割、言い換えればナショナル・アイデンティティの拠り所としての役割を、組織委員会やメディアによって期待され、創り上げられたのである。

そして多くの国民が、こうしたメディアの語りを通して、自らの、あるいは国家の記憶や経験を坂井に重ね合わせ、東京オリンピックを身近なものとしていった。たとえば演出家の浅利慶太は、最終ランナー決定当日に東京新聞に次のような思いを寄稿している。

オリンピックの聖火最終ランナーが決まった。原爆投下の日に広島県下で生まれた坂井君という青年である。このニュースを聞いて思い出したことがある。終戦直後、原爆の惨禍が明らかになるにつれて、広島にはもう生命は育たないという説がささやかれた。だが、次の春、流説をよそに広島の街に草が芽ばえた。なんでもない雑草だった。が、その芽ばえが人々の心に未来への希望の灯をともした。短くも思えた一九年のあいだにも、歴史はゆっくりとその歩みを運ぶ。この雑草に一輪の花が咲き、一粒の実が実った。それが坂井君である。敗戦を通り抜けた世代はこの知らせを感慨なくは聞けないだろう。この任命には、廃墟から立ち上がった日本人の意気地がこめられているようである。この青年が運ぶ火は、立ちなおった日本が、いま世界に告げ知らせる平和の偉大さのしるしである。（中略）老婆心ながらつけ加えれば一つ心配していることがある。ジャーナリズムの今後のこの青年への接し方である。この青年をスターに祭りあげないでもらいたい。オリンピックに火をともすランナーはたしかに世界注視のまとである。東京大会の一つの象徴にもなり得る。その大役にあえて無名の青年を起用したことに日本人の見識がある。この青年は走るフォームが美しく健康で、われわれにとって記念すべき日に生まれた。そして、もしかすると、今日電車の中で会ったかも知れない、隣に住んでいるのかも知れない市井の青年である。だからこそ、この青年は平和のあかしを託すにふさわしいのである。[38]

原爆によって放射能に汚染され廃墟と化した広島に芽生えた雑草、それがやがて花を咲かせ実を宿す、そんな姿を浅利は坂井に重ね、その彼が選出されたことには「日本人の意気地がこめられている」と捉えた。浅利は、坂井の身体からナショナルな集合的記憶／経験をこのように浮かび上がらせることができるからこそ、坂井が「世界に告げ知らせる平和の偉大さのしるし」にふさわしい存在であると理解していたのである。

浅利の寄稿文がさらに興味深いのは、坂井が「市井の青年」であることに重要性を置いている点である。浅利は、坂井が「今日電車の中で会ったかも知れない、隣に住んでいるのかも知れない市井の青年」であるからこそ、平和のあかしを託す「日本代表」にふさわしいと主張する。「市井の青年」でありながらも「代表」であるという関係、これは言わば矛盾した関係である。だが、浅利はこの矛盾こそが坂井の最終ランナーとしての存在を際立たせていると感じ取っていた。なぜなら、坂井のような「市井の青年」であることが、国民にとってより身近な存在であることを意味し、国民や国家をより象徴することになるからだ。

このように「市井の青年」であった坂井は、戦争や原爆の記憶、そして平和となった戦後日本の象徴として組織委員会やメディアによって意味づけられ、そして、国民はその象徴性に自己を投影し、坂井を、そして東京オリンピックを身近なものとして定位させる。こうした構図のなかで坂井は、単なる「最終ランナー」ではない、ナショナル・アイデンティティの拠り所としての役割を担わされた代表、すなわち「創られた代表」となったのである。

四・三　新しい戦後ナショナリズムとしての「平和」

しかしながら、その一方で坂井を媒介にしたオリンピックと原爆の節合に対して批判が噴出した。日本文学研究者のエドワード・ザイデンステッカーは、時事通信のインタビューに対して、「いまさら聖火ランナーになぜ原爆を結びつけるのか、アメリカ人はいやな思いをさせられた」と述べ、最終走者の選択が反米主義的な政治的動機であり、日本の「自己憐憫」であると主張した。[39] また、アメリカにおいてもニューヨーク・タイムズ紙が、「『アトム・ボーイ』の選出は、日本人に広島の記憶を蘇らせ、国際親善というよりも敵対的な感情を扇動するという批判があり、ある人は『真珠湾攻撃の日に生まれた若者を選ぶこともできた』という怒りの投書を東京の新聞に寄せている」[40]と、開会式の翌日に報じている。

批判を投げかけたのは、アメリカ人だけではない。一九六四年八月三一日の参議院オリンピック準備促進特別委員会のなかで、市川崑が監督する記録映画『東京オリンピック』が議題にあがった際、参議院議員の山本利寿が次のような発言をしている。

なぜここへ原爆ドームが出なければならなかったのか。（中略）やはりアメリカ人としては、今度のこの映画でせっかく東京オリンピックがどんなものであったかと思っていると、そこへ原爆の廃墟ドームがパッと写ると、あまり愉快なものでは私はないだろうと想像する。[41]

この発言は坂井の存在を念頭に置いたものではなかったが、オリンピックと原爆の節合という意味では、聖火リレーの国内シーンを原爆ドームからスタートさせた市川の『東京オリンピック』も同じ機能を果たしている。それに対して、アメリカ人には「愉快なものではない」とオリンピックと原爆を結びつけることを批判したのである。

このようにオリンピックと原爆を結びつけながらの平和のアピールは、国内外から批判が展開された。しかしながら、田畑がオリンピック閉会後に次のようなコメントを朝日新聞に寄せ、こうした批判に対して大々的に反論する。

坂井君が最終ランナーであることがアメリカに悪感情を与えるとの批判も一部にあったようだが、われわれが憎むのはアメリカではなく、原爆そのものである。アメリカでもソ連でも中国でも原爆はやめてもらわなければならない。日本はアメリカの属国ではない、アメリカにおもねるために、原爆に対する憎しみを口にしえない者は世界平和に背を向ける卑怯者である。[42]

最終ランナーへの坂井の起用は、「平和日本」を象徴するだけに留まらなかった。原爆の記憶に触れたことによって、反米とも取られかねないメッセージを発信したのである。また、最終ランナー報道に坂井の名が初めて上がった八月九日が長崎に原爆が投下された日であったことや、同時期に広島で第九回原水爆禁止世界大会が行われていたこと、そしてオリンピック期間中である一〇月一六日にオリンピック不参加だった中国が核実験を行ったことも重なって、オリンピックと原爆のつながりは大きな話題を呼んだ。しかしながら、田畑が「われわれが憎むのはアメリカではなく、原爆そのものである」と指摘したように、組織委員会はこうした一連の物語のなかから反米思想を消し去ろうとする。こうして国民の間に反米ナショナリズムではない、平和を軸としたナショナリズムを、オリンピックを通じて生起させたのである。

四・四　沖縄から聖火台へ:聖火というナショナリズムの波

最終ランナーをめぐる一連の出来事は国民に大きなインパクトを与え、国民のオリンピックへの関心を高める引き金となった。そして沖縄から始まる国内聖火リレーを通して、国民のナショナル・アイデンティティはさらに高められていく。

一九六四年九月七日正午、聖火を乗せたシティ・オブ・トウキョウ号は、沖縄に到着した。聖火の歓迎式典では日章旗が掲げられ、聖火を見守る人々も小さな日章旗を振るった。沖縄はいまだアメリカの占領統治下にあったが、島民たちは日本の領土としてこれを歓待したのである。長嶺秋夫立法院議長もまた式典の祝辞のなかで、「アジア地域で行われる最初のオリンピック大会の国内聖火リレーが第二次大戦の終焉の地であるわが郷土から、そのスタートが踏み出されることは…」[43]と、沖縄が日本の領土であることを強調した。この日の琉球日報の夕刊では、聖火によって沖縄島民の日本人アイデンティティが再燃したと報じている。[44]

一方、本土では、沖縄返還問題と重ね合わせながらこの沖縄の聖火リレーが報じられた。

沖縄の人たちは、おそらく敗戦いらいはじめて日本人らしい感慨をもって日の丸の旗をふってこの〝軍事基地〟に〝平和の聖火〟を迎えるのであろう。聖火が沖縄に〝上陸〟するのは、アメリカ統治の軍事基地という意味合いからではない。沖縄が一番先にオリンピアの聖火を迎える日本の本土である、ということである。聖火がこの時だけ、日本の〝潜在〟主権を、あかあかと平和に〝顕在〟させる。そこに意味があり、沖縄の同胞が打ちふる日の丸の小旗に無量の感慨をこもろうというものである。[45]

沖縄そして日本本土の人々は、聖火リレーが行われたこの二日間だけ沖縄の主権が日本に返ってきたような錯覚を抱いていた。しかもそれは単なるスペクタクルとしてだけでなく、日本国旗を打ちふるといった実体験によってドラスティックに島民一人一人のナショナリズムを高揚させ、沖縄という空間をナショナル化したのである。

　こうして沖縄から始まった国内聖火リレーは、第一コース鹿児島、第二コース宮崎、第三コース青森、第四コース札幌を出発地とする四つのコースに分火され、全国各地で国民のナショナリズムを増殖させていった。

　とりわけナショナリズムを高める機能を果たしたのは、「リレー隊員は一六歳から二〇歳の日本人とする」という国内聖火リレー走者の基準である。小倉利丸はこの「日本人」規定には「この列島を日本人という単一民族によって一色に染めようという暗黙の意図」[46]が含みこまれていると指摘しており、また佐藤卓己はこうしたナショナルな経験を引き起こす聖火リレーは、戦後の「天皇巡幸」の記憶に重ねられると指摘している。[47]事実、全国各地で実施される聖火リレーでは、多くの地域住民が国旗を振り「君が代」を歌うというナショナルな経験が展開されており、それを新聞各紙が報道するということが日々繰り返されていた。加えて、聖火の国内運搬に使用された飛行機もナショナリズムを高める装置として利用された。当初、聖火の運搬には自衛隊の対潜哨戒機P２V（アメリカ製）が検討されていたが、「聖火リレーに国産機を」という日本航空協会の申し入れがあり、それがきっかけで総力をあげて作られたのが日本初の「純国産」旅客機YS—11だったのである。[48]

　聖火リレーはこうした仕掛けを通じて、オリンピックに向けて国民のナショナリズムを駆り立てながら、空輪総距離二六九二キロ、地上リレー総距離六七五五キロ（四三七四区間）を、参加走者総数一〇万七一三人（一区間：正走者一名、副走者二名、随走者二〇名以内）の「日本人」の手によって運ばれ、開会式前日の一〇月九日夜に皇居二重橋前の広場で再び集火されることになった。

　そして開会式当日午後二時三五分、最後の聖火リレーが走り出した。皇居から国立競技場までの区間を最終ランナーの候補者にあがっていた七人（男子五名、女子二名、他二名は補欠）がリレーし、競技場入口で待つ坂井に手渡す。聖火を受け取った坂井は、七万五〇〇〇人の大観衆が見守る場内に飛び込んでいく。その様子をＮＨＫアナウンサーの北出清五郎が実況した。「聖火が入場してまいりました。栄光の最終走者は昭和二〇年八月六日生まれ、無限の未来と可能性を持った、一九歳の若者、坂井義則君です」。フィールドに整列した各国の選手たちが、トラック際まで押し寄せ、坂井に拍手を送る。坂井はバックストレート中央まで走ると、聖火台へとつづく階段を一気に駆け上がっていく。「坂井君、のぼり始めました。緑の絨毯を踏んで力強くのぼっていきます。未来へ向かって限りなき前進を象徴するかのように、速く、高く、力強くのぼっていきます。オリンピックの理想を高らかにうたいあげて、聖火は秋空へ、秋空へとのぼっていきます」。階段を昇りきると、聖火台に向かって左側に立ち、トーチを高々と掲げた。観衆の大歓声に笑みをこぼして間もなく、くるりと聖火台を向き、点火した。

聖火点火（読売新聞、1964年10月11日朝刊九面）

この聖火台点火を会場で目撃した大江健三郎と三島由紀夫は、この時のことを次のように綴った。

聖火、たいまつをかかげた青年は、大きく堂どうたるストライドで、じつに美しく走る。そのように健康な体をもっていることが、じつに愉快でたまらないといった風に、楽しげに、ちょうど子供漫画で、ダッ、ダッ、ダッ！と説明がつけられるような走り方で、かれはフィールドを疾走し、火炎太鼓のあいだをぬけ、数知れない菊でかざられたグリーンの階段をいっさんに駆けのぼってゆく。かれが聖火の最終ランナーに選ばれたとき、日本在住の米人ジャーナリストは、それが原爆を思いださせて不愉快だといった。そこで、われわれは、あらためて、かれが原爆投下の日、広島で生れた青年であることを意識したのだった。ぼくは、この春、広島で死んだひとりのハイ・ティーンの娘のことを思わずにはいられない。彼女もまた、この青年とほぼおなじ時刻、おなじ広島で生れたのだった。彼女は、おそらくは不思議な死の予感に急がされて早すぎる結婚をし、ひとりの健康な赤んぼうを残して、原爆症で死んだ。ヒロシマの悲惨を背後にひかえて、なお健康にみちあふれた広島生れの青年が、いっさんに聖火台に駆けのぼる光景に、ぼくは感動する。ぼくは愉快だ。青年は聖火台にたどりつきたいまつをなおも高くかかげ、あきらかに微笑する。いま、広大なスタディアムのふたつの核が、ロイヤル・ボックスにたたずむ人影と、そこにむかって晴れわたった空にくっきり浮かびあがる《原爆の子》かれだ。点火され、揺らぎながら燃えあがる聖火、大合唱。やがてぼくは、すでにたいまつをもっていない、ごくありふれた、ひとりの若者が、なんとなくしょんぼりして、聖火台の右後に、とぼとぼ歩きでてくるのを見た。お祭りは終り、ヒーローはまた、ひとりの人間に戻った。それがスポーツだ。[49]

坂井君は聖火を高くかかげて、完全なフォームで走った。ここには、日本の青春の簡素なさわやかさが結晶し、彼の肢体には、権力のほてい腹や、金権のはげ頭が、どんなに逆立ちしても及ばぬところの、みずみずしい若さによる日本支配の威が見られた。この数分間だけでも、全日本は青春によって代表されたのだった。（中略）聖火台に火が移され、青春を背に、ほのおはぐらりと揺れて立ち上がった。地球を半周した旅をおわったその火の、聖火台からこぼれんばかりなさかんな勢いは、御座に就いた赤ら顔の神のようだ。坂井君はその背後に消えた。彼は役目を果たして、影の中へ、すなわち人間の生活の中へ戻った。[50]

大江は聖火台へ向かって走る坂井の美しさを、「原爆症で死んだ」娘のエピソードに重ね合わせることで強調した。「ヒロシマの悲惨を背後にひかえて、なお健康にみちあふれた広島生れの青年が、いっさんに聖火台に駆けのぼる光景」。このコントラストこそ、組織委員会とメディアが坂井を通じて作り出そうとした「敗戦から復興、平和へ」という戦後日本の物語＝戦後ナショナリズムであり、東京オリンピックのイメージそのものだった。一方の三島は、組織委員会やメディアがあれほどまでに強調してきた坂井と原爆のつながりを一切描かない。三島が強調したのは聖火の荘厳性ただ一つだった。そして三島にとっての坂井は、オリンピックという夢舞台でスポーツをする若さと青春の象徴であり、その美しさによって瞬く間に日本を支配したカリスマ的存在であった。

このように両者による坂井の意味づけは異なっていた。しかし、両者とも点火後の坂井を、「ヒーローはまた、ひとりの人間に戻った」「彼は役目を果たして、影の中へ、すなわち人間の生活の中へ戻った」と同じような表現で綴っている。両者は、最終ランナーとしての坂井を聖なる存在として捉え、点火が終わるとどこにでもいる「市井の青年」に戻ると捉えていたのである。それが意味するのは、最終聖火ランナー坂井義則という存在が、聖火台への点火式というオリンピックの一大セレモニーの場においてでしか現れない存在だということ、すなわち、最終聖火ランナー坂井義則とは一度きりの場のためだけにあつらわれた「創られた代表」だということである。

五　一九六四から二〇二〇へ

二〇二〇東京オリンピックを控えて、一九六四東京オリンピックが注目を集める中、坂井に再び注目が集まっている。

坂井は、二〇二〇東京オリンピックの招致が決定してから二〇一四年に逝去するまでの間、一九六四の記憶を伝える代表的なスポークスマンの一人として活動していた。[51] またＡＣジャパンが制作した「ライバルは１９６４年」というＣＭでは、坂井が聖火台に点火するシーンから映像がスタートする。こうした坂井を媒介とした記憶の再生は、現代に生きるわれわれにも一九六四東京オリンピックを「古き良き時代」というノスタルジックなイメージとして定着、再認させている。つまり、最終聖火ランナー坂井義則は、現在においてもなお一九六四東京オリンピック、そして当時の日本を代表し続けているのである。

二〇二〇が「復興オリンピック」をテーマに据えていることもまた、坂井が再び注目を集める要因となっている。坂井が点火した聖火台は、国立競技場の建て替え作業に伴って撤去された後、「復興の象徴」として震災被災地を慰霊巡幸している。二〇一四年一二月〜二〇一九年三月の期間には宮城県石巻市に、二〇一九年五月〜七月の期間には岩手県盛岡市に貸与され、そして二〇一九年七月から九月の期間には福島県に貸与された。

この間、聖火台と坂井は一九六四と二〇二〇という二つの東京オリンピックを結びつける役割を果たしている。一九六四大会は「戦争―原爆―復興」という図式のなかでオリンピックが象徴化されたが、一方の二〇二〇大会は「震災―原発―復興」という図式の中でオリンピックが招致された。つまりこの二つの大会は、どちらも「復興」そして「原子（アトム）」によってオリンピックの意義が際立たされているのである。聖火台と坂井は、まさにこの「復興」と「原子（アトム）」を象徴する存在として語り続けられてきた。つまり、聖火台と坂井は、二つの東京オリンピックを結びつける「代表」となっているのである。

聖火リレーは、「グローバルな儀式」でありつつも、「ローカルな知」がそこに介在することによって、文化的パフォーマンスとしての意味を大きなものにしている。一九六四東京オリンピックでは、戦争／戦後の記憶、国家の歩むべき未来や理想が「ローカルな知」としてオリンピックに結び付けられ、新しい戦後日本の物語＝戦後ナショナリズムを生み出した。最終聖火ランナー坂井義則は、まさにその中心に位置づく「代表」として、国民が自己を投影するための拠り所となった。そして現在、その代表性は失われるどころか、むしろ新たな「ローカルな知」を巻き込み続けることで影響力を維持し続けている。

二〇二〇東京オリンピックでは、誰が最終聖火ランナーの役目を得、日本を代表することになるのであろうか。そしてその選考はどのような政治的力学によって行われ、どのような物語を生むことになるのであろうか。オリンピックから生まれるこうした文化政治を我々は直視し、いまだに巨大化し続けているオリンピックがどのような歩みを進めていくのかを批判的に考察していかなければならない。

注

1　三島由紀夫「東洋と西洋を結ぶ火」毎日新聞、一九六四年一〇月一一日朝刊一面。

2　MacAloon, Jhon,J. 2012, 'Introduction: The Olympic Flame Relay. Local Knowledges of a global ritual form' *Sport in Society*, volume 15, issue 5pp. 575–594)

3　マカルーン・ジョン（一九八八）「序説　文化的パフォーマンス、文化理論」『世界を映す鏡　シャリヴァリ・カーニヴァル・オリンピック』平凡社、一一―三三項。

4　例えば、Hogan, Jackie., 2003, 'Staging The Nation: Gendered and Ethnicized Discourses of National Identity in Olympic Opening Ceremonies', *Journal of Sport & Social Issues*, vol. 27, 2: pp. 100-123. 高橋雄一郎（二〇〇五）『身体化される知：パフォーマンス研究』せりか書房。Traganou, Jilly., 2010, 'National Narratives in the Opening and Closing Ceremonies of the Athens 2004 Olympic Games', *Journal of Sport & Social Issues*, vol. 34, 2: pp. 236-251 など。

5　東京都編（一九六五）『第一八回オリンピック競技大会――東京都報告書』東京都、四項。

6　朝日ジャーナル「東京オリンピックをどう演出するか」一九六三年第五巻第四一号、四〇―四七項。

7　NHK『その時歴史が動いた「東京オリンピックへの道：平和の聖火 アジア横断リレー」』二〇〇七年一月三一日放送。

8　オリンピック東京大会組織委員会編（一九六四）『東京オリン

ピック』第八巻、東京都、四頁。
9　読売新聞「まわり出した五つの輪：開会式の花・聖火」一九六三年三月二一日夕刊一面。
10　毎日新聞「聖火リレー最終走者は中長距離現役選手を：陸連が要望」一九六四年五月七日朝刊一三面。
11　読売新聞、「聖火リレー最終走者　無名の新人から？「円谷選手」の声も」一九六四年五月一三日朝刊八面。
12　〝皇太子〟報道は、田畑が事務総長時代に「皇太子殿下が聖火をもち、ウマにのってフィールドをまわる」という案を語っていたことが報道されたことに端を発している。読売新聞、「[気流]『最終走者』皇太子さまに」一九六四年五月二〇日朝刊三面。
13　毎日新聞「聖火最終ランナー選考基準　戦後の東京っ子」一九六四年七月九日朝刊一三面。
14　同上。
15　東京都編（一九六五）『第一八回オリンピック競技大会――東京都報告書』四項、東京都。
16　朝日新聞「力と美と若さ　名誉ある役割」一九六四年八月一〇日朝刊一四面。
17　モッセ、ジョージ（細谷実・小玉亮子・海妻径子訳）（二〇〇五）『男のイメージ：男性性の創造と近代社会』作品社。
18　読売新聞「聖火最終ランナー：八月中旬、候補六人を選ぶ」一九六四年七月二三日夕刊七面。
19　厚生労働省（一九六四）『国民栄養の現状』厚生労働省、七八項。
20　朝日新聞「体力も成績も適格―聖火の最終走者に内定の坂井君―」一九六四年八月一〇日朝刊一四面。
21　週刊読売「聖火ランナー争奪戦」一九六四年二三巻三五号、一一六―一一九項。
22　週刊現代「聖火ランナー坂井君が選ばれるまで：火花を散らした五輪報道前哨戦」一九六四年六巻三五号、二六―三一項。
23　読売新聞「聖火リレー：女生徒二人も含め走者一〇候補きまる」一九六四年八月一三日夕刊一面。
24　岡邦行（二〇一三）『大島鎌吉の東京オリンピック』東海教育研究所。
25　週刊新潮「『オリンピック』という人生」二〇〇八年五三巻三一号、六二頁。
26　読売新聞、「〝平和日本〟の象徴」、一九六四年八月一〇日朝刊八面
27　朝日新聞「体力も成績も適格　期待よせる選考関係者」一九六四年八月一〇日朝刊四面。
28　朝日新聞「一九歳の坂井君　原爆の日、広島県生まれの早大生」一九六四年八月一〇日朝刊一面。
29　中国新聞「おかあさんが語る坂井義則君」一九六四年八月一六日朝刊一六面。
30　毎日新聞「聖火リレー：胸を張って走れ坂井君」一九六四年八月一九日朝刊一五面。

31　中国新聞「聖火リレー最終ランナー坂井義則」一九六四年八月一三日朝刊一五面。
32　中国新聞「〝陸上一家〟に栄誉：五輪聖火最終走者の坂井君」一九六四年八月一〇日夕刊三面。
33　New York Times, "Boy Born on Day A-Bomb Fell Chosen to Light Olympic Flame", Aug 23, 1964, p.8.
34　朝日新聞「大役果たした坂井君」一九六四年一〇月一一日一四面。
35　読売新聞「坂井君本決まり」一九六四年八月一九日朝刊一面。
36　朝日新聞「検証昭和報道」二〇〇九年一二月九日夕刊一七面。
37　朝日新聞「最終走者　坂井君に決定」一九六四年八月一九日朝刊一五面。
38　東京新聞「スターになるな坂井君」一九六四年八月一九日朝刊三面。
39　週刊新潮「文句つけられた最終走者──〝原爆っ子〟が与える海外へのショック」一九六四年九巻三六号、三二─三七項。
40　New York Times, "Olympic Torch-Bearer Yoshinori Sakai" ,Oct 10, 1964, p.22.
41　参議院「参議院オリンピック準備促進特別委員会会議事録第一号」一九六四年八月三一日、一一項。
42　朝日新聞「感無量　東京大会」一九六四年一〇月二五日朝刊一一面。
43　琉球政府計画局広報課『琉球のあゆみ』一九六四年九月特集号、八頁。
44　琉球日報「感激と興奮の渦、日本人の誇りをかみしめ」一九六四年九月七日夕刊一面。
45　朝日新聞「編集手記」一九六四年九月七日朝刊一面。
46　小倉利丸（一九九八）「大衆動員に使われた聖火：官僚の描いた日本地図の中心」、天野恵一編「君はオリンピックを見たか」社会評論社、一九九八年、一七五頁。
47　佐藤卓己（二〇〇八）『輿論と世論：日本的民意の系譜学』新潮選書、二〇〇八年、一九二頁。
48　読売新聞「聖火リレーは国産機で」一九六三年三月一九日朝刊一一面。
49　大江健三郎「七万三千人の《子供の時間》」『サンデー毎日』一九六四年一〇月二五日号。
50　三島由紀夫「東洋と西洋を結ぶ火」毎日新聞、一九六四年一〇月一一日朝刊一面。
51　例えば、朝日新聞「五輪三世代リレー」二〇一三年九月一〇日夕刊一五面。

第Ⅲ部　メディア／ジェンダー／身体

第9章　「サムライ」とプーさん
――「羽生現象」から見る「日本代表」の男らしさ

山口　理恵子

プロローグ

二〇一八年二月十七日、平昌冬季五輪のフィギュアスケート男子シングルで羽生結弦選手（以下、羽生選手）が、前回大会のソチ五輪に続き金メダルを獲得した。平昌五輪直前の公式練習で右足首を負傷し、五輪出場すらあやぶまれていたが、「漫画の主人公にしても出来過ぎ」（読売新聞、二〇一八年二月十七日）と羽生選手本人も語ったように、男子シングルで六十六年ぶり、四人目の連覇という快挙を果たした。この羽生選手の偉業は、中国のインターネットメディアでは「男神」、国営ロシア通信では「日本の神」と報じられたとされ、羽生選手の「人間ばなれした」表象が強調された。

羽生選手はこれまで、王子様、キモイ、かわいい、ナルシスト、イケメン、ホモっぽい、絶対王者、生理的に受けつけない、かっこいい、嫌い、新時代のサムライ、碇シンジくんみたい…など、好悪の振れ幅が大きい評価をされてきた。もっとも、国内で高い競技成績や優秀な記録をおさめたり、オリンピックや国際試合で「日本代表」に選出されたりすれば、必然的にメディア露出は増え、その一挙手一投足は注目され、評価の対象になる。また、世界の大舞台で活躍する選手は、その年の「好きなスポーツ選手ランキング」の上位にも入るが、ひとたび、人びとが思い描く「日本代表」から逸脱する選手は、一気にバッシングの対象にもなってしまう。

二〇一〇年のバンクーバー五輪スノーボードハーフパイプの「日本代表」選手であった國母和宏（以下、國母選手）が、日本選手団の正装用のスラックスを腰で履き、ジャケットの下からはみ出すワイシャツに緩めたネクタイが結ばれているという出で立ちでテレビの前に登場するやいなや、全日本スキー連盟に抗議の連絡が殺到した。大会開始前に開かれた記者会見で服装問題を追及された國母選手は「ちっ、うるせーな。反省してまーす」と対応したことから、事態はますます悪化し、大会出場も危ぶまれるほどの問題にまで発展した。当時の川端達夫文部科学大臣は、この國母選手の服装問題に関して「日本選手団の代表としては、適切で全くない。極めて遺憾だ」と述べ、また記者会見の発言に関しては「本当に反省している態度ではなかった。国を代表して参加している自覚が著しく欠けている」(毎日新聞、二〇一〇年二月一五日)と、衆院予算委員会で回答したとされる。

國母選手が服装や態度を通じて「日本選手団の代表」から逸脱していたことを咎める川端大臣の発言には、「日本選手団の代表」としてあるべき姿が前提とされており、そのことは國母選手が当時を振り返って答えたインタビューからもわかる。

> えーって思うほどバカじゃない。学校でも制服を着崩していたら注意されるじゃないですか。ただ、日本代表じゃなくて、俺はプロスノーボーダーの國母和宏として行ってたから。そこを変える気はなかった。
>
> 二〇一七年一月二六日発売『Sports Graphic Number 920号』

もともとスノーボードはエクストリーム・スポーツ、Xゲームズ、ライフスタイルスポーツ、オルタナティブスポーツなどと呼ばれ、様々なルールに縛られた、伝統的かつ国家的行事となるオリンピックのようなスポーツ文化へのカウンターカルチャーとして発展してきた(Wheaton : 3-4)。したがってこの騒動は、スノーボードカルチャーの中では特段、問題にならなかったであろう國母選手の振る舞いが、「日本代表」の文脈に取り込まれることによって逸脱したものとみなされることを明るみにした。同時に、スノーボードが対抗してきたはずのオリンピックにやすやすと「身売り」したことの矛盾を明らかにするとともに、「日本代表」としてあるべき態度や品格のようなものを、人びとが意識的であれ無意識的であれ、「日本代表」と呼ばれる選手に期待し、投影していることも明らかになった。

一方、羽生選手は、二〇一四年のソチ五輪で金メダルを獲得して以降、世界のトップスケーターに君臨し、国際試合に登場するたびに「日本代表」であることを意識した言動を繰り返してきた。例えば、二〇一五年三月、世界選手権の開催地、中国・上海に向かう空港で、日の丸付きマスクを着用して登場したり、[1] 二〇一八年の平昌五輪の試合直後のインタビュー前に、持っていた日本国旗を「床に置けない」として近くにいたスタッフに手渡したりと、羽生選手の「日本代表」パフォーマンスには抜け目がない。

しかしそのパフォーマンスが行き過ぎたせいなのであろうか、かつて男子選手においては「精神的勇敢さ」や「男らしさ」を喚起するもの(ヴィガレロ、二〇一七)と好意的にみなされてきたケガからの復帰が、羽生選手に至っては「わざとらしい」「羽生劇場」などとインターネット上で揶揄されてしまう。公共の電波においても、お笑いタレントで映画監督の北野武が、羽生選手のことを「ホモだろ」と発言し（二〇一八年一二月二六日放送「チマタの噺SP」テレビ東京）、日本のみならず海外でも問題視された。誤解を恐れずに言えば、二大会連続で五輪金メダリストになるという偉業を成し遂げた「日本代表」の選手であるにもかかわらず、羽生選手に対する評価は同じフィギュアスケート界で「みんなのヒロイン」（毎日新聞二〇一七年四月一一日）として愛され引退していった浅田真央選手（以下、浅田選手）とは大きく異なる。また、先の國母選手とは別の意味において、羽生選手は人びとが期待する「日本代表」の枠を外れていると言えるだろう。

本稿では、日本男子シングルのトップスケーターである羽生選手とそのファン、関係者に対するバッシング言説に注目し、「みんなの」という形容詞がつきにくい理由の深層に迫り、ナショナル・アイコンとして用いられる「日本代表」とはどのようなものなのかについて考察していくこととする。

「男の身体」の発見と「男性化」する国家

一九世紀の英国のパブリックスクールにおいて、それまでの娯楽性や暴力性を含んでいたスポーツが道徳的観念と結びつきながら「競技スポーツ」として体系化されていった。イギリスのパブリックスクールでは、ジェントルマンに必要な資質として、忠誠心や帰属意識、人格形成等の道徳観や価値観などを身につけることを重視し、スポーツ実践がそれらを養い得るものとされた。またルールの明文化や統一、スポーツ施設の拡充が進み、スポーツが体系化、組織化、合理化されるようになると、アスレティシズムの概念も構築される。これは、トーマス・ヒューズやチャールズ・キングスレイの小説に描かれる「筋肉的キリスト教徒」という概念と重なりながら、特に集団スポーツ（クリケット、フットボール、ボートなど）を通して、人格陶冶と「男らしさ、勇気、忍耐、あるいはフェアプレイの精神」を涵養する観念および態度を意味するようになっていった（松井：170）。

アスレティシズムの考えに基づいておこなわれるようになった競技会は、「より速く、より高く、より強く」機能する「男の身体」の「正当性」を視覚化する場にもなっていく。集団スポーツを人格形成、人格陶冶のために教育的手段として用いていたパブリックスクールでは、学校対抗の競技会がさかんにおこなわれており、英国視察でアスレティシズムの考えに感化されたフランス人男爵ピエール・ド・クーベルタンが、近代オリンピックの復興を提唱したことはすでによく知られている。

男性性と身体的強靱さを結びつける思想は、十九世紀のドイツにおいても広まっていた。ドイツでは、社会の文明化が進行するにつれて、男性が「自然」の力を失い、身体的・精神的脆弱さを示したり、感情を抑制できず、受身的で依存的な傾向を示すといったあり方を危惧する見方が、啓蒙主義者たちの間で強まったと言われている。啓蒙主義者たちは、男性のそのようなあり方を男性の「女性化」と考え、「女性化」した男性は、愛国心をも喪失するとみなされた。そして男性が「女性化」を克服し、ドイツ人男性の「男らしさ」を回復するためには、規則正しい身体訓練をすることが必要であると考えるようになった（マクミラン：85-98）。

歴史家であるジョージ・L・モッセも、「近代的な男性性は、その最初期から十九世紀の新しいナショナリズム運動に取り入れられていた」（モッセ：14）とし、グーツムーツやヤーンによって確立された十八世紀から十九世紀におけるドイツの近代体育（ツルネン）が、身体的健康のための身体鍛錬のみならず、「男らしい精神」や意志の鍛錬をも含む「男らしさ」を創造する教育として確立したことを指摘している。また、そのような「男らしさ」は、黒人、ユダヤ人、同性愛者など社会で周縁化された人びとを対立的な存在とみなすことによって成り立っていたことも指摘している（モッセ：63-71）。

このように近代体育は、近代国家の立て直しや近代的主体形成のために男性身体を通じて行われた訓練であり、ヘテロセクシズムと、対概念としての「女」を前提とする「男」の男性化プロセスであったと言えよう。そして、このような考えに基づく体育が、スウェーデン、デンマークなどの周辺諸国のほか、日本などにも伝えられるようになる。

サビーネ・フリューシュトゥックとアン・ウォルソールは、十九世紀の終わりから二〇世紀の初めに帝国建設の時代を迎えると、男性成熟の構築に国家が干渉するようになり、指導者養成を目的とした学校の設立や近代化と軍事化に基づく新たな身体測定制度が取り入れられることで男性性の指標が提示されたとしている（フリューシュトゥック他：17）。特に日本社会においては、「男性の心身と国家政治との意識的・積極的・侵略的な連携と連結という大規模な「男性身体の国有化」により、武士道礼賛の肥沃な土壌がもたらされることになった」と指摘する（同：22）。

新渡戸稲造、三島由紀夫、兵頭二十八の「武士道」を比較したミッシェル・メイソンによれば、流動的で矛盾に満ちた概念であるはずの武士道は、それぞれの時代の男性性と関連しながら、国家衰退や国家の危機に対応するための処方箋として考えられてきたという。例えば、新渡戸は西洋諸国と比肩しうる近代日本の新しい力として武士道を利用したとされ、三島は「外見の道徳」を重視し、サムライの死に対する作法と結びつけた「男性美学」によって、弱体化した戦後日本を療養しようと考えたという。兵頭は「新しい武士道」として、核兵器の保有を訴え、アメリカからの解放とアジア近隣諸国からの防衛が日本の主権と男らしい自我の表明につながるとしている。

「サムライ」がすでに使い古された「理想の過去物語」でありながら、「(省略)国家の道徳的体系を強化し、国内そして欧米支配の世界で日本がより大きな影響力を持つことを願う」者たちによって「日本人の男性性ならびに国家アイデンティティの象徴」として依然として用いられている(メイソン：102-103)、という見方はあながち間違ってはいないだろう。サッカー男子日本代表メンバーが「サムライブルー」と呼ばれたり、八咫烏のモチーフをあてがった「サムライブルー」のユニフォームを着たり、野球日本代表が国際試合の際に「侍ジャパン」と連呼されるのは、未だに「サムライ／侍」が「男らしさ」と「日本」をつなぐ心象として機能しうると考えられているためである。

ホモフォビアから包摂へ？

では、集団スポーツではないフィギュアスケートは「男らしさ」とどのように結びついてきたのであろうか。

フィギュアスケートはオランダの貴族たちによってその原型が創造されたとされ、十七世紀後半からイギリス、スカンジナビア半島、ドイツ、フランスなどに広まっていったとされる(最新スポーツ大事典、大修館書店)。優雅さや芸術性がその当初から重視されていたものの、十八世紀後半から、徐々に新しい図形(フィギュア)の創造やその滑走方法への研究が高まっていった。この動きは、スケート組織や競技会の開催によってより鮮明になってきた。

メアリー・L・アダムスによると、フィギュアスケートは十九世紀初期までは、中―上流階級の男性の楽しみであり、速さやテクニックよりもいかに優雅であるか、いかに芸術性が高いか、という観点のほうが重視されたという。すなわち、この当時の男性たちは、ダンスやフェンシング同様、フィギュアスケートをも通じて、物腰の優雅さ、知識、技能、芸術性を通じて自らの上品さを証明することにより、階級の高さを示そうとしたと言える。一八六〇年代の後半までに多くの女性がフィギュアスケートに興じるようなったが、アダムスによれば女性の存在が、フィギュアスケートを排他的な余暇にし続ける階級的な境界を変えてしまうことにはならなかったという(Adams：107)。つまり、十九世紀半ば以降、フィギュアスケートは男性だけの余暇ではなくなったものの、ジェンダーよりも階級のほうがより重視されたというのだ。

十九世紀後半までに、フィギュアスケートの競技会も多く開かれるようになると、技術や技能の習得に重きが置かれ、徐々にフィギュアスケートが「余暇の楽しみ」の範疇からスポーツへと変化していった。イギリスでは、一九〇〇年代初期になると、フィギュアスケートは競技スポーツの一つと考えられるようになった。同時に、ラグビーやホッケーなど、手荒い身体接触を含む他のスポーツと並べられるようになると、審美性や流動性を要求されるフィギュアスケートが、女性性と急速に結びつくようになっていった。

　戦時中はジェンダー規範が厳格になり、軍隊練習を体育でおこなっていた時に、フィギュアスケートやバレエは、男子の身体活動としては不適切なものとみなされるようになった。フィギュアスケートに関心を示す男子は、性的な発達が異常であるとか性的に逸脱しているなどとまでみなされるようになっていた。戦後、一九四〇年代から五〇年代にかけて、フィギュアスケートに対する世間の見方が変化したことで、男子スケーターたちは叙情的なスケートの要素から競技的な技能を強調し、フィギュアスケートにおける自らの居場所を確保しようとした。すなわち、ジャンプやスピン、スタミナの維持など、フィギュアスケートにより高い競技性を求め、スポーツのイメージを根づかせることでフィギュアスケートと男性性の結びつきをアピールしようとした。

　一九七六年にインスブルック五輪で優勝した英国のジョン・カリーは、記者にオフレコで語った自身の性的指向をアウティングされ、彼の芸術的かつ卓越したスケートテクニックよりも「ゲイ」であることばかりが取り沙汰されるようになった。その後、北米を中心にゲイ男性と関連づけて広がった「エイズ・パニック」も重なり、よりいっそう男子フィギュアスケート界は、男性性を強調する動きが高まっていった。

　男子シングルカナダ代表のカート・ブラウニングが、一九八八年の世界選手権でISU公式戦初の四回転トゥループを成功させると、メディアは彼の「男らしさ」を熱烈にたたえようと、カウボーイの息子としてカナダの片田舎で育ったことにまで言及したとされる。ブラウニングのスケートは、ミュージカル調かつ舞踊的で、他の男子スケーターほどマッチョな雰囲気は感じられなかったにもかかわらず、メディアはこぞって彼をヘテロセクシュアルな男性として取り上げた(Adams : 33-34)。

　レーガン、サッチャー、マルルーニの保守時代の政策によって既得権益を失った男性たちのマッチョへの揺り戻しや、フェミニストへのバックラッシュもこの時代におけるフィギュアスケートのマッチョ化の要因とされているが (Adams : 30)、そのマッチョ化の担い手は、主に欧米白人の男性スケーターであった。しかし、二〇〇二年のソルトレイク五輪で不正採点が発覚したことにより、審判の「主観」や「印象」が大きく反映されたそれまでの採点方法が見直され、技のレベルや演技構成など審判の役割分担のもと、技の一つひとつが得点化される方法へとルールが変更した。そしてこのルール変更の時期と前後して、日本人を含むアジア系の男性スケーターが台頭し始めるようになった。

　このルール変更によって、大ジャンプを何度も飛べば審判の「印象」がよくなるという考えは通用しなくなり、体型や肌の色をも含む主観的判断も極力、採点には含まれにくくなったと言われている。[2] さらに、マッチョ性を強調する欧米白人選手から、アジア系選手が台頭する時代へと移行していく潮流のなかに、欧米社会では同性愛者がスポーツの世界に包摂されていく動きも広がっていた。

　覇権的男性性[3]の象徴でもあったアメリカのプロスポーツ界では、二〇一三年四月に、NBAのジェイソン・コリンズが北米四大プロスポーツリーグで初めて、現役選手のうちに自らの性的指向が同性愛であるとカミングアウトした。同性愛者を侮辱する発言やからかいがロッカールームで飛び交う環境の中、チームスポーツに所属する男子選手が現役続行中にカミングアウトをすることは、周囲からの激しいホモフォビアにさらされる危険性が非常に高いと考えられてきた。しかしコリンズのカミングアウトに対し、周囲の選手たちは彼の勇気を称えるコメントを次々と発表するなど、男子スポーツ界にも同性愛者包摂の機運が高まりつつある。[4]

　一方、二〇一三年、同性愛のプロパガンダ行為に罰金を科す法律を定めたロシアに対して反発した欧米の主要国首脳が、翌二〇一四年に行われたソチ五輪開会式に欠席するという事態もおこった。これを受けてIOCは、性的指向を理由に差別することを禁止する事項を二〇一四年の五輪憲章に盛りこみ、二〇一六年のリオ五輪・パラリンピックでは、五〇人以上の選手が大会中にカミングアウトをしたと報じられた。二〇一八年の平昌五輪では、すでに同性愛者であることをカミングアウトしていたアメリカ代表のフィギュアスケート男子シングル、アダム・リッポン選手が、アメリカ団体の銅メダル獲得に大きな貢献をして一躍人気者になった。

　男性同性愛者に対するスポーツ界の包摂の動きが、必ずしもマッチョではないアジア系男子スケーターの台頭を後押ししたと言えなくもない。しかし、非異性愛（のようだ）とみなされる人びとや男子フィギュアスケーターに対する偏見は一掃されたわけではない（Lee & Cunningham: 464-471）。二〇〇六年のトリノ五輪後のインタビューで、ジョニー・ウィアー選手が記者から「ゲイなのか」と質問されたように、[5] 北野武が公共の電波を使って羽生選手を「ホモ」と揶揄したように、特に男子フィギュアスケートに対する人びとのホモフォビアは未だ根強く潜在している。

羽生現象

羽生選手は、日本で初めて中学生時代に世界ジュニアチャンピオンに輝いた選手であり、シニア転向後の四大陸選手権では、男子選手の最年少で銀メダルを獲得している。その二〇一一年の三月十一日に練習拠点でもあった地元仙台市が被災し、スケートリンクで練習の真っ最中であった羽生選手は、スケート靴の刃にカバーもつけずに施設外に避難したとされる。自宅もスケートリンクも被災したため、避難所生活を経験し、練習拠点を探して全国を行脚した。

二〇一三年の全日本選手権でソチ五輪出場を勝ち取り、翌二〇一四年のソチ五輪男子シングルで日本人として初めて金メダルを獲得した。二〇一四年、二〇一七年の世界選手権で優勝、グランプリファイナルと全日本選手権の両方で四連覇を果たし、世界歴代最高得点の記録保持者にもなった。

フィギュアスケートの人気は、一九九二年のアルベールビル五輪で銀メダルに輝いた伊藤みどり選手から、二〇〇六年のトリノ五輪で金メダルを獲得した荒川静香選手、二〇一〇年のバンクーバー五輪で銀メダルを獲得した浅田選手と男子シングルで銅メダルを獲得した高橋大輔選手など、羽生選手が台頭する以前から、とりわけ女子選手の活躍を中心に高まってはいた。しかしソチ五輪で羽生選手が金メダルを獲得して以降、フィギュアスケートのさらなる人気は、羽生選手を中心に高まっていくこととなった。

兵庫県にある弓弦羽神社は、羽生選手の名前に似ているという理由から本人も必勝祈願に訪れ、今ではファンたちの聖地と化している。二〇一五－二〇一六シーズン中に世界最高スコアを二度も更新したフリーのプログラム「SEIMEI」にちなんで、ファンたちは安倍晴明を祀った晴明神社にも訪れるようになった。羽生選手のファンは、海外の試合にも観戦に出向き、試合前の公式練習からスケートリンクに駆けつける（東京新聞、二〇一七年三月三〇日　朝刊）。

大手旅行代理店では、フィギュアスケート観戦チケットを含むパッケージツアーが各種取り揃えられるようになり、決して安くはないパッケージツアーに「キャンセル待ち」の表示が並ぶ。二〇一七年二月に平昌でおこなわれた四大陸選手権は、三万一九〇〇席分のチケットが売れ、そのうちの四〇〇〇人は日本からの観光客であったという。ちなみにこのチケットの売れ行きは、二〇一五年にソウルで行われた同大会の五倍の数の売り上げであったと報告されている（デイリー、二〇一七年二月一四日）。さらに二〇一七年九月にモントリオールで開催されたオータムクラシックでは、一二〇〇席で三日間行われた試合の入場券が、発売開始から二時間で完売したという。

試合観戦のみならず、羽生選手に関するファンのブログは、ブロガーブックが出版されるほど、実に多種多様な内容で発信されている。スケートの技術に関する詳細かつ専門的な分析をひたすら掲載しているブログもあれば、観戦記録を小説風にまとめたもの、羽生選手のイラストを描いたり写真に加工を施してみたりと二次元の世界で表現するもの、羽生選手を彼氏に見立てた妄想台詞を掲載しているもの、ＢＬ（ボーイズ・ラブ）好きの腐女子目線でまとめられているものなど、枚挙に暇がない。ブログでの羽生選手の呼び方も、「羽生結弦選手」、「ゆづ」、「ゆづくん」、「はにゅん」など、さまざまである。

デジタル・ネットワークの一つであるブログは、主流のマスメディアとは異なる、新しい視点からスポーツを語り、考える場となり、主流のマスメディアからは無視されてしまうファンやその実践が、国を越えて結びつく機会を提供する。また、オンライン上のスポーツに関するメッセージボードなどでは、自分の性別を修正・操作して秘匿性を維持することもできる（Toffoletti：103–105）。

また、低迷する出版界では珍しく、羽生選手を表紙に起用するフィギュアスケートの関連雑誌は次々に発売されている。スポーツ誌の他、女性誌にも羽生選手を特集した記事は多く掲載され、関連雑誌の中には「ファン通信」と名のつくものや、上述のような羽生選手を応援するブログを書いている人たちの声を編集したブロガーブックの他、フォトブック、写真集など、「紙媒体の衰退」などという言葉は羽生ファンの間ではどこ吹く風である。

羽生選手の戦績の上昇とともに、試合会場や空港などで羽生選手のファンの存在感も大きくなると、とあるテレビ番組の男性司会者が羽生ファンを、その意味している内容を明らかにせぬまま「ユヅリスト」と呼び、ファンからブーイングを浴びた。なぜこのような呼称になったのかは定かではないが、「ユヅリスト」の呼称に対する羽生ファンの拒絶反応は、羽生選手や彼を応援するファンたちを表象するマスメディアに対する不信感と反発のあらわれと考えられる。

スポーツにおける〈女性〉ファンの研究において先鞭をつけた田中東子は、二〇〇二年の日韓共催サッカーワールドカップ期間中にメディア表象の中に見られた「ミーハー・バッシング」について分析をしている。田中はサッカーを観戦し語る様式がさまざまであるにもかかわらず、〈女性〉のスポーツファンは、「ミーハー」や「にわかファン」などと男性ファンの差異としてカテゴライズされたことを指摘する。そして、そのような表象は、豊穣なファンカルチャーを実践している女性たちを無視し、ひとくくりにして暴力的に排除する、名付けの権力行使であると批判する。したがって田中は、「女性のファン」という表現ではなく、「スポーツ・カルチャーを語っている主流の視点から排除されている「他者」の視点を代理＝表象するための比喩、別の想像力の働き、可動的な抵抗力の表れ、ヘテロロジー（非相同性）などを表明するためのメタファー的な武器として使うことを考慮」（田中：218）して「女性化されたファン」「女性的なファン」と表現する。このような表現を田中があえて採用するのは、サッカー観戦やそれを語るという日常行為が、特定の社会的・文化的諸条件の中でジェンダー化される身体所作と関連していることを意識するためであり、〈女性〉ファンを語ることが「女性特有」論と読み込まれないためでもある。

羽生選手のファンたちも、「ユヅリスト」などと一元化することができないほど、さまざまな欲望とさまざまなやり方でファン行動を実践している。またそのようなファンのあり方が、トフォレッティも指摘する通り、国境を超えたファンのつながりを拡大させている。〈女性〉のファンを暴力的に周縁化させることで「主流」のファンダムを形成するマッチョなサッカーカルチャーとは異なり、羽生ファンは、先の投稿者たちのようにフィギュアスケートについて専門的な「知識がある」人も、「ゆづくんにメロメロ〜」などと表現する人も、同時並行的に、国内外に存在している。[6] したがって、羽生ファンを「ユヅリスト」と一元的に名付ける権力の行使は、羽生ファンの外部からなされたものであり、その奇妙な呼称は、かつて俳優、吉永小百合のファンが「サユリスト」と呼ばれたことを想起させながら、羽生ファンを「ミーハー」として映し出そうとするマスメディアの思惑を浮き彫りにする。同時に、その表現を選択したマスメディアの「ミーハー」ぶりもさらけ出している。

〈女性化された／女性的な〉ファンとナショナリズム

歴史的に「男性化されたスポーツ」とみなされてきた野球やサッカーは、〈女性化された／女性的な〉ファン観戦を、「ミーハー」「にわかファン」などと暴力的に名付け、周縁化してきたことはすでに田中の卓越した分析から明らかにされているが、最近になって〈女性〉ファンを積極的に取り込む動きもあらわれ始めている。例えば、広島カープファンの女性を「カープ女子」、セレッソ大阪ファンの女性を「セレ女」と呼び、「女性目線」のグッズや施設・試合運営を「売り」にしている。女性の消費力に期待するチームのビジネス戦略と読み取ることができるが、そのような新しい名付けを与えられた女性たちは、野球やサッカーの男性性の強化にもつながっていく。

金賢美は、多くの若い女性たちが熱狂的にサッカーを応援した二〇〇二年日韓共催ワールドカップを「女性化」と名づけ、ワールドカップの消費者およびサポーターになった韓国の女性たちが、女性が公的な場所で男性の身体を「見る者」として顕在化したことについて言及している。女性たちが自国の男子選手たちを「性愛的欲望」の対象と見なすことで、マッチョな男性選手とマッチョな男性ファンの間にある「ホモソーシャル・ソリダリティ（同性的結束）」を断ち切り、「「まなざし」を通じた男女間の権力関係に亀裂を生じさせることとなった」と指摘する（金：16–21）。

その一方で金は、二〇〇二年のワールドカップで他国の選手ではなく自国の選手たちを熱狂的かつむき出しに応援する韓国女性たちの異性愛的な欲望が、韓国における男性中心的な自民族中心主義に回収され、「愛国主義」の象徴と記号化されたことについても指摘する。この指摘は、女性スポーツファンが「見る主体としての男性」と「見られる客体としての女性」という伝統的な権力関係に亀裂は入れても、男性のナショナルチームがたたかうスポーツイベントでは、異性愛的関係性を担保したままナショナリズムの共謀者になることを示している。

その証左として、ワールドカップやUEFA欧州選手権など、ナショナルチームによる大会になると、「最もセクシーな／ホットな女性ファン」と題するヘテロセクシズムなまなざしに基づく特集サイトがいくつも現れるようになる。またハーフタイムや試合とは関係のない時間に、各国の国旗のカラーやモチーフを使って応援する女性や、肌の露出が多い衣装を身に着けた女性がテレビに映し出される。先ほどの田中は、レス・バックらの「潜在的な侵犯性」の概念を参照しながら、このようなサッカー観戦の場における女性観戦者が、メディアの男性的視点に犯されている一方で、そのような女性たちが他の観戦者のありかたを不在化させ、競技場の男性原理と共犯性を有していると説明する（同：227-228）。

では、羽生選手を応援するファンたちは、ナショナリズムとどのように関連するのだろうか。先の国際試合の公式練習にも足を運ぶファンについて報じた東京新聞は、その見出しを次のように表現している。

「羽生フィーバー、フィンランドでも「ユヅく〜ん」主婦ら追っかけ」（東京新聞、二〇一七年三月三〇日）

この新聞記事の要点は、一、約八〇〇〇キロ離れたフィンランドまで羽生選手を「追っかけ」るのは、お金と時間に余裕のある主婦層が中心で、二、その「主婦」たちは少女漫画から抜け出したような羽生選手を「追っかけ」ており、三、羽生選手の出場しない国内のアイスショーで空席が目立ったことから、「主婦」たちを中心とするそのような人気では、フィギュアスケートの発展につながるか疑問であるという三点である。この新聞記事から読み取れるのは、羽生選手の人気を支えているのは、夫がいるにもかかわらず若い羽生選手に夢中になり、（夫が稼いだ）金と時間を浪費して海外遠征にまで足を運ぶ既婚の女性（「主婦」）たちであり、しかし彼女たちによって支えられているフィギュアスケート人気は、羽生選手が引退するまでであり、よって、フィギュアスケートの発展は一時的なものであるというものだ。

　羽生ファンは、試合会場に足を運ぶ人ばかりではなく、また試合会場に足を運んだ人の中には、羽生選手以外にもお気に入りのスケーターがいて応援している人もいる。さらに、その会場にいたファンたちは、婚姻状況、職業、国籍などさまざまであったはずであるが、その新聞記事では、羽生ファンは日本からの「追っかけ主婦」、すなわち「家庭にいるべき女性」という印象を人びとに与え、そのような「追っかけ主婦」ではフィギュアスケートの発展には貢献しない、とでも言いたげな内容である。「一二番目の選手」として国際試合にかけつけ、観客席のゴミ拾いをしたことが殊更「世界で絶賛の声」などと評価される、サッカー日本代表の「サポーター」とは全く異なる評価をされていることは言うまでもない。日本を代表する選手やチームを海外まで出向き観戦する点では同じ行為であっても、応援する競技種目や選手によって、また応援者の主たる属性が女性か男性かによって全く異なる評価や表象が付与されるのはなぜなのか。

　先の新聞記事の内容は、かつて韓流スターに熱狂した日本の女性たちに対するマスコミの視線を彷彿とさせる。経済的にも時間的にも余裕のある「主婦たち」が、家庭や家族を放り出し、歴史的かつ政治的に日本とは敵対関係にあった韓国の若い男性たちに夢中になっている姿を、マスメディアは時におもしろおかしく、時に社会問題であるかのようにスキャンダラスに取り上げた。フィギュアスケートにしろ、韓流にしろ、マスメディアは男子選手や男性スターを応援する女性たちを「主婦」という言葉でひとくくりにし、問題視する見方を作り出してきたとも言えるだろう。ジュディス・バトラーは次のように言う。

> 「欲望をもつ男の主体にとってトラブルがスキャンダルとなるのは、女という「対象」がどうしたわけかこちらのまなざしを見返したり、視線を逆転させたり、男の立場や権威に歯向かったりし、それによって女という「対象」が男の領域に突然に侵入するとき、つまり予期しない行為体（エイジェンシー）となるときである」（バトラー：8）。

マスメディアが羽生ファンを「主婦」とひとくくりに表象するのは、羽生選手を欲望するファンたちの姿が国内外で可視化されることで、それを見ている側のジェンダー規範が攪乱され、そのスキャンダルを隠蔽するために、既婚者であろうとなかろうと「主婦」というカテゴリーを用いて「女の領域（家庭）」に差し戻そうとする意識がそこに働いているためとも考えられよう。しかし、「男らしさ」の構築とつねにすでに結びついてきたスポーツと一線を画してきたフィギュアスケートは、マッチョなスポーツ・カルチャーのように女性ファンを男性原理と共謀する性的対象として客体化することはなく、ましてや「本物のファンではない」などと周縁化することもない。ファンたちの羽生選手に向かうむき出しの性愛的欲望は、ジェンダー規範を揺るがしながら、フィギュアスケートとナショナリズムの紐帯をいよいよ難しくしている。

「サムライ」とプーさん

とはいえ、二六歳で引退を決意した浅田選手が「みんなのヒロイン」として親しまれたように、フィギュアスケートがナショナリズムと全く切り離されているとは言えず、むしろそれは女子スケーターの身体を通じた表象の中で明らかである。

ジュニアの頃から頭角をあらわしていた浅田選手は、早熟ゆえに五輪出場条件の年齢に達していなかった不運や家族の不幸などが重なり、いつしかみんなが成長を見守り声援を送る「真央ちゃん」になっていった。さらに浅田選手を「国民的」なものとして決定づけたのは、韓国の「国民の妹」、キム・ヨナ選手の存在であった。同じ年齢で似たような体型の二人は常にお互い比較対象であったが、それは「日本の真央ちゃん」対「韓国のキム・ヨナ」というおきまりの日韓の対立構図のみならず、少女性をいつまでも放つ浅田選手とは対照的に、キム選手が成熟し自立した雰囲気を醸し出していたこととも関連しているだろう。

このような女子スケーターの対立的構図とナショナリズムの関連は、浅田選手とキム選手に始まったものではない。一九九四年、アメリカ代表の座をターニャ・ハーディングと争っていたナンシー・ケリガンが、代表選考前にハーディングの元夫から襲撃され、リレハンメル五輪後にハーディングの関与も明るみになるという前代未聞の事件がおこった。ハーディングはジャンプの技術が巧みな選手であったが、この事件をきっかけに、ハーディングのがっしりとした体格がケリガンに比べて「女らしさ」を欠き、そのイメージをアメリカ社会の低階級の身体と結びつけ排除する言説が、事件を伝える報道の中に多く見られるようになっていった[7]（ストロフ：237–238）。

採点方法が改定される前の一九九〇年代は、特に女性スケーターたちにおいては女性性と結びつくアーティスティック・インプレッション（芸術的な印象点）が重要であった。フランス代表のスルヤ・ボナリーは、フィギュアスケートでは数少ない黒人選手として登場し、一九九一年の世界選手権で女子選手としては初めて四回転ジャンプを成功させたものの回転不足と判断され、「女性初」のタイトルは一一年後に成功させた安藤美姫選手にわたった。また演技途中に後方宙返りをして見ている人たちの度肝を抜いたが、その技はすぐに公式戦の禁止技となってしまった。アクロバティックでアスレティックなスケートをするボナリーは、当時の欧米白人中心の女子フィギュアスケート界において明らかに「異端者」であった。

アーティスティック・インプレッションという曖昧な評価を担保しながら発展してきたフィギュアスケートは、女子スケートにおいてはハーディングやボナリーのような卓越した身体能力とスケート技術を周縁化し、女性性の価値基準を構築しながらナショナリズムと接合するアリーナであった。そうであるからこそ、男性スケーターたちは女性性とは異なるマッチョな演技や演出をしなければ、即座に「女々しい」、ゆえに「同性愛者」と読み込まれてしまうまなざしにさらされてきた、ということは先述した通りである。採点方法の変更やセクシュアルマイノリティを包摂する時代においても、フィギュアスケートを女性性と結びつけるまなざしは、依然として根強く存在しているのは事実である。

そのようななか瞬く間に世界のトップスケーターに君臨することとなったのが羽生結弦選手である。氷の上ではテーマや音楽に合わせた表情を作り、キスアンドクライでは、泣いたり笑ったりガッツポーズをしたりと実に豊かに感情表現をする。四回転ジャンプを次々に決めた演技終了後には、観客席からお気に入りの「くまのプーさん」のぬいぐるみやグッズがリンク上に投げこまれ、「プーさんの雨」はもはや見慣れた光景になりつつある。羽生選手本人もプーさんのティッシュボックスやぬいぐるみを抱え、カメラに向かってにっこり微笑んで得点の発表を待つ。インタビューの際は、明確な自己分析にもとづいて饒舌に回答する…。

先述したように、デジタル・ネットワークの場では、ファンたちの欲望のままにフィギュアスケーター以上の「羽生結弦」が自由に創造され、享受されている。このような自由度は、羽生選手がファンのさまざまな欲望に対して拒絶感を示さないことによっても成り立っており、これはかつてゲイ男性のアイコンとしてたびたび取り上げられ、そのことを「誰からもよく見られることは名誉なこと」であると肯定的に受け止めていたデイビッド・ベッカムの在り方とも重なる（コード：29）。しかしベッカムは、近代的「男らしさ」の形成に大きく関与してきたサッカーのスーパースターであり、既婚者で父親でもあったことから、新しい「男らしさ」（メトロセクシュアル）の代表格ともなっていった。

日本における男性性もかなり変化している。経済不況が深刻化した一九九〇年代末から、働き盛りの男性たちの自殺率が社会問題となり、そこには「ワーキングプア」と呼ばれる非正規雇用で働く男性たちや、グローバル経済に基づく企業のリストラで職を失う男性たちが含まれていた。このことは「日本の男らしさ」の代名詞でもあった企業戦士として働くサラリーマンの在り方や、右肩上がりの経済成長がもはや成り立ち得なくなったことを物語っており、それにかわって、ファッションやライフスタイルにこだわるメトロセクシュアルな男性性のほか、「草食系男子」や「乙女系男子」、ジェンダーレスなファッションを好む「原宿系男子」といった複数の男性性が登場するようになった。スポーツ界でも優れた競技パフォーマンスの他に、振る舞いや容姿から「ハンカチ王子」「ハニカミ王子」と呼ばれる選手が名を馳せたことは記憶に新しい。

しかし、複数の男性性が出現するようになった日本社会において、「日本代表」の羽生選手に対するまなざしは、熱狂的なファンから向けられるものばかりではない。「羽生選手をどう思うか」とたずねた際に、「嫌い」「生理的に受けつけない」「気持ち悪い」と即答する人が、筆者の周りには男女問わず存在する。包摂の時代ゆえにインターネット上には、ホモフォビアに関連したコメントが数多く潜在しており、羽生選手に対するバッシングの中に散見される。その嫌悪感の中身の多くは、羽生選手の「女々しさ」に関するものである。また、そんな羽生選手を応援するファンに対しても、「（なぜ羽生選手を好きになるのか）理解ができない」、「羽生ファンはババア」、「うざい」など、短絡的かつ攻撃的な言葉が並んでいる。

さらに、羽生選手を批判するネット上のコメントの中には、現コーチであるブライアン・オーサーにも波及する。オーサーコーチは、選手時代に一九八七年の世界選手権（シンシナティ）の男子シングルで優勝し、翌一九八八年のカルガリー五輪で銀メダルに輝いた実績の持ち主である。引退後に同性愛者であることを公にしているが、それゆえに羽生選手も同性愛者なのではないかとする内容や、二〇一〇年のバンクーバー五輪で浅田選手のライバルとされてきた韓国のキム・ヨナ選手を金メダルに導いたことを口実に、その彼をコーチとして師事する羽生選手も嫌いであるという内容まで存在する。

羽生ファンがさまざまな表現で羽生選手を語るのとは対照的に、羽生選手を嫌悪する人たちの心情は、羽生選手の振る舞いや容姿等に基づく「女々しさ」「女っぽさ」が「ホモっぽ」くて「気持ち悪い」という同性愛嫌悪に集約される。またその嫌悪感は羽生選手に熱狂するファンたちのみならず、「真央ちゃん」に勝ったキム・ヨナ選手の元コーチにも及んでいるように、同性愛嫌悪とナショナリズムの接合を見て取ることもできる。

国家衰退や国家の危機に対応するための処方箋として、それぞれの時代の男性性と関連しながら武士道が扱われてきたと指摘するミッシェル・メイソンは、武士道の定義には必ず「男らしさ」という表現が用いられてはいるものの、新渡戸、三島、兵頭の三者の武士道観は一致せず、特に新渡戸にいたっては、武士道の究極の形が「女性的」で子どものように「無垢」であるとも主張しているとし、「彼らの武士道は、それぞれの社会政治地勢の解釈上に位置づけられた覇権的男性性のポストモダンの断片化に対する不安を露見する」(メイソン 同:103)と分析している。ジョック・ヤングも、脱埋め込み(流動化)や多元主義、地位の失墜や社会的転落の恐怖がはびこる後期近代は、経済的不安と存在論的不安の両方を人びとにもたらし、それへの対処としてナショナリズム、原理主義、人種差別主義、ハイパーマスキュリニティといった「文化的本質を再確認し、再発見し、作り込み、そのうえに不変のアイデンティティ」を構築すると指摘する(ヤング:267)。

つまり、先進諸国を中心に、セクシュアルマイノリティを社会で包摂する時代になっているとは言え(なっているからこそ)、くまのプーさんのぬいぐるみを自ら抱きながら得点を待つ姿を堂々とマスメディアにさらし出す羽生選手は、近代以降、男性アスリートは「強くたくましい男らしさ」を体現するものとみなしてきた人びとの自明視、すなわち、セックスとジェンダーと性的実践を首尾一貫した連続性として維持しようとする「理解可能性のマトリックス」(バトラー 同:46-47)を転覆させ、戸惑いや脅威を与える存在となるのだ。したがって、羽生選手に向けられる「女々しさ」にもとづく嫌悪のコメントは、「日本代表」の男子選手によって体現される(はずの)男性性が、たとえ五輪の金メダリストであっても、日本のフィギュアスケーター羽生選手では担保されないことへのいらだち、不安、脅威から発せられていると理解することができる。またそのような不安や戸惑いや脅威は、嫌悪のコメントの中だけでなく、羽生選手のストイックな姿勢や表現する言葉に注目して、「新時代のサムライ」や「誇り高き日本人」などと紋切り型のアイコンを羽生選手に付与させようとする人びとの中にも見て取ることができる。「羽生現象」がつまびらかにするのはまさにこの点である。

「日本代表の男子選手」という「不変のアイデンティティ」への欲望は、「ユヅリスト」や「おっかけ主婦」と名付けられるファンの中に見られるのではなく、理解不可能な羽生選手に対して同性愛嫌悪の感情をぶつけたり、「サムライ」の記号によってナショナリズムを想起させたがる人たちの側にこそ潜んでいる。複数の男性性が存在するようになっても、あるいは、セクシュアルマイノリティを包摂する動きが高まっても、「サムライ」という言葉を通じてスポーツと男らしさと「日本代表」を結びつけたい欲望はいまだに浮遊している。しかし、そのような首尾一貫した「日本代表」などはじめから存在せず、その幻想はせいぜい、スキャンダラスな羽生選手や彼を応援するファンを否定しなければ立ち上がりすらしないのだ。

1　非公式の会社から提供されたものであったことから、全日本スケート連盟から着用についての指導が入ったようだが、その後、ファンからは羽生選手が着用していた日の丸マスクの注文が殺到したと言われている。

2　ジェ・チョル・ソ（二〇一四）は、アイオワ大学の博士論文 *Yellow Pacific on White Ice: Transnational, Postcolonial and Genealogical Reading of Asian American and Asian Female Figure Skaters in the US Media.* の中で、アメリカ社会において人種問題がいつも白人対黒人のパラダイムで議論されてきたことを問題視し、アジア系の女子フィギュアスケーターがアメリカのマスメディアの中でどのように表象されてきたかを分析することによってアジア人に対して向けられるステレオタイプ（例えば、アジア系の選手は技術力があるとか、小さくて軽いからジャンプを飛べるなど）を明らかにしている。

3　R・W・コンネルは、「現在容認されているストラテジー」を体現している男性性、すなわち社会で主流、正当と考えられる男性性を覇権的男性性といい、欧米の社会では既婚した男性（異性愛男性）、仕事で成功した男性などが含まれる。一方、同性愛や同性愛アイデンティティは従属的男性性に分類され、覇権的男性性の対概念として作用するとしている（Connell 2005: 77-78）。

4　二〇一四年にはゲイであることを公表していたマイケル・サムがNFLのドラフトに指名され、同性の恋人と喜びのキスを交わした場面が全米に放映された。そのキスシーンに対して批判的なコメントをした選手は、所属チームから罰金と研修参加の処分が下され、本人も謝罪コメントを発表するに至った。二〇一五年にはMLB選手のデイヴィッド・デンソンも現役選手として初めてカミングアウトをした。

5　時事ドットコム「ホモフォビア嘆くウィアさん＝フィギュア界で声上げる」二〇一九年六月一五日。

6　デジタル・ネットワーク上では、一部のファンと思われる人びとによって意見や価値観が偏り、集団極性化に陥っているケースも存在しているが、本稿ではマスメディアの偏見を批判するファンたちを「ヒステリックな女性たち」と捉えようとしたり、ネット上で問題を起こしている人たちだけを「羽生ファン」とみなす捉えかたを問うことに主眼をおいている。

7　ハーディングとケリガンは、両者とも労働者階級の出身であるにもかかわらず、メディアのコメントのなかではハーディングの階級についてばかりが取り沙汰されたという。一方ケリガンは、ハーディング同様に労働者階級の出身でありながら、その身体性はハーディングと対照的であるとみなされたとストロフは指摘する（Stoloff 2000: 238）。この点について、米国の「中産階級」というのは、実際には低い階層の者も含みながら本質的な帰属性をもたないグラデーションのように成り立つ集団のことであり、国家に属するほとんどの者（主に白人）がそのような画一的な集団の一部に含まれる。したがってケリガンを襲撃したハーディングの存在は、「米国白人」であるが故に暗黙のうちに「中産階級」に属するとみなされてきたが、彼女にまつわる数々の騒動が報道されるたびに、その階級が漠然と維持してきた「画一性」が急遽、脅かされる事態に直面することとなった。だからこそハーディングを中産階級の外部（他者）に位置づけなければ、「想像の共同体」である米国における「中産階級」は維持し得ない。逆にハーディングをあからさまな「他者」として表象／代表させることで、「中産階級」自らの立場の矛盾は問われることはない。

文献

バトラー、J．（一九九九）『ジェンダー・トラブル：フェミニズムとアイデンティティの攪乱』青土社。

ダニエル・A・マクミラン（一九九七）「スポーツと男らしさの理想」トーマス・キューネ編著『男の歴史：市民社会と〈男らしさ〉の神話』柏書房。八五―九八。

フリューシュトゥック、S　ウォルソール、A．（二〇一三）「男性と男性性を問い直す」『日本人の「男らしさ」：サムライからオタクまで「男性性」の変遷を追う』明石書店。

金賢美（二〇〇三）「二〇〇二年ワールドカップにおける〈女性化〉と女性〈ファンダム〉」『現代思想』青土社、三一、一：十六―二八。

近藤美樹子（二〇一五）「新時代のサムライ」『サムライ・平和：日本の心と平和を鎌倉から発信する総合誌』山波言太郎総合文化財団（五）、五六―五九。

松井良明（二〇〇〇）『近代スポーツの誕生』講談社現代新書。

児玉光雄（二〇一四）『羽生結弦：誇り高き日本人の心を育てる言葉』楓書店。

メイソン、M．（二〇一三）「日本国家における武士道とジェンダー化された身体：サムライ志願者への檄文」『日本人の「男らしさ」：サムライからオタクまで「男性性」の変遷を追う』明石書店。

田中東子（二〇〇五）「迂回路をたどる：サッカー文化における〈女性化された〉ファンの位置と実践」『サッカーの詩学と政治学』人文書院、二〇〇五：二一一―二三五。

ヤング、J．（二〇〇八）『後期近代の眩暈：排除から過剰包摂へ』

青土社。

ヴィファレロ、ジョルジュ（二〇一七）「スポーツの男らしさ」コルバン、A.他『男らしさの歴史　Ⅲ男らしさの危機？二〇―二一世紀』藤原書店。

Adams, M.L. (2011). *Artistic Impressions: Figure Skating, Masculinity, and the Limits of Sport*. University of Toronto Press.

Coad, D. (2008). *The Metrosexul: Gender, Sexuality, and Sport*, SUNY press.

Connell, R. W. (2005). *Masculinities* (Second Edition). University of California Press.

Kestnbaum, E. (2003). *Culture on Ice: Figure Skating and Cultural Meaning*. Wesleyan University Press.

Lee, W & Cunningham, G.B. (2016). "Gender, Sexism, Sexual Prejudice, and Identification with U.S. Football and Men's Figure Skating." *Sex Roles*. 74: 464-471.

Stroff, S. (2000). "Tonya Harding, Nancy Kerrigan, and the Bodily Figuration of Social Class" in *Reading Sport: Critical Essays on Power and Representation*. Northeastern UP. pp.234-250.

Toffoletti, K. (2017). *Women Sport Fans: Identification, Participation, Representation*. Routledge.

Wheaton, B (2004). "Mapping the Lifestyle Sport-Scape" in Understanding Lifestyle Sports: Consumption, Identity and Difference. Routledge. pp.3-4.

第10章　メディア「ジャパン」の記憶と現在——全日本バレーボールの60年

清水　諭

はじめに

バレーボールは、東京1964オリンピック競技大会（以後、東京1964オリンピック。他の大会も同様）で、柔道とともに正式種目に採用され、女子競技では初の団体種目だった。全日本女子チームは、一九六〇年第3回世界選手権大会に初出場し、そこで準優勝（当時のソビエト連邦（以後、ソ連）に敗退）して、世界のトップ層に躍り出た。続く一九六二年第4回世界選手権で優勝、そして東京1964オリンピックで金メダルを獲得した。

当時の全日本女子チームは、日紡貝塚（大日本紡績貝塚工場チームの通称。のちのユニチカ）の選手たちが単独あるいは主体となって構成されていた。一九六一年三大陸選手権（プラハ）でソ連を破って日紡貝塚チームが優勝した際には、地元新聞が「東洋の魔女たち」と命名（高岡 二〇一八、六五頁）したことから、チームは「東洋の魔女」として記憶化されてきた。

この日紡貝塚と全日本の両方の監督が大松博文であり、日紡貝塚女子工員の食堂を改築して一九五七年に建てられたバレーボール専用体育館で、深夜に至る長時間の練習が行われた。貝塚工場のほか、東京、尼崎、足利などからバレーボールの技能に秀でた女子工員を集めて結成された日紡貝塚の練習は、通常午後3時から行われ、大松が指導に来る午後5時までは河西昌枝主将による指導だった。選手だった谷田は、「これが実は監督の指導よりも厳しかった」と自著で述べている。（谷田 二〇一八、八八頁）そして、大松が体育館に現れると、彼自身が納得するまで練習をするため、時には朝まで練習し、選手たちは部屋に帰らず出勤したこともあったという（同書、八七頁）。実際、一九六二年第4回世界選手権前になると、それまで午後9時ないし10時に終了していた練習が12時までになり、さらにオリンピックに出場することを決めてからは「朝までやることも度々」（同書、一二七頁）という状況になっていった。

新は、アマチュアという制約、「西洋人の体格に対抗する技術」を身につけること、そして女性的身体の克服、といった三つの点が大松の猛練習の思想の基盤にあると述べている。(新 二〇〇四、一八三頁) 東京1964オリンピック女子バレーボール決勝戦 (一九六四年一〇月二三日 NHK総合) の平均視聴率が66・8% (朝日新聞 二〇一九年二月二二日)、優勝の瞬間に85%を記録したことを踏まえれば、大松監督率いる「東洋の魔女」は「女性であるにもかかわらず」、深夜に至るまでの連日の「壮絶な練習」によって、「世界一」になる技能を身につけ、金メダルを獲得したという物語を生起させ流布してきたといえよう。

そして、女子バレーボールは、『アタックNo.1』(一九六八年一月〜一九七〇年一二月まで『週刊マーガレット』(浦賀千賀子、集英社) で連載。一九六九〜七一年までフジテレビ系列でテレビアニメ化) や『サインはV!』(一九六八年から『週刊少女フレンド』(神保史郎・望月あきら、講談社) に連載。一九六九年一〇月〜一九七〇年八月までTBS系列でテレビドラマ化、一九七〇年七月には東宝により映画が公開。その後、一九七三年にもTBS系列で制作) といった少女マンガで取り上げられ、テレビアニメ化やドラマ化がなされた。中でも一九六九年版『サインはV!』は日曜日のゴールデンタイムにTBS系列で45回にわたって放送され、視聴率39・3%を記録したとされる (高岡 二〇一八、六五頁)。

一方、全日本男子チームは、人気も実力も先行していた女子チームを追いかけるように、東京1964オリンピックで銅メダルを獲得後、メキシコシティ1968オリンピックでは銀メダルを獲得していた。当時、監督だった松平康隆は、ミュンヘン1972オリンピックで金メダルを獲得するため、身長190センチ台の大型選手を育成するためトレーニング法の開発を手がけ、速攻 (クイック攻撃) とそれを組み合わせたコンビネーションバレーなど新たな技術と戦術を開発した。

さらに松平は、全日本男子チームのファンを増加させるため、テレビ局と協働したメディア戦略を自ら発案した。『嵐と太陽』(小泉志津男、日本文化出版) 及び『負けてたまるか』(松平康隆、柴田書店) を原作とした『アニメドキュメント ミュンヘンへの道』(一九七二年四〜八月、及び特別編として九月二四日にTBS系列で放送) は、全日本男子チームのメンバーだった森田淳悟、横田忠義、大古誠司、猫田勝敏、南将之、嶋岡健治らを毎回のストーリーの主役に設定し、実名で登場させたドキュメンタリーとアニメーションをミックスした番組だった。ミュンヘン1972オリンピックが一九七二年八月二六日から九月一一日まで開催されたことを考えれば、まさにテレビ局がこのアニメドキュメントを通して、全日本男子バレーボールチームに注目を集めようとしたものであり、実際に金メダルを獲得した直後に特別編を流して完結するに至ったのである。

開催年	大会名	放映テレビ局	アーティスト	曲名
1977	ワールドカップ	フジテレビ	尾崎紀世彦	また逢う日まで
1985	ワールドカップ	フジテレビ	松田聖子	Touch Me
1989	ワールドカップ	フジテレビ	Wink	Special to me
1991	ワールドカップ	フジテレビ	森高千里	ファイト
1993	WGCC	日本テレビ	前田亘耀	Try Boy, Try Girl
1995	ワールドカップ	フジテレビ	V6	MUSIC FOR THE PEOPLE
1996	世界最終予選	フジテレビ	V6	BEAT YOUR HEART
1997	WGCC	日本テレビ	MAX	Shinin' on Shinin' love
1998	世界選手権	TBS 系	SPEED	ALL MT TRUE LOVE
1999	ワールドカップ	フジテレビ	嵐	A・RA・SHI
2000	世界最終予選	TBS 系	モーニング娘	でっかい宇宙に愛がある
2001	WGCC	日本テレビ	ウリナリオールスターズ	メモリー
2002	世界選手権（開催地：女子＝ドイツ、男子＝アルゼンチン）	TBS 系	glove vs push	dreams from above
2003	ワールドカップ	フジテレビ	NEWS	NEWS ニッポン
2004	女子ワールドグランプリ	フジテレビ	NEWS	紅く燃ゆる太陽
	世界最終予選	フジテレビ・TBS 系	NEWS	希望エール
2005	女子ワールドグランプリ	フジテレビ	NEWS	TEPPEN
	WGCC	日本テレビ	KAT-TUN	GLORIA
2006	ワールドグランプリ	フジテレビ	Kitty GYM	フィーバーとフューチャー
	世界選手権	TBS 系	WaT	Ready! Go!
2007	女子ワールドグランプリ	TBS 系	松田聖子×藤井隆	真夏の夜の夢
	ワールドカップ	フジテレビ	Hey! Say! JUMP	Ultra Music Power
2008	世界最終予選	フジテレビ・TBS 系	Hey! Say! JUMP	Chance to Change
	ワールドグランプリ	TBS 系	松田聖子	Love is all
2009	ワールドグランプリ	フジテレビ系	NYCboys	NYC
	WGCC	フジテレビ	EXILE	SHOOTING STAR
2010	世界選手権（開催地:女子＝日本、男子＝イタリア）	日本テレビ	EXILE	I wish for you
2011	ワールドカップ	フジテレビ	Sexy Zone	Sexy Zone
2012	世界最終予選	フジテレビ	Sexy Zone	キミのため　ボクがいる
2013	WGCC	日本テレビ	倖田來未	Dreaming Now!
2014	世界選手権（開催地：女子＝イタリア、男子＝ポーランド）	TBS 系	サザンオールスターズ	東京 VICTORY
2015	ワールドカップバレー	フジテレビ	Sexy Zone	cha-cha-cha チャンピオン
2016	世界最終予選	フジテレビ・TBS 系	Sexy Zone	勝利の日まで
2017	WGCC	日本テレビ	ポルノグラフティ	キング&クイーン
2018	世界選手権	TBS 系	サザンオールスターズ	東京 VICTORY

表1　バレーボール国際大会放映テレビ局とアーティスト・曲名（ワールドカップ1977以降）*[1]

開催年	都市	女子	男子
1964	東京	1位　金メダル	3位　銅メダル
1968	メキシコシティ	2位　銀メダル	2位　銀メダル
1972	ミュンヘン	2位　銀メダル	1位　金メダル
1976	モントリオール	1位　金メダル	4位
1980	モスクワ	不参加	不参加
1984	ロサンゼルス	3位　銅メダル	7位
1988	ソウル	4位	10位
1992	バルセロナ	5位	6位
1996	アトランタ	9位	最終予選敗退
2000	シドニー	最終予選敗退	最終予選敗退
2004	アテネ	5位	最終予選敗退
2008	北京	5位	11位
2012	ロンドン	3位　銅メダル	最終予選敗退
2016	リオ・デ・ジャネイロ	5位	最終予選敗退

表2　オリンピックにおけるバレーボールの成績

　また、このアニメドキュメントがバレーボールの戦術及びトレーニングの実写映像を放送したことで、中学校の体育の授業などにおいて、生徒がバレーボールの技術や戦術を模倣し、プレーする楽しみと同時に技能も高められたのだった。

　このように、全日本女子及び男子チームは、バレーボールがオリンピック種目となった当初から世界レベルの実力を保持していたこともあり、テレビ局と親密な関係を築いてきた。そして、一九九〇年代以降の国際大会のほとんどを日本で開催するに至っている。【表1参照】

　しかしながら、オリンピックでの成績は一九八〇年代から低迷が続き、男子に至ってはモントリオール1996オリンピックからリオ・デ・ジャネイロ2016オリンピックまでの六大会で出場したのは一大会のみである【表2参照】。

　本稿では、テレビ局が国際大会をテレビ中継し、様々な仕掛けをしてきた一方で、全日本チームが低迷を続けているこのバレーボールという競技の文化的特性を描くことにする。

春高バレーからワールドカップ開催へ

　一九六〇年代末から七〇年代初めの女子バレーボールを題材にした『アタックNo.1』や『サインはV!』のテレビアニメ化やドラマ化、さらに映画化は、いわゆる「スポ根」ものとして括られてきた。鈴木康史はこれらの作品について、以下のように述べている。

　『サインはV!』の冒頭シーン（原著者注：東京1964オリンピック女子バレーボール日本対ソ連の決勝14―13のシーンをもとに演出）は、漫画が東洋の魔女の伝説を受け継ぐという意思表明であり、同時に東洋の魔女を超える物語への予告でもある（同様の仕掛けは、ヘーシンク対神永戦から物語が始まる『柔道一直線』にもすでに見られる）。この仕掛けによって読者は、現実の空間に物語の空間を上書きし、現実の過去が虚構の未来へと接合される瞬間に自らを定位し、自らの住む時空を非日常化してゆくのであるが、そのとき欲望される未来の物語は常に過去の参照・反復・拡大再生産にほかならず、物語は『連載』されながら何度も同じ構造（ex．対決・挫折・特訓・勝利）を反復し、一回ごとにその強度を増してゆく。それは週に、あるいは月に一度巡ってくるスペクタクルである。過剰に傷つく身体、過剰に理解しあうライバルたち、過剰にあふれ出す論理、…（鈴木二〇〇四、一九二頁）。

この鈴木の分析を踏まえれば、視聴者は東京1964オリンピックで金メダル、メキシコシティ1968オリンピックで銀メダルを獲得し、国際的な地位を確立した全日本女子バレーボールチームの現実とその記憶をオーバーラップさせながらテレビアニメやドラマを「スポ根」ものとして、視聴あるいは購読してきたと考えられる。

一方、バレーボールを戦略的に用いようとする鹿内信隆氏（当時、フジサンケイグループ議長）は、松平康隆氏に対して以下のように述べていた。

フジテレビが、全国にネット局がはれるようなテレビ局になるためには、系列局みんなが一致団結して取り組むようなイベントがほしい。それには、何と言ってもスポーツ。しかも、毎年行われる定期的な番組作りがどうしても必要です。そういう中で、日本のスポーツ界において、野球に次いでNo．2のスポーツはバレーボール。しかも男女そろって大イベントを組めるのは、バレーボール。ぜひ、高校バレーをやりたい。（日本文化出版二〇〇九、一〇一頁）

現在では、サッカーと野球が日本における二大スポーツと捉えられるが、鹿内氏は当時、バレーボールをNo．2と捉えていた。そして、全国高等学校バレーボール選抜優勝大会（以後、春高バレー）は、全国高等学校体育連盟（高体連）の議を経て、一九六九年一一月に大会開催の正式発表がなされ、翌一九七〇年二月に地区予選を開催、三月二四日には本大会がスタートするという急展開を見せた。（同前）この第1回大会から、フジサンケイグループ・フジテレビ系列（FNS各社）が23地区予選の決勝戦を各地区で放送したことにより、春高バレーはフジテレビ系列外にも広がり、大会の認知に大きな影響を与えたのである（フジテレビジョン二〇〇九、一

○五頁)。
　松平氏はこの春高バレーが東京1964オリンピックでの女子の金メダル、ミュンヘン1972オリンピックでの男子の金メダル、そしてモントリオール1976オリンピックでの女子の金メダルの獲得にはさまれてスタートしたことから、「日本のスポーツ界で、そのスポーツの全盛期に始まったのはこの大会だけ」と述べ、また松平氏と前田豊氏の合作による大会キャッチフレーズ「若さでアタック!春の高校バレー」や「春高バレー」の愛称も日本中に普及したと捉えている(日本文化出版二〇〇九、一一一頁)。

　また、フジテレビジョンスポーツ局の近藤憲彦氏(制作担当局長:インタビュー当時)によれば、二〇一一年から開催時期をそれまでの三月から三年生の出場が可能となる一月への変更をフジテレビが日本バレーボール協会(JVA)及び高体連に提案し実現させている。三年生がプレーする期間が延長されることで選手個人もチーム力も向上し、さらに「三年生は負けた時点で高校バレーを引退」というドラマ性が加わって、大会は盛り上がり、番組としても充実していく。(インタビュー二〇一八年八月三〇日)この点について、松平氏は「四十年も経つと、社会の状況や他のスポーツ界の状況はいろいろと変わってきます。そういう中で生き延びていくためには、いろいろな知恵を働かせなければいけません。その知恵と同時に、その変化に対応する柔軟な姿勢を、フジテレビも日本バレーボール協会も高体連もみんなが持たないといけない」と述べており、松平氏が積極的にバレーボールをリノベーションしていく策を打ち出していたことが分かる(同前)。

　以上からすれば、春高バレーは、松平氏とフジテレビとの関係を親密なものにし、そこからフジテレビとバレーボール界が接近し、一九七七年のワールドカップ開催へとつながったといえる。春高バレーは「高校野球に負けないコンテンツをフジテレビで作りたいとスタートした。(選手が高校卒業後)大学や実業団リーグに進み、その先には全日本選手、という流れは当時からあったが、春高バレーで活躍した選手が数年後、ワールドカップの日本代表として大舞台に帰ってくるという傾向も多くみられるようになった」と近藤氏が述べるように(インタビュー二〇一八年八月三〇日)、フジテレビは一九七七年ワールドカップ招致を積極的に推し進めた。近藤氏はテレビコンテンツとしてのバレーボールを以下のように評している。

　(全日本バレーボールチームは)過去にはオリンピックをはじめとする国際大会で数多くのメダルを獲得しており、強いニッポンバレーは注目度が高く、スター選手も登場して、高視聴率が期待できるスポーツコンテンツとなった。また、バレーボールはルールも分りやすく、天候に左右されない屋内競技であり、少ないカメラ台数で中継が可能です。そして、プレーとプレーの間に時間があり、スパイク決定後にスロー再生や選手の表情を映すことで、選手情報や試合のストーリーを描きやすい競技種目と言えます。その積み重ねによって、選手の知名度やキャラクターが認知され、強いニッポンバレーへの期待感も大きく膨らみました。こうした競技が持つポテンシャルの高さを信じてテレビソフトとしてのバレーボールに賭けた、ということだと考えます。（インタビュー二〇一八年八月三〇日）

オリンピック、そして世界選手権に並ぶバレーボールの三大イベントのひとつ、日本初開催となったWorld Cup'77は、独占放映権をフジテレビが獲得し、一九七七年一一月六日（日）から一一月三〇日（水）まで日本各地で試合が行われた。男女が同時に、かつ同一国で開催されるのはこの日本大会が初めてであり、大会は23会場、66試合、放送時間78時間、最高視聴率48・6%（女子決勝戦の日本対韓国）というイベントになった（フジテレビジョン二〇〇九、一四九頁）。

フジテレビは、日本で初めて開催されたこの国際大会で、イメージキャラクター「バボちゃん」を誕生させている。ワイドショーにおいては、このキャラクターグッズをプレゼントし、イベントでは着ぐるみによるデモンストレーションを行い、さらに特番を編成するなど、全社をあげて「バレーボールといえばフジテレビ」（フジテレビジョン同前）のイメージを普及させる戦略をとった。

国際スポーツイベントの開催とテレビ局の戦略

ロサンゼルス1984オリンピックが、その組織委員長だったピーター・ユベロス氏を中心にして、①独占テレビ放映権方式による放映権料　②公式スポンサー、サプライヤー（物品供与）のライセンシング　③公式マーク、ロゴなどのマーチャンダイジング（商品化と販売）④入場料収入、といった四つの要素で増収を図り、カリフォルニア州ロサンゼルス市からの出資なしに2億ドルの利益を上げたことはよく知られた事実である（広瀬二〇〇三、四五頁）。

一九七七年当時、マーケティングの手法を取り入れ、スポーツイベントを基盤にしたビジネスが展開されていく中で、イメージキャラクターとして「バボちゃん」が生み出され、ロゴとして登録され、グッズが販売された。そして、バレーボールとエンターテイメントをミックスした中継がフジテレビによって生み出されていった。ジャニーズとのコラボレーションによる演出について、前出の近藤氏は以下のように述べている。

どのスポーツも同様ですが、超満員の会場と観客が盛り上がる映像や音声はテレビ視聴率にも大きく影響します。ワールドカップバレーも試合数が多いので集客に苦戦した時期もありましたが、一つの対応策としてエンターテイメント性のある演出を加えることで、バレーに興味のない人々も楽しんでもらえることになりました。今ではバレーボールに限らず多くのスポーツイベントでも行われていますが、ワールドカップバレーは「スポーツとエンターテイメントの融合」にチャレンジした日本での先駆けだと考えます。それをジャニーズ事務所に提案し、一九九五年大会から実施しました。ワールドカップバレーのスペシャルサポーターとして新たなグループが誕生し、大会開催の一か月間、日本全国の試合会場を回り、大会や番組を大いに盛り上げてもらいました。ただ当初はそのグループの会場出演が終わると一部の観客が帰ってしまうこともありました。しかし、継続していくうちにグループ目当てのファンもバレーボールの魅力に引き込まれ、試合を最後まで応援するようになった。ジャニーズファンがバレーボールファンになり、バレーボールファンがジャニーズファンになる、という好循環も起きた。一九九五年のV6をスタートに一九九九年は嵐、二〇〇三年はNEWS、二〇〇七年はHey! Say! JUMP、二〇一一年と二〇一五年二大会連続でSexy Zone。ジャニーズのファンの間では四年に一回のワールドカップバレーで新しいグループが誕生するのでは…というのも一つの話題となったのです。（インタビュー　二〇一八年八月三〇日）

そして、ワールドカップ開幕前にはジャニーズのメンバーがバラエティやドラマに出演して大会を盛り上げるという策もフジテレビが先導した。「社内横断プロジェクトと位置づけて各レギュラー番組と連携し、その番組内でバレーボールを宣伝しつつ、バレーボール中継では逆に、その番組の出演者が登場してレギュラー番組の宣伝も行う、このような両番組の相互協力で露出量と注目度を高めて行く」（近藤憲彦氏インタビュー二〇一八年八月三〇日）戦略もとられたのである。

さらに、一九九九年からはバレーボールに大きなルール改革があった。ラリーポイント制が導入されたことで、1セット約20分、3セット約1時間（ワールドカップバレー中継は2時間枠で放送）で試合が終了してしまう可能性も出てきた。フジテレビは、それまでセット間の休憩時間が3分だったところを2セット目と3セット目の間を10分にし、タイムアウトも30秒のところを60秒、さらに8点と16点を取った後のテクニカルタイムアウトも60秒から90秒にするよう国際バレーボール連盟（FIVB）に提案し、採用されていく。

また、主審の前に赤ランプを設置し、赤ランプが点灯中はプレーが始まらないようにする策も提案した。この「赤ランプ」の実施は、好プレーのスロー映像を重ねて見せることや選手の表情及びプロフィールを見せることで、よりドラマ性のある演出を視聴者に送り、かつ試合時間が短縮されることへの対応のひとつとなったのである（近藤憲彦氏インタビューより二〇一八年八月三〇日）。

バレーボールという文化をどのように考えるか

一九六〇年代からバレーボールという文化は、テレビ局と親密な関係を築いて今日まで展開されてきた。しかしながら、テレビ局、スポンサー企業、そして日本バレーボール協会（JVA）の三者の関係に基づく放映権料、ライセンス契約、公式マークやロゴなどのマーチャンダイジング、そして入場料といった収入は確約されていない。

二〇一八年に日本で開催された世界選手権において、TBSの支出はFIVBへの放映権料とマーケティング権料、映像制作費などで20億円以上に昇るものの、企業からのCM料が伸びなかったことで、看板広告料や関連商品のマーチャンダイジングでカバーできず、赤字額は10億円近くになるとされた。（朝日新聞二〇一八年一〇月一五日）また、JVAにおいては、入場券をこれまでTBSに買い取ってもらってきたが、TBSが買い取りをやめたことに加え、FIVBからJVAへの資金の環流もなくなったため、JVAは約6億円の損失が出るとされた。（朝日新聞二〇一八年一〇月二二日）

これまで、世界選手権の開催国は、FIVBと各国の協会との個別交渉で決まってきた。日本が開催国になってきたのもFIVBが日本の放映権料に依存してきたことによるからだが、今後、FIVBが入札制を導入することになれば、大会の経済規模を拡大するビジネスモデルなど新たな戦略を提示しない限り、日本での開催を続けることは困難になる（朝日新聞二〇一八年一〇月一五日）。

これまで日本で開催されてきた国際大会は、表1のように毎年異なったテレビ局が放送し、観衆を呼び込み、盛り上げ、スターを作るという状況を生み出してきた。日本におけるバレーボールの普及は常に全日本女子及び男子チームの物語とそれを生み出す構造に依存してきたのである。しかしながら、JVAが自律し、バレーボールという文化の将来について、主体的に議論を重ねた上で、テレビ局やスポンサー企業などと折衝する必要がある。前出の近藤氏は、以下のように述べた。

…日本代表が強いことがバレーボールというスポーツの

価値を高めると考えます。
　二〇二〇東京オリンピックを前に多くの競技で日本代表選手たちが活躍を見せる一方、バレーボールは近年、注目度や期待感が薄れてしまっています。今こそ競技団体がより一層の危機感を持ち、競技力の向上や環境の整備、そして競技人口の減少対策などと向き合い、我々テレビ局や各メディアとの連携を深めて、二〇二一年以降も人々から愛されるニッポンバレーを目指してもらいたい。そのための大きな変革が必要と思います。（インタビュー　二〇一八年八月三〇日）

　一九六〇年代から約60年、バレーボールは、アニメやドラマとして取り上げられ、ある時期には「スポ根」ものといわれる物語を表象してきた。それらは、物語を変えながら二〇一〇年代まで続いている。[2]
　そして、テレビ局が国際大会の招致と運営を実質的に取り仕切る中で、バレーボールという競技種目の行く末に対して大きな影響力を及ぼしてきた。実際、様々な仕掛けにより人々の注目を集めてきたように見えるが、ＪＶＡの経済基盤、そして将来構想が確固たるものであるとはいえない状況にある。確かに一九八〇年代から、テレビ局、スポンサー企業、そしてスポーツの組織・連盟が広告代理店によってつながり、「ゴールデントライアングル」が構築されてきた。しかし、ＦＩＶＢの戦略及び経済状況など国際的潮流を踏まえ、全日本女子及び男子チームの戦術はもちろん、その選手育成や環境整備、さらにメディアの急激な変貌を一つひとつ議論した上で、バレーボールを一つの文化産業と見なした抜本的な経営方針と戦略の構築が不可欠になっている。

注

1　特に記載のない大会は、すべて日本開催。大会名の「WGCC」は「ワールドグランドチャンピオンズカップ」、「世界最終予選」は「オリンピック競技大会世界最終予選」のこと。フジテレビジョンスポーツ局の近藤憲彦氏によれば、一九七七年から九四年すなわち、フジテレビによるV6の起用と演出がなされるまでは、大会開会式でのアーティストによる歌の披露に留まっていたとされる。資料：バレーボール世界大会歴代放送テーマソング https://entamedata.web.fc2.com/music2/sports_music3.html（2019.5.2 現在）を近藤憲彦氏が修正。

2　マンガを原作としたテレビアニメ化やドラマ化は、一九七〇年代以降も二〇一〇年代まで継続して生み出されてきた。『燃えろアタック』（一九七九年一月～一九八〇年七月までテレビ朝日系列でドラマ化。石ノ森章太郎原作）のほか、選手が国を越えて移動しチームを構成する中で描かれた『アタッカーYOU』（一九八四年四月～一九八五年六月までテレビ東京系で放送されたテレビアニメ）、さらに高校バレーをテーマにした『ハイキュー!!』（連載は『週刊少年ジャンプ』（古舘春一：集英社）で二〇一二年一二月号より）は、二〇一四年四月～九月にＭＢＳ・ＴＢＳ系でテレビアニメ化され、その続編のほか、テレビゲーム化や舞台化がなされている。

参考文献

新雅史（二〇〇四）「『東洋の魔女』：その女性性と工場の記憶」清水諭（編）『オリンピック・スタディーズ：複数の経験・複数の政治』せりか書房、一七五―一九一頁

大松博文ほか（一九六三）『〝東洋の魔女〟の五年間』自由国民社

フジテレビジョン（二〇〇九）『フジテレビジョン開局50年史：1959-2009（昭和34年～平成21年）』フジ・メディア・ホールディングス

広瀬一郎（二〇〇三）「スポーツという名の巨大ビジネス」『Right Now!』税務経理協会

日本文化出版株式会社（編集・協力）・財団法人全国高等学校体育連盟バレーボール専門部（監修）（二〇〇九）『春の高校バレー40年記念誌』春の高校バレー事務局

清水諭（二〇〇五）「浦和レッズサポーター　変容する実践とその楽しみ：ローカリズムとナショナリズムを超えて」有元健・小笠原博毅（編）『サッカーの詩学と政治学』人文書院、七一―一〇五頁

鈴木康史（二〇〇四）「東京オリンピックとスポ根漫画」清水諭（編）『オリンピック・スタディーズ：複数の経験・複数の政治』せりか書房、一九二頁

高岡治子（二〇一八）「女性スポーツの大衆化：東洋の魔女からママさんバレーへ」石坂友司・松林秀樹（編著）（二〇一八）『一九六四年東京オリンピックは何を生んだのか』青弓社、六五―八四頁

谷田絹子（二〇一八）『私の青春：東洋の魔女と呼ばれて』三帆舎

第11章　代表という身体の生産――国策としてのエリートアカデミー

下竹　亮志

二〇一六年、リオデジャネイロオリンピック。日本選手団は金12、銀8、銅21の計41個のメダルを獲得し、総メダル数は二〇一二年ロンドン大会の38個を上回る過去最高を記録した。その裏で、苦汁をなめた一人の選手がいる。卓球の平野美宇である。この大会で補欠に甘んじた彼女は、帰国後目覚ましい活躍を見せた。全日本選手権女子シングルスでの最年少優勝。二一年ぶりのアジア選手権女子シングルス制覇。世界選手権における女子シングルス四八年ぶりのメダル獲得。周知の通り、女子シングルスの代表権は残念ながら逃したものの、団体戦のメンバー入りを確実にした彼女は、二〇二〇年東京オリンピックで最も活躍が期待されるアスリートの一人といっても過言ではない。

その他にも、男子シングルス代表の座を獲得した卓球の張本智和。同じく、レスリングの代表に内定した向田真優、乙黒拓斗。同種目の代表有力候補となっている須崎優衣。二〇一七年世界選手権銀メダル獲得のフェンシング西藤俊哉。このような、若きアスリートたちが、東京オリンピックに向けて活躍し始めている。もちろんここに挙げた選手だけが注目されているのではない。しかし、彼／彼女たちは文字通り「国を挙げた期待」を背に、二〇二〇年東京オリンピックでの活躍を目指すアスリートなのである。

なぜなら、彼／彼女らは日本オリンピック委員会（Japanese Olympic Committee：以下、ＪＯＣ）が実施している「エリートアカデミー」出身の選手だからだ。昨今、平野らの活躍によって徐々にその存在が明るみになってきたものの、未だ耳慣れないこのエリートアカデミーが本章の主な対象となる。エリートアカデミーは、東京都北区のナショナルトレーニングセンター（以下、ＮＴＣ）で展開されている、日本代表養成機関である。今まさに国策として、エリートアカデミーでは未来の日本代表が生み出されようとしている。

本章では、エリートアカデミーが開始された背景にある競技力向上施策の国策化と、ジュニア・アスリートの強化をめぐる戦略の変容という二つの軸を中心に議論を展開する。これらの検討から、日本代表を生み出すシステムの極致ともいえるエリートアカデミーがなぜ始められるに至ったのか。そして、日本代表が生み出される過程で、ジュニア・アスリートの身体がどのように取り扱われているのかを明らかにしていきたい。

1 エリートアカデミーの現在[1]

エリートアカデミーのHPを見ると、その設立背景が次のように記されている。

> 国際競技力向上及びその安定的な維持の施策の一環として、将来オリンピックをはじめとする国際競技大会で活躍できる選手を恒常的に育成するために、中央競技団体の一貫指導システムとの連携により、ジュニア期におけるアスリートの発育・発達に合わせ、トップアスリートとして必要な「競技力」「知的能力」「生活力」の向上を目的としたJOCエリートアカデミーを実施している。

この文言から次の三点が理解できる。第一に、エリートアカデミーは国際競技力向上施策の一環として、オリンピック等で活躍できる選手の育成が目的であること。第二に、それは中央競技団体の一貫指導システムとの連携によりなされること。第三に、そこで求められる能力は、「競技力」だけではなく「知的能力」や「生活力」も含まれることである。

こうした趣旨のもと、二〇〇八年四月に始まったエリートアカデミーでは、現在中学一年生～高校三年生のジュニア・アスリートたちがNTCに寄宿しながら日々生活を送っている。開始当初はレスリング、卓球の2種目のみであったが、二〇〇九年度にフェンシング、二〇一四年度に飛込みとライフル射撃、二〇一七年度にボート、アーチェリーが加わり、計7種目が展開されている。二〇一七年度には、レスリング7名、卓球8名、フェンシング4名、飛込み4名、ライフル射撃5名、ボート2名、アーチェリー4名の計34名が在籍した。二〇〇八年の開始以来、二〇一八年度までに56名（レスリング12名、卓球18名、フェンシング19名、飛込み2名、ライフル射撃5名）が修了している。

そこでは、「考える力」を中核として「競技力」「知的能力」「生活力」をバランスよく向上させることが必要とした上で、次のプログラムを実施しているという。それは、（1）NTCの機能を活用した、専任のトップレベルの指導者による長期的・集中的な競技スキルの指導プログラム、（2）ライフスキル、コミュニケーションスキルを身につけさせ、社会性、人間性を向上させるための知的能力開発プログラム、（3）共同生活を通じて必要な社会規範を意識させ、日本のトップアスリートと触れ合うことで、競技に対する心構えや

表1　選手発掘育成強化に関する JOC 予算

年度	選手発掘育成強化事業費（単位：円）	
	エリートアカデミー事業費	タレント発掘・育成支援事業費
2009	69,160,162	7,531,223
2010	55,102,801	5,195,764
2011	81,677,735	5,902,127
2012	76,201,697	8,658,403
2013	96,640,580	4,645,932
2014	110,279,247	5,889,037
2015	82,520,183	5,468,341
2016	65,505,534	6,163,732
2017	64,178,379	7,579,697
2018	74,407,361	5,447,570

＊ JOC の HP（http://www.joc.or.jp/about/data/, 2019.12.6）をもとに筆者作成。2009 年度に関しては 2010 年度正味財産増減計算書における前年度欄より記載。なお、2010 年度～ 2012 年度までは、「エリートアカデミー事業費」ではなく、「エリートアカデミー設置費」の名目で計上されている。

態度を養うためのプログラム、（4）国際人として海外で活躍できるようにするための語学教育プログラム、（5）基本的な学力の定着を図るための学習（補習）プログラムである。

次に、エリートアカデミーに関する事業費を確認しておこう。JOCによって事業費等が詳細に報告されるようになった、二〇一〇年度～二〇一八年度における正味財産増減計算書を見ると、表1のように「エリートアカデミー事業費」と「タレント発掘・育成支援事業費」が「選手発掘育成強化事業費」の細目として計上されている。その妥当性は別として、決して少なくない金額が投入されており、近年において両事業を選手強化の重要な施策として位置づけていることが理解できよう。

しかし、なぜ今エリートアカデミーなのだろうか。このような疑問に対して、国家の支援によって日本代表を養成することなど当たり前ではないかと思われるかもしれない。けれども、そうではないのである。むしろ日本では、国家が選手養成に関わることが批判に晒され、それはなかなか実現しなかった（例えば、『毎日新聞』一九八八年三月一五日朝刊、『朝日新聞』一九九六年九月三〇日朝刊）。そうであるならば、エリートアカデミーが開始された背景にある、競技力向上施策の国策化の歴史を読み解かなければならない。

2 国策化する競技力向上施策[2]

2・1 一九六四年東京オリンピックとスポーツ科学

金メダル16個を獲得した一九六四年東京オリンピックは、国を挙げて競技力向上に取り組む端緒となった大会であった。また、競技力向上という明確な目標を掲げてスポーツ科学研究が始動したのは、この大会を契機としてだといわれている。その象徴的な出来事が、「東京オリンピック選手強化対策本部」の設置である。選手強化対策本部は、一九六〇年一月一八日にJOC内の専門委員会として設立され、以後五年に亘って選手強化の中心として活動した。その際、選手強化対策本部のもとに「スポーツ科学研究委員会」も発足している。まさに、一九六四年東京オリンピックは、「競技力向上施策」と「スポーツ科学」が結びつく分水嶺ともいえる出来事だったのである。

このように、選手の活躍を支えた選手強化対策本部は、東京オリンピック終了後に解散したが、その成果を引き継いで選手の競技力をより向上させることを目的とし、一九六五年四月に「競技力向上委員会」が設けられた。ところが、当時は財政基盤が弱く充分には機能しなかった。一九七一年四月、競技力向上委員会は発展的に解消し、「選手強化委員会」が立ち上がる。そして、その後の一九七五年四月、日本体育協会は競技力向上委員会を再発足させて、本格的に選手強化に乗り出すことになった。なぜなら、一九六四年東京、一九七二年札幌の両オリンピックの選手強化事業以外では交付されていなかった国庫補助金が、これを期に助成されるようになったからである。

その際、最優先課題とされたのがジュニア対策であった。実際、各種競技団体の選手強化に中学生、高校生を組み込むため、一九七八年度から日本体育協会によるジュニア対策費の助成が始まっている。ジュニア対策という課題の発見は、日本の国際競技力向上施策に次のような転換を迫ることになった。すなわち、四年ごとの短期的なスパンではなく、八年後、一二年後を見据えた長期にわたる強化策が必要だということである。この認識にもとづき、その後の競技力向上施策において重視されていくのが「一貫指導」である。

2・2 一貫指導と国策化の始まり

久木留毅(二〇〇九)によれば、一貫指導システムとは「優れた資質を有する競技者が、指導者や活動拠点等にかかわらず、一貫した指導理念に基づく個人の特性や発達段階に応じた最適の指導を受けることを通じ、トップレベルの競技者へと育成されるシステム」のことである。日本における一貫指導システムの重要性は、三十年以上前から考えられてきたという。例えば、一九七九年に競技力向上委員会は「選手長期総合計画」を作成し、発育期からトップアスリートまでの一貫指導システムの完成について計画の狙いを定め、強化を進めた。しかし、折しもその後の各種国際大会において、日本の成績は全く振るわなかった。象徴的だったのは一九八二年、それまで常に金メダル獲得数一位を誇っていたアジア競技大会において、中国にその座を奪われてしまったのである。

このような危機に直面して、一九八四年に競技力向上委員会によって出されたのが「提言スポーツ21'への飛躍（案）」である。この提言は、今日の一貫指導システムの礎となるものであった。また、ここではスポーツ医・科学センター、情報センター設置の重要性にも触れられており、後の「国立スポーツ科学センター」（Japan Institute of Sports Sciences：以下、ＪＩＳＳ）開設に繋がったと考えられている。こうして、「一貫指導」の論理が前景化し、国際競技力の向上という課題が明確に意識されるようになった頃、競技力向上施策は国家による政策のターゲットにもなった。例えば、中曽根康弘首相（当時）が主導した臨時教育審議会において、一九八七年四月に出された第三次答申である。

この答申には、「スポーツと教育」という章が設けられた。教育答申の中に、スポーツに関する一章が設けられたのは初めてのことであり、異例のことであった。そこでは、競技スポーツの向上について具体的な施策が提起され、本章と関わりの深い事項としては「選手養成上一貫した指導を行うため、一定の地域ブロックごとに六年生中学を設置する」ことが目指されている。また、スポーツ医・科学研究所、ＮＴＣの設置も提起された。

さらに一九八七年九月、退陣直前の中曽根は内閣総理大臣の諮問機関として、「スポーツの振興に関する懇談会」を設置する。その報告書は、臨教審第三次答申を基調としながらも、より踏み込んだ競技力向上施策を提示するものであった。例えば、付属の医・科学研究所を持ち、各競技用のトレーニング施設を備えた総合ナショナルトレーニングセンターの設置、一貫した教育指導を行うシステムとして、東独のような全寮制のスポーツ学校や六年制の体育専門学校を設置する構想などである（『朝日新聞』一九八八年三月三一日朝刊）。そして、この流れは一九八九年の保健体育審議会答申「二一世紀に向けたスポーツの振興方策について」に結実する。

こうして、一九八〇年代には日本の国際競技力の低下という認識を背景に、競技力向上施策の国策化をめぐる欲望が形成されていった。それは、中曽根の「これからはスポーツは国家がやる時代だ」という言葉に表れている（『朝日新聞』一九八八年三月一七日朝刊）。ここでの議論を踏まえ、次の四点を確認しておこう。第一に、「一貫指導」という論理がこの時期から展開され始めていたこと。第二に、その論理を実行するための拠点として、スポーツ医・科学研究所やＮＴＣの設立が重要視されていたこと。第三に、この時期既に全寮制のスポーツ学校を設置する構想が萌芽していたこと。第四に、それが国策として展開されようとしていたことである。まさに、これらが一体となって展開されているのが現在のエリートアカデミーである。しかし、ここから競技力向上施策が国策として順調に進められたわけではなかった。むしろ、それは紆余曲折を経ることになる。

2・3　国策化の停滞――進まないＮＴＣの設立

一九九〇年四月、ＪＩＳＳの建設場所が東京都北区の国立西が丘競技場敷地内に決定する。しかし、実際に運用が開始されるのは二〇〇一年を待たなくてはならない。同様に、ＮＴＣに関しても実情は厳しかった。一九九三年七月、ＪＯＣのＮＴＣ設置委員会において検討されていた、民間企業からの寄付によるＮＴＣ建設が断念されたことが報道されている。そこでは、今後政府などに公的施設としての建設を要請していくが、財政事情は厳しく、実現に困難が予想されると伝えられている（『朝日新聞』一九九三年七月一四日朝刊）。

こうした厳しい状況を好転させ、ＪＩＳＳとＮＴＣの設置が現実味を帯びるきっかけとなったのが、一九九六年のアトランタオリンピックである。アトランタ大会の日本選手団は、当初「少数精鋭」の方針だったにもかかわらず、史上最大四九九人を派遣した。大会前、金メダル5個以上、メダル総数25個以上の目標を掲げたものの、結果は金3個、銀6個、銅5個の計14個に終わった。これは、戦後では一九五二年ヘルシンキ大会に次いで悪い成績であった。この結果を受け、当時日本選手団団長を務めていた古橋広之進は、その敗因として国際情報の少なさを挙げ、選手強化の拠点となるＮＴＣの早期設置を訴えた（『朝日新聞』一九九六年八月五日夕刊）。古橋の主張を皮切りに、ＮＴＣの早期設置を求める声がスポーツ界から相次いでいる（『朝日新聞』一九九六年九月一二日朝刊）。

このような惨敗を受けて、旧文部省も大会終了直後、次年度からトップ選手強化の環境整備に本格的に取り組むことを決定する。具体的には、計画が進んでいなかったＪＩＳＳを着工するほかＮＴＣ建設の方針を固め、調査研究費を一九九七年度予算の概算要求に盛り込むことを決めた（『朝日新聞』一九九六年八月一六日夕刊）。実際、ＪＩＳＳに関しては次年度より着工され、二〇〇〇年に完成予定であることがＪＯＣから発表されている（『朝日新聞』一九九六年九月二六日朝刊）。

ところが、一九九七年六月十七日、ＪＯＣは二〇〇〇年シドニーオリンピックに向けた強化施設の整備支援事業に関する方針を明らかにし、ＮＴＣの建設が難しいため各競技団体の拠点施設の整備や宿泊施設の改善などに予算を割り当てることを決定している（『朝日新聞』一九九七年六月一八日朝刊）。こうして、八〇年代に先鞭をつけられた競技力向上施策の国策化は、九〇年代において停滞した。ようやく、ＪＩＳＳに関しては見通しが立ったものの、スポーツ界が切望するＮＴＣの設立は一向に進まなかったのである。

２・４　スポーツ界の夢――国策化の加速とＮＴＣの誕生

しかし、九〇年代の停滞は二〇〇〇年代に反転する。その先駆けが、一九九七年九月に出された保健体育審議会答申「生涯にわたる心身の健康の保持増進のための今後の健康に関する教育及びスポーツの振興の在り方について」（保健体育審議会 一九九七）である。そこでは、日本の国際競技力が低下した要因として、国際競技力向上への組織的・計画的取り組みの欠如が挙げられ、具体的な問題としてジュニア期からの一貫指導体制の不備が指摘されている。また、「ナショナルレベルのトレーニング拠点の設置」という項目が掲げられ、ＮＴＣを早期に設置することの必要性が記された。[3]

この答申以降、再び競技力向上施策の国策化が進んでいく。しかも、それは矢継ぎ早に、かつ以前よりも具体的に展開されていくのである。順を追って見ていこう。まずは、二〇〇〇年九月に文部大臣告示として策定された「スポーツ振興基本計画」である。ここで特徴的なのは、メダル獲得率（大会メダル総数に占める日本が獲得したメダルの割合）が具体的な数値目標として掲げられたことである。そこでは、一九九六年アトランタオリンピックでメダル獲得率が１・７％に低下したことを踏まえ、トップレベルの競技者を育成・強化するための諸施策を総合的・計画的に推進し、早期にメダル獲得率を倍増の３・５％とすることが目指された。また、そのために必要不可欠な施策として、一貫指導システムの構築やＮＴＣの早期整備も掲げられている。

その直後に開催されたシドニーオリンピックでは、金５個、銀８個、銅５個の合計18個のメダル獲得に留まり、国際競技力の低迷傾向が続いた。しかし、だからこそ競技力向上施策の国策化は加速していった。二〇〇一年四月、ＪＯＣはスポーツ振興基本計画の政策目標を達成するため、国際競技力向上戦略「ＪＯＣゴールドプラン」を策定した。そして同年十月、ついにＪＩＳＳが開設されることになる。これ以後、ＪＩＳＳを中心に日本のトップレベル競技者の強化・育成活動をスポーツ医・科学、情報面から支援する取り組みが本格化していく。

そして、二〇〇三年十二月には「ＪＯＣナショナル・スポーツ・アカデミー・スクール構想」の検討が始まっている。そこでは、スポーツ振興基本計画にもとづき文部科学省が進めるＮＴＣ整備構想に伴い、有望選手をＮＴＣで生活させて集中的な競技力強化と人格形成に取り組んではどうかという案が浮上している。担当者は、「中国や旧共産圏の手法が手本。トップ指導者の下でトップ選手の影響を受けて、ジュニアが継続的に指導を受ければ効果が高い」と述べている（『朝日新聞』二〇〇三年一二月一九日朝刊）。ＮＴＣの設立が現実味を帯びる中、エリートアカデミーにつながる構想がこの頃から具体化されていったといえる。

　こうした中、二〇〇四年のアテネオリンピックでは金16個、銀9個、銅12個の合計37個のメダルを獲得し、金メダル数、合計メダル数ともに過去最高の成績となった。これを受け、いよいよＮＴＣの設立が具体化されていく。それを後押ししたのが、時の首相小泉純一郎である。既に、二〇〇四年度当初予算にＮＴＣの基本設計費など約四十一億八千万円が計上されていた。ところが、宿泊施設の着工は二〇〇八年の北京オリンピック後に計画されていたのである。そこで、小泉は「北京五輪に間に合うように、ナショナルトレーニングセンターの整備計画を進め、予算を前倒しする」と発言し、河村建夫文部科学相（当時）に指示を与えた（『朝日新聞』二〇〇四年九月二日朝刊）。

　小泉の鶴の一声によってＮＴＣ設立の具体的計画が進む一方で、競技力向上施策はその勢いを止めることなく次々と提示されていく。二〇〇五年六月には、スポーツ振興基本計画で示されたメダル獲得率3・5%という目標をアテネオリンピックで上回ったことを受け、ＪＯＣが「ゴールドプラン」を見直し「ＪＯＣゴールドプランステージⅡ―夏季バージョン」を策定した。そこでは、「二〇一六年東京オリンピック大会を招致し金メダル獲得数で世界トップ3を目指す」ことが掲げられた（日本オリンピック委員会 二〇〇八）。二〇〇六年八月には、ＪＯＣが将来のトップ選手を育てるため、ＮＴＣにジュニアの有望選手を住まわせ、集中強化することを決定している（『朝日新聞』二〇〇六年八月一九日朝刊）。そして、二〇〇七年一月一〇日、ＮＴＣ陸上競技場が東京都北区に完成した。限定的な供用の開始ではあったが、まさに「ＮＴＣ建設という日本のスポーツ界にとって五〇年来の夢」（日本体育協会・日本オリンピック委員会 二〇一二、四九一頁）が実現された瞬間であった。

2・5　国策化の到達点としてのエリートアカデミー

　この少し前の二〇〇六年十二月、競技力向上施策の国策化の極限ともいえる一つの文書を策定することになる私的諮問機関が設置されている。それは、当時の文部科学副大臣だった遠藤利明が設けた「スポーツ振興に関する懇談会」[4]である。思い返せば八〇年代、競技力向上施策の国策化に踏み込んだのは中曽根が諮問機関として設置した「スポーツの振興に関する懇談会」であった。中曽根から始まった競技力向上施策の国策化という欲望は、わずか一文字違いの機関を通してもはや隠されることなく発露されている。

スポーツ振興に関する懇談会（二〇〇七）は、二〇〇七年八月に「『スポーツ立国』ニッポン―国家戦略としてのトップスポーツ」を策定した。「オリンピックで金メダルを！国民みんなの願いです」との文章から始まり、「国家として取り組む以外に、世界のトップスポーツの中で日本が成功する道はない」と結論するこの提言。それは、タイトル通りトップスポーツに焦点化し、その国家戦略化を模索するものである。そこでは、現代社会において国家・民族の優位性を示すのはもはや軍事ではなくスポーツであり、とりわけオリンピック等の国際競技大会で日本人選手が成功することは真の先進国「日本」のプレゼンスとアイデンティティーを高めると謳われている。おそらく、これほどまでにナショナリズムの欲望が吐露された文書は他になかった。ましてや、トップスポーツのみをターゲットとした文書は。これ以後、トップスポーツが臆面もなくスポーツ政策の最前線に躍り出てくることになる。

二〇〇七年十月、「スポーツ振興に関する懇談会」の提言を受け、自民党が政務調査会の一つとして「スポーツ立国調査会」を設置した。調査会は、翌十一月に「我が国のスポーツ振興に関する緊急決議（案）」を発表。子どもの体力向上や生涯スポーツ社会に言及されているものの、その主眼はトップスポーツに向けられた。とりわけ、「国を挙げて国際競技大会で活躍できる競技者を育成することは喫緊の課題である」と指摘し、ＪＯＣスポーツアカデミー事業への予算確保を訴えている（スポーツ立国調査会 二〇〇七）。ＪＯＣスポーツアカデミー事業とは、二〇〇八年に全面供用が開始されたＮＴＣを中心として、ＪＯＣが開始した選手強化事業である。もちろん、この中にエリートアカデミーも組み込まれている。すなわち、国家戦略としてトップスポーツがターゲットとなった時、その具体的事業としてエリートアカデミーに期待が寄せられたのである。

このような中、二〇〇八年一月二一日、遂にＮＴＣは全面供用が開始され、同年四月にはエリートアカデミーも開校した。一時的にせよ、国を挙げて競技力向上に取り組み、「スポーツ科学」と「競技力向上施策」が結びついた一九六四年東京オリンピック。一九八〇年代に競技力向上施策の国策化への欲望が生起しながらも、それが現実化しなかった一九九〇年代。そうした紆余曲折の末にＪＩＳＳとＮＴＣが完成し、競技力向上施策の国策化が加速した二〇〇〇年代。まさに、エリートアカデミーはこうした国策化の歴史の到達点から始動するに至ったのである。次節では、二〇〇〇年代以降活発に展開されている、タレント発掘・育成（Talent Identification and Development：以下、ＴＩＤ）事業を皮切りに、ジュニア・アスリートがどのようにして日本代表になっていくのかを具体的に見ていく。

３・ジュニア・アスリートの強化をめぐる戦略の変容

３・１　入口としてのタレント発掘

「新聞広告に、『大男つのります』と出そうかと真剣に考えたこともある」（八田　一九六五、二〇頁）。これは、一九六四年東京オリンピック当時、日本アマチュア・レスリング協会会長で金メダル五つの獲得に大きく貢献した八田一朗の言葉である。日本人の体格では不利な重量級での勝利を夢見て、柔道や相撲の選手を一時的に借りることも考えたという八田の考えた起死回生の秘策である。現在、次々とメダリストを輩出するレスリング界がこれほど人材難に喘いでいたことも驚きだが、何より「大男」という大雑把な指標以外に選手の才能を推し量る術がなかった当時の現実が垣間見える。八田の突飛な発想は実現しなかったが、およそ五〇年の時を経てそれは現実となった。二〇一六年三月、日本スポーツ振興センター（Japan Sport Council：以下、ＪＳＣ）が運営するＷＥＢページでは、現在募集しているタレントとして「長身者」という言葉が使われていた。その応募条件の一つには、「男子１９０ｃｍ以上、女子１７５ｃｍ以上」とある。[6]

筆者はここで、八田が「大男」としか規定できなかった条件が具体的数値となり、男女共に募集が現実化したことを喜びたいのではない。重要なのは、一九六四年と異なりスポーツ科学が大きく進展したことである。現在のアスリートは、競技に取り組む以前にあらゆる科学的データからその隠れた才能を洗いざらいにされるのだ。それが、ＴＩＤの論理である。「アスリートが育成される道筋（アスリート育成パスウェイ）における、入口の『選択の機会と場』を提供できるか、が大切」と述べられるように、まさにＴＩＤは選手強化の入口として現在活発に展開されている。主なものに、ＪＳＣを中心に全国規模で実施されるナショナルタレント発掘・育成（以下、ＮＴＩＤ）事業、ＪＯＣとＪＳＣの連携で進められる地域ＴＩＤ事業がある。[7]

ＮＴＩＤを例に取ると、二〇一三年から実施されている同事業には、既に約五〇〇名が参加し、そのうち九名が中央競技団体の育成プログラムにつながったという。とはいえ、ＮＴＩＤにはたかだか五〇〇名しか参加しておらず、選ばれし少数のエリートが参加するものだという実感は拭えない。しかし、私たちのもっと身近なところでＴＩＤ事業はよりソフトに、かつ広範な形で展開されている。それが、地域ＴＩＤ

表2　地域タレント発掘・育成事業一覧

都道府県	事業名	開始年度	対象学年
福岡県	福岡県タレント発掘事業	2004年度	小学４年～中学３年
北海道	美深町タレント発掘・育成事業	2005年度	小学４年～高校３年
和歌山県	和歌山ゴールドキッズ発掘プロジェクト	2006年度	小学４年～小学６年
岩手県	いわてスーパーキッズ発掘・育成事業	2007年度	小学６年～中学３年
山口県	YAMAGUCHIジュニアアスリート発掘育成事業	2008年度	小学４年～中学３年
山形県	山形県スポーツタレント発掘事業	2009年度	小学５年～中学３年
長野県	SWANプロジェクト	2009年度	小学４年～中学３年
秋田県	AKITAスーパーわか杉っ子発掘プロジェクト	2009年度	小学４年～高校３年
北海道	上川北部広域タレント発掘・育成事業	2009年度	小学３年～小学６年
東京都	トップアスリート発掘・育成事業	2009年度	中学２年～中学３年
京都府	京の子どもダイヤモンドプロジェクト	2011年度	小学４年～中学３年
埼玉県	彩の国プラチナキッズ発掘育成事業	2011年度	小学４年～小学６年

＊日本オリンピック委員会（2016）をもとに筆者作成。なお、日本オリンピック委員会（2017）から、地域タレント発掘・育成事業に関する情報が記載されなくなっている。

事業である。

3・2　選抜から識別へ

実は、ＮＴＩＤのおよそ一〇年前に始まったのが地域ＴＩＤ事業である。ＪＯＣナショナルトレーニングセンター拠点ネットワーク・情報戦略事業アシスタントディレクターの松井陽子によれば、この事業がそれまでの選手強化と異なるのは次の点にあるという。

これまでと大きく異なる点は、そのスポーツの中で、例えば大会成績等に基づき優秀と思われる人物を集める選抜（selection）という方法ではなく、まだそのスポーツをしていない人物を含めた幅広い中から、そのスポーツに必要な素質をもつ人物を識別（identification）し、系統的・計画的なプログラムに従って育成（development）するという点である（松井 二〇一〇、一五九頁）

ここでは、ジュニア・アスリートの強化をめぐる戦略の重要な転換が語られている。すなわち、「選抜」から「識別」への移行である。ある種目における優秀な競技者を絞り込んでいく「選抜」ではなく、まだその種目を行っていない人も含めた広い範囲の中から素質を持つ人物を「識別」

し「育成」するのがＴＩＤ事業だというのである。このような認識にもとづけば、当然その対象は低年齢の子どもたちにまで広がっていくだろう。

実際、表2のようにＪＯＣを中心に支援されている地域ＴＩＤ事業は、二〇〇四年に開始された「福岡県タレント発掘事業」を皮切りに、十一都道府県、十二事業が展開されているが、その内十一事業が対象を小学生からとしている（日本オリンピック委員会二〇一六）。では、こうした事業はどのように実施されているのだろうか。最も早くに始まった、「福岡県タレント発掘事業」を例に見てみよう。

福岡県タレント発掘実行委員会事務局（二〇一〇）によれば、その事業目的は大きく分けて二つある。一つは、小・中学生期におけるタレント（才能）を有する人材を見出し、適切な指導による組織的・計画的育成、能力に応じた種目選定を通してトップアスリートとして活躍できる可能性を広げること。もう一つは、すべての子どもたちがスポーツに主体的に参加できる気運の醸成を図ることである。「すべての子どもたち」という言葉によって、この事業が単にエリートを育てるためのプログラムではないようにも見える。しかし、その意味するところは次の通りである。

> トップアスリートをめざす才能豊かな子どもをもれなく発掘することと同時に、すべての子ども達が、この事業に参加するチャンスを保証することが重要である。事業への参加によって、子ども達に世界へとつながるチャンスを意識させ、自分の体力・運動能力向上への活力を高めさせることがもう一つの目的でもある（福岡県タレント発掘実行委員会事務局二〇一〇、一六九―七一頁）

つまり、この事業への参加の入口がすべての子どもに開かれているに過ぎないのである。その最終的な目的は、世界につながる才能豊かな子どもをもれなく発掘することなのだ。ここには、まさに「識別」の論理が表れている。実際、選考の対象である小学校四年生〜中学校一年生すべての子どもに対し、学校を通して申込用紙が配布されているという。

こうした努力は数字にも表れている。同事業のHPによれば、申込者数は事業が始まった二〇〇四年度は一五二二名に過ぎなかったものの年々増加し、二〇一七年度には五万六一七八名が参加したという。[8] 福岡県の人口移動調査によると、タレント発掘事業の選考対象の子ども（10〜13歳）の人口は十七万九五七二人であると推計されることから、およそ三人に一人が参加していることになる。[9] これは、決して小さな数字ではない。また、日本の地域ＴＩＤのモデルともいえるこの事業からは、エリートアカデミーに多くの選手を輩出している。

これまで、エリートアカデミーを終了した五六名の内、少なくとも一〇名が「福岡県タレント発掘事業」の出身である。[10]

このように、地域ＴＩＤ事業は「選抜」から「識別」へというジュニア・アスリートの強化をめぐる戦略の変容をまさに具体化している。今やジュニア・アスリートの強化に際して、多くの子どもたちが動員されていくシステムが密かに整いつつあるのだ。

3・3　データに細分化されるジュニア・アスリート――非人間化された身体の生産

ＴＩＤ事業が行き着く目的について、先の松井は次のように結論づけている。

> タレント発掘・育成は、これまで偶然に自分に適したスポーツに出会い、偶然に良い指導者に巡り合うというような「偶然」の産物であったトップアスリートへの道を、より多くの「必然」に置き換えることが目標である（松井二〇一〇、一六三頁）

「偶然」から「必然」へ。[11] この移行に必要なのが、スポーツ科学によってあらゆる情報を測定、評価し、ジュニア・アスリートの身体を管理していくことに他ならない。先述したＮＴＩＤでは、「発掘・検証・育成」の三つの段階が用意されているという。第一に、発掘の段階では一次選考において一般的な体力・運動能力測定をＪＩＳＳや大学などで行い、二次選考では専門的な測定によって、各種競技で必要な能力を評価する。第二に、検証の段階では一日、二日の測定では見出せない、選手の潜在能力と適性を検証するため、数週間から数ヶ月の専門的トレーニングを行い、その前後で専門能力の成長率や取り組む姿勢、覚悟などを見ていく。そして第三に、育成の段階では中央競技団体が主体となり世界基準の育成プログラムが提供される。このような「発掘・検証・育成」のプロセスは、「福岡県タレント発掘事業」を始めとする地域ＴＩＤ事業にも見出すことができる。

こうして、ジュニア・アスリートは幼少期から常にスポーツ科学によって測定・評価され続けることになる。換言すれば、今や彼／彼女らの身体はスポーツ科学による測定・評価を経て、あらゆるデータへと細分化されていくのである。これを、本章では「非人間化された身体の生産」と呼ぼう。ここで、「非人間化」という言葉を用いた裏には、「非人間化―人間化」という対が想定されている。それは、「モノ―ヒト」の対と言い換えてもよい。現代のジュニア・アスリートは、スポーツ科学によってあらゆるデータへと細分化され、それを原材料にあたかもモノが生産されるかのように身体が形づ

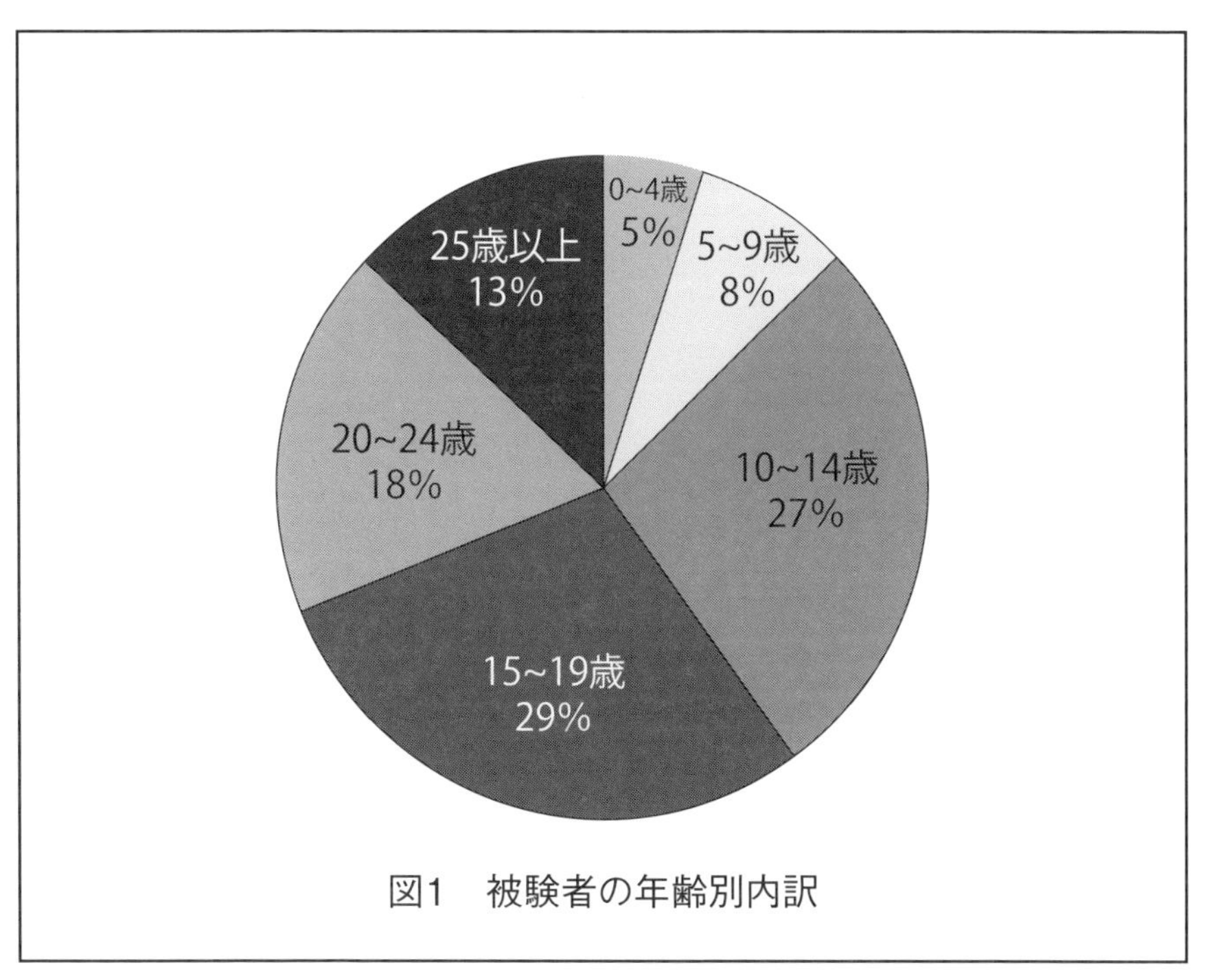

図1　被験者の年齢別内訳

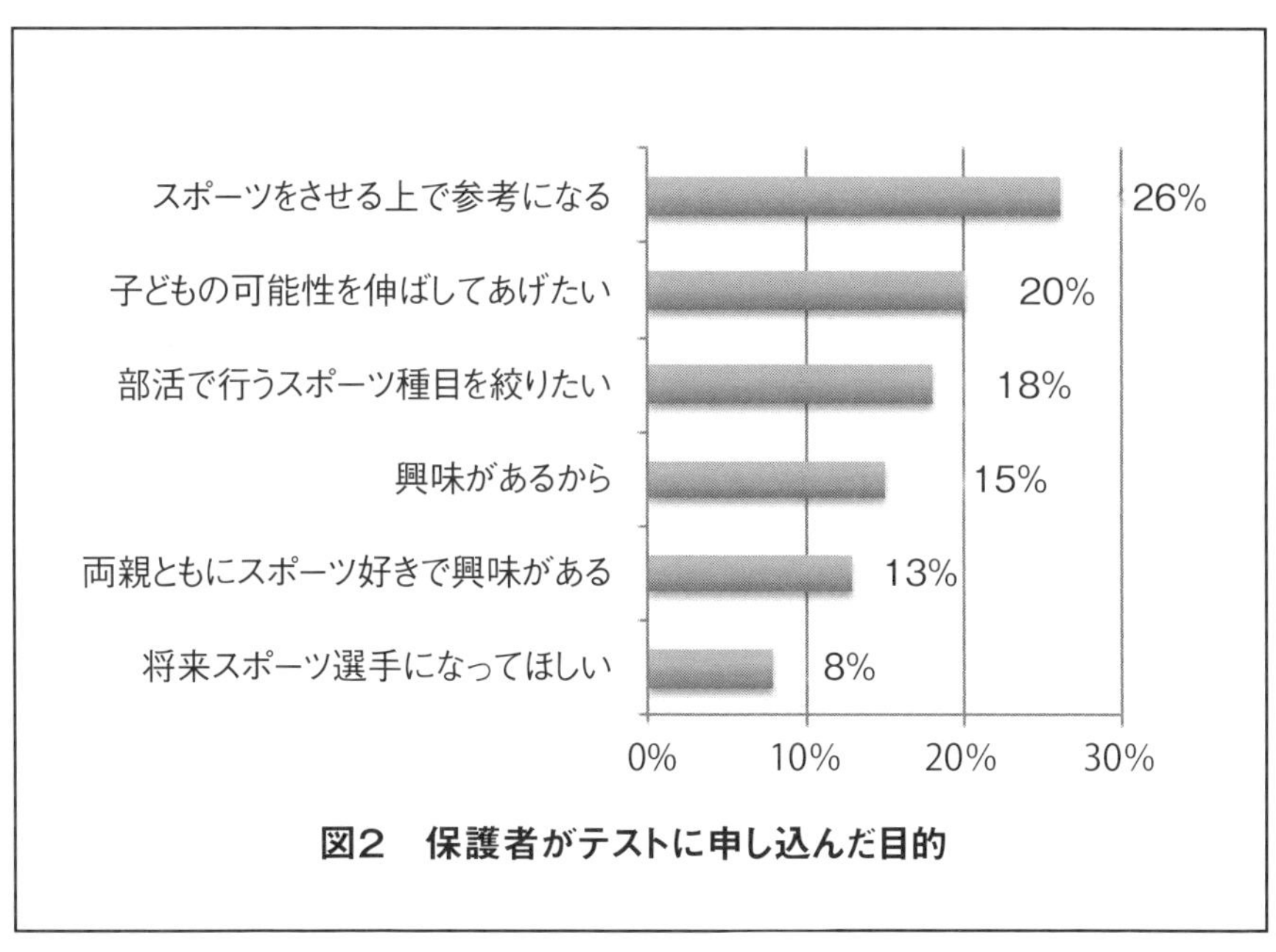

図2　保護者がテストに申し込んだ目的

くられていくのである。

例えば、二〇一七年二月一九日にフジテレビ系列で放送された『ミライ☆モンスター』では、当時エリートアカデミーに所属していた張本が取り上げられた。そこでは、食事に関して次のような取り組みが行われていた。選手は、食べたものを毎食写真に撮り、栄養士に送る。すると、送られた写真はすぐにデータ化され、栄養士からアドバイスが与えられるという。栄養素というミクロな要素がデータ化され、それをもとにアスリートの身体が綿密に管理されていく様子がよく分かるだろう。もちろん、食事以外にもバイオメカニクス的見地からの動作の解剖、生理学的見地からの筋肉や呼吸循環機能の数値化など、その例は枚挙に暇がない。[12] そして、その極限にあるのが遺伝子情報であろう。

スポーツ遺伝子の研究に拍車がかかり、かつビジネス化していく端緒となったのが「ACTN3」遺伝子の発見である。「金メダル遺伝子」とも呼ばれるACTN3は、陸上の一〇〇メートル走を始めとした瞬発系競技の能力に関わるとされている。善家賢(二〇一二)によれば、その研究成果は既に日本のスポーツ現場に導入されている。大学陸上界の名門である福島大学では、遺伝子情報から目に見えない選手の特徴を把握し、個々に応じたトレーニングメニューを立案しているという。こうしたスポーツ遺伝子検査は、トップアスリートのみならず、近年では一般の人々も気軽に利用できるようになってきている。

例えば、メディカルネットサービス・スポーツ株式会社には、インターネット上で簡単にスポーツ遺伝子検査を申し込むことができる。[13] 二万円の費用を振り込むと、スポーツ遺伝子キットが届き、自らサンプルを採取し返送する。すると、二〜三週間程度で結果報告書と解説書が再び送られてくるという。注目すべきは、同社がHPで公開している調査結果である。図1から分かるのは、被験者の内、0歳〜19歳までが69%を占めており、その大半がジュニア・アスリートと呼べる年齢であることだ。特に、小学生以下の年代においては、保護者が何らかの目的を持って申し込むことが予測できるだろう。実際に、同社はテストを申し込んだ保護者の目的を公開している。その結果が図2である。ここには、子どもの潜在能力を余すところなく発掘し、その才能に見合った「必然」の道を歩ませようという欲望が、国家のみならず家庭にまで広がりつつある現状を見出すこともできるだろう。

エリートアカデミーにおいて、遺伝子情報がどこまで利用されているのかは定かでない。[14] けれども、ここで見たように「非人間化された身体の生産」ともいうべき事象が生起しているのは確かである。海老島均(二〇〇四)は「スポーツ科学領域での研究先鋭化の賜である優生学や遺伝子工学によって人間の選抜を強化したり、高度なスポーツ医学によってサイボーグ化された人間を作り出す技術は、スポーツ倫理を飛び越えて人間性そのものの倫理に対する挑戦である」と述べ、人間の疎外、モノ化、サイボーグ化が進むスポーツ界の現状を批判している。[15] しかし、この批判では捉えきれない事象も生じているのではないだろうか。というのも、「非人間化」の裏で「人間化」の要請がますます高まっているからである。

3・4　競技も知能も生活も——人間化された身体の育成

> 世界のトップアスリートになるために必要な運動能力はもちろんのこと、知識や、精神的な能力、人格といったところまで、育成プログラムでカバーしていく（中略）また、近年低下しているといわれるコミュニケーション能力もスポーツをする上で重要な能力であるため、「自分の考えを伝える」「相手のことを知る」といったトレーニングも多く取り入れられている。タレント発掘・育成事業ではトップアスリートを育成していくとともに日本を代表する次世代のリーダーにふさわしい人格形成も視野に入れている。
> （松井 二〇一〇、一六〇—一頁）

この語りでは、競技力のみならずトップアスリートに必要な様々な能力が掲げられ、ＴＩＤ事業がそれらをも育むプログラムであると高らかに宣言されている。ここに見られるのは、「人間化された身体の育成」とでも呼べる現象である。「非人間化された身体の生産」は決して人間性を排除しない。むしろ、それを埋め合わせるかのように人間性が育成されようとしている。エリートアカデミーでは、「競技力」だけでなく「知的能力」や「生活力」の向上も目指されていたことを想起しよう。競技も知能も生活もというのが、ジュニア・アスリートの強化を取り巻く現状なのである。彼／彼女らは、競技を代表するだけではいけない。日本を代表する次世代のリーダーにならなければならないのだ。

　このような、ジュニア・アスリートに必要なあらゆる能力を一括できる便利な言葉がある。それが、「人間力」である。この言葉は、エリートアカデミー関係者によって多々用いられている。例えば、二〇一〇年四月五日に行われた三期生の入校式において、澤木啓祐ＪＯＣ選手強化副本部長（当時）は「競技力の向上が第一目標ですが、それだけではなく、人間力を向上してください。競技力は、味の素トレセンで生活することによって先輩方から学ぶことができます。そして、学校に通うことによって知識を習得できます。また、登下校時には地域の方たちとのふれあいも育んでいただきたい。それらの経験は皆さんの人間力になります。そして、その人間力は競技力につながるはずです」と、新入生に向けて「人間力」の向上を期待している。[16]

一見すると、競技力以外にもあらゆる能力の向上が企図されているエリートアカデミーの教育プログラムは非の打ち所がないように思える。しかし、注意すべきは上記の語りにおいて、人間力が最終的に競技力に還元されてしまっていることである。そうした論法は、より競技現場に近い場所でも用いられている。二〇一四年のユースオリンピックに卓球女子シングルスで出場した、当時エリートアカデミー所属の加藤美優は、惜しくもメダルを逃した。その際の記事に、次のような記述がある。

「技術面だけではメダルは獲れないということを、今回のユース五輪で痛感しました」。誰もが緊張する場面で、精神面をコントロールするためには何が必要なのか。田勢監督はそれを「人間力」という言葉で表現する。「練習を頑張るのは、プレーヤーであれば当然のことなんです。ユース五輪のような大きな舞台では、それ以外の日頃の生活の部分が、メンタルに大きな影響を与える。食事やトレーニング、挨拶などの生活態度もしっかりしていなければ、すぐにメンタルに影響が出て、試合にも結果として表れてしまう」(『卓球王国』二〇一四年十二月号)

競技力に直結する技術以外の部分が「人間力」と表現され、メダルを獲るためにはその力が必要だと語られるのである。こうした事態に陥るのは、「人間力」があらゆる能力を一手に語れてしまう曖昧な概念だからに他ならない。牧野智和(2014)は、数多の事象に文脈依存的に、あるいは包括的に運用できるブラックボックスの機能を「人間力」という概念に見出している。エリートアカデミーの最大の目的が競技力向上にあるのは間違いない。しかし、関係者は必ずといってよいほど「競技だけではなく…」と語っている。つまり、牧野の指摘を鑑みれば、「人間力」が競技力向上の欲望を巧みに隠蔽しつつ、エリートアカデミーの存在を正当化する概念装置として機能している様が見て取れるのである。

また、JOCの選手強化本部は「人間力なくして、競技力向上なし!」をテーマに掲げ、二〇二〇年東京オリンピックに向けて「『自国、日本で戦う強み』を最大限活用するとともに、将来『日本を背負って立つ国際人』を育成できるよう、オリンピック、スポーツを通した人間教育、人間形成を推進していきます」と述べている(日本オリンピック委員会二〇一七、八頁)。このように、競技のみならず日本を代表するリーダーになることが求められているジュニア・アスリートの姿は、昨今その育成が課題とされる「グローバル人材」にも重なる。例えば、グローバル人材育成推進会議(二〇一二）によると、グローバル人材は（1）語学力・コミュニケーション能力、（2）主体性・積極性、チャレンジ精神、協調性・柔軟性、責任感・使命感、（3）異文化に対する理解と日本人としてのアイデンティティーという三つの要素を内包しているという。しかも注意すべきは、今や国家的課題に昇華されている「グローバル人材」の育成が、もともと企業内部のローカルな課題であった点である（吉田 二〇一二）。つまり、彼／彼女らの「人間化された身体」は経済界が求める身体でもあるのだ。

このように、ジュニア・アスリートの強化をめぐって「非人間化された身体の生産」が行われている裏側で、「人間化された身体の育成」に対する要請がますます高まっている。[17] その身体は、一方で経済界が求める「グローバル人材」とパラレルである。他方で、その背後には「人間力」という言葉で巧みに隠蔽された競技力向上への国家的欲望が渦巻いてもいる。果たして、「国家」と「経済」の合流地点で彼／彼女らに求められているのは、スポーツを通じてどのような「人間」になることなのだろうか？

おわりに

本章では、日本における競技力向上施策の国策化の到達点から、エリートアカデミーが始動するに至った経緯を確認し、ジュニア・アスリートをめぐる身体の有り様の現在に迫ってきた。そこには、「選抜」から「識別」へという戦略の変容の中で、「非人間化された身体の生産」と「人間化された身体の育成」が同時進行している様相が浮かび上がる。ここからは次のことが読み取れよう。それは、彼／彼女らの身体が「国家」と「経済」という領域が重なり合う地点で、その正当性を見出せていないことである。

身体をデータに細分化することで、その才能を「偶然」ではなく「必然」として見出すのがＴＩＤの論理であった。今や、選手と指導者が「偶然」出会い、成長し、活躍するといった物語が入り込む余地はますます狭まっている。そこにあるのは、国家の介入によって選ばれし者が、「必然」の道を踏み外す事なく歩んでいく「非人間化された身体の生産」の物語である。また、「人間化された身体の育成」において、ジュニア・アスリートの姿は経済界が切望する「グローバル人材」と重なる一方で、彼ら／彼女らに投げかけられる「人間力」という曖昧な言葉の裏には、国家のプレゼンスを高めたいという欲望が密かに鎮座してもいる。では、彼／彼女らが目指すのはどのような「人間」なのか。その答えは曖昧なままである。それは、「スポーツで日本を代表する身体とは何か？」という問いに対する答えを、私たちが見出せていないということでもあろう。

けれども、こうした曖昧さ故に、エリートアカデミーを端緒としたジュニア・アスリートの競技力向上施策は機能し続けることができるのかもしれない。そして、彼／彼女らの存在が真に正当化されるのは、おそらくオリンピックで勝利（もしくはメダル？）を得た時である。しかし、本当にそれで良いのだろうか。少なくとも一つ確かなのは、「なぜ、オリンピックで勝つために国を挙げて取り組まなければならないのか？」という問いが欠落したまま、現実のみが先行していることだ。この根本的な問いに向き合わなければならない。[18]「トップスポーツの世界は『個人の戦い』から国家を巻き込んだ『総合力の戦い』へと変貌を遂げている」（和久 二〇一三、四二頁）のだとしても、その時流に乗る理由など何もないのだから。

最後に、ある事実を述べて議論を終えよう。実は、エリートアカデミーの在籍者・修了者からは未だオリンピアンが出ていない。冒頭に挙げた平野は、リオデジャネイロオリンピックに補欠として帯同していたものの、正式メンバーではなかった。しかし、来たる東京オリンピックにおいては、既に何名かのアカデミー関係者が代表権を獲得しており、今後も増えることになるだろう。その中には、メダルを得る者も現れるはずである。その時、私たちは彼／彼女らの活躍をどのように受け止めることができるだろうか？

注

1　本節はＪＯＣのHP（http://www.joc.or.jp/training/ntc/eliteacademy.html, 2019.5.21）に多くを負っている。また、同ページで提供されている「エリートアカデミーだより」などを適宜参照した。

2　本節は関（一九九七）、出雲（二〇〇八）、菊ほか編（二〇一一）、日本体育協会・日本オリンピック委員会（二〇一二）、友添（二〇一二）を主に参照し、新聞など適宜資料を加えつつ記述した。

3　この答申は、以後の競技力向上施策に先鞭をつけた点で注目に値するが、他にも重要な転回を見せている。それは、後の議論にもつながる選手の人格形成への言及である。そこでは、競技だけでなく人格的にも優れた「真の競技者の育成」が謳われている。

4　構成者は次の通り。遠藤利明（文部科学副大臣）、浅川伸（日本アンチ・ドーピング機構事務局長、ＪＯＣアンチ・ドーピング委員会委員）、勝田隆（仙台大学教授、ＪＯＣ情報・医・科学専門委員会副委員長）、久木留毅（専修大学准教授、ＪＯＣ情報・医・科学専門委員会委員）、河野一郎（筑波大学教授、ＪＯＣ理事）、田辺陽子（日本大学准教授、ＪＯＣアスリート委員会副委員長）、和久貴洋（国立スポーツ科学センター情報研究部専任研究員、ＪＯＣ情報・医・科学専門委員会委員）。なお、肩書はすべて当時のものである。

5　同文書には、最高顧問森喜朗、会長麻生太郎、会長代理小坂憲次、鈴木恒夫、事務局長遠藤利明といった、調査会に所属していた自民党議員の名が記されている。

6　アスリートエントリーサイト「Gateway」HP（http://www.

jpnsport.go.jp/Portals/0/gateway/, 2016.3.24)。現在は削除されている。なお、他の応募条件として「オリンピックにかける覚悟がある者」「日本国籍を有する者」「13歳以上、30歳未満」が挙げられている。

7 日本スポーツ振興センター「アスリート育成パスウェイ」HP(https://pathway.jpnsport.go.jp/talent/index.html, 2019.1.7)。以下、NTIDに関しては同ページを参照。

8 福岡県タレント発掘事業HP(http://fukuokasportstalentidproject.blogspot.jp/2010/03/blog-post_13.html, 2019.1.7)

9 福岡県の人口と世帯(推計)平成30年4月1日現在(https://ckan.open-governmentdata.org/dataset/401000_jinkouidouchousa-gaiyou/resource/d96dbf44-402e-46ce-b4cb-9bc90b65c60e, 2019.1.7)

10 福岡県の県民情報広報課が発行する広報誌には、「エリートアカデミーには、『福岡県タレント発掘事業』の修了生が多数在籍する」との記載がある(http://www.pref.fukuoka.lg.jp/somu/graph-f/2015autumn/sport/, 2019.5.21)。

11 この「必然」が、誰にとってのものなのかを問わなければならない。子どもにある種目の潜在能力が見出されようとも、その種目に取り組む「必然」はないからだ。しかし、TID事業が「アスリートの意志や主体性を最優先にし、尊重しながら行われている」(山本ほか 二〇一四、三二頁)のだとしても、「君には才能があるから○○をやるべきだ」と施策実行者側の「必然」が示された時、それに抗える子どもや保護者がどれだけいるだろうか。

12 「非人間化された身体の生産」は、トップアスリートに限らない。テクノロジーによる身体の細分化は、一般のスポーツ愛好者にも広がっている。例えば、皇居ランを事例にランナーたちが自らの身体や生を情報として処理する様相を描いた新倉(二〇一五)を参照。

13 メディカルネットサービス・スポーツ株式会社HP(https://sportsidenshi.com/, 2019.1.8)。図1と2は同HPをもとに作成した。なお、同社の検査においてもACTN3が測定項目の筆頭に挙げられている。

14 ただし、遺伝子情報をTIDに活用しようとする思考は既に萌芽している(福・衣笠 二〇一六)。

15 このような批判に対して、むしろスポーツのパフォーマンスは身体―道具(人工物)―ルール(制度)―時空間(自然環境)の相互作用、相互協調の結果であるとし、人間性の範囲の拡大やモノ自体の人間性をスポーツに見ることで、人間や社会の多様性、可能性の拡大を模索する論考として渡(二〇一六)がある。

16 「平成22年度JOCエリートアカデミー入校式」(http://www.joc.or.jp/teamjapan/2010/04/22joc-bdf0.html, 2019.1.7)

17 ここでも、「人間化された身体」が誰にとってのものかを問う必要があるかもしれない。というのも、ここで見てきた「人間」や「人間力」は、あくまで国家やJOC、指導者によって語られたに過ぎないからである。見方を変えれば、そこでは語る主体にとって有用なアスリートやリーダー像が、「人間」というあやふやな語彙に包まれて述べられているだけのようにも思える。すなわち、「人間」という語彙を用いた競技力向上施策の正当化の内実は、アスリートを国家やＪＯＣ、指導者にとって都合の良い、サイボーグ化した「非人間」にすることだと捉えることも可能である。

18　この問いに対する、フィクションの世界からの刺激に満ちた応答として堂場（二〇一六）がある。

参考文献

堂場瞬一（二〇一六）『独走』実業之日本社文庫

海老島均（二〇〇四）「スポーツ科学からスポーツ学へ――社会学から見たパラダイムシフトの必要性」『びわこ成蹊スポーツ大学研究紀要』1、七三―八五頁

福典之・衣笠泰介（二〇一六）「遺伝情報を利用したタレント発掘・育成の可能性」『体力科学』65（1）、八八頁

福岡県タレント発掘実行委員会事務局（二〇一〇）「福岡県タレント発掘事業の取り組み」『トレーニング科学』22（3）、一六九―八〇頁

グローバル人材育成推進会議（二〇一二）『グローバル人材育成戦略』

八田一朗（一九六五）『剃るぞ！――勝ってかぶとの緒をしめよ』講談社

保健体育審議会（一九九七）『生涯にわたる心身の健康の保持増進のための今後の健康に関する教育及びスポーツの振興の在り方について』

出雲輝彦（二〇〇八）「日本の競技スポーツ政策」諏訪伸夫ほか編『スポーツ政策の現代的課題』日本評論社、一一一―八頁

菊幸一・齋藤健司・真山達志・横山勝彦編（二〇一一）『スポーツ政策論』成文堂

久木留毅（二〇〇九）「スポーツ政策における一考察――日本のエリートスポーツにおける一貫指導システムの問題と課題」『専修大学社会体育研究所所報』(57)、二七―三六頁

牧野智和（二〇一四）「『人間力』の語られ方――雑誌特集記事を素材にして」『日本労働研究雑誌』56（9）、四四―五三頁

松井陽子（二〇一〇）「ＪＯＣが支援する我が国のタレント発掘・育成」『トレーニング科学』22（3）、一五九―六三頁

日本オリンピック委員会（二〇〇八）『ＪＯＣゴールドプラン専門委員会スポーツ立国化検討プロジェクトレポート』

日本オリンピック委員会（二〇一六）『ＪＯＣの活動――2014.April―2015.December』

日本オリンピック委員会（二〇一七）『ＪＯＣの活動――2016―2017.March』

日本体育協会・日本オリンピック委員会（二〇一二）『日本体育協会・日本オリンピック委員会１００年史――ＰＡＲＴ１日本体育協会・日本オリンピック委員会の１００年』

新倉貴仁（二〇一五）「都市とスポーツ――皇居ランの生―政治」『iichiko』126号、八三―九六頁

関春南（一九九七）『戦後日本のスポーツ政策――その構造と展開』

大修館書店
スポーツ立国調査会（二〇〇七）『我が国のスポーツ振興に関する緊急決議（案）』
スポーツ振興に関する懇談会（二〇〇七）「『スポーツ立国』ニッポン――国家戦略としてのトップスポーツ」『政策特報』1295号、五〇―八四頁
友添秀則（二〇一二）「『スポーツ立国論』をめぐって」『現代スポーツ評論』26、八―一七頁
和久貴洋（二〇一三）『スポーツ・インテリジェンス――オリンピックの勝敗は情報戦で決まる』ＮＨＫ出版新書
渡正（二〇一六）「スポーツ科学の価値と未来」『現代スポーツ評論』34、七九―八八頁
山本浩・勝田隆・友添秀則・清水諭（二〇一四）「［座談会］東京オリンピック2020とスポーツ界の変容」『現代スポーツ評論』30、一八―三七頁
吉田文（二〇一二）「『グローバル人材の育成』と日本の大学教育」『教育学研究』81（2）、一六四―七五頁
善家賢（二〇一二）『金メダル遺伝子を探せ』角川文庫

コラム　メディアと「代表」

落合　博

■オフィシャルメディア

●年間三億円

東京オリンピック・パラリンピック競技大会組織委員会は二〇一六年一月二十一日、全国紙四社と大会スポンサーシップ契約を締結したと発表した。四社は読売新聞東京本社、朝日新聞社、日本経済新聞社、毎日新聞社だ。

カテゴリーは国内最上位のゴールドパートナーに次ぐオフィシャルパートナー。契約期間は二〇二〇年十二月三十一日までの約五年間で、オリンピックやパラリンピックのマークや市松模様のエンブレム、大会名、スローガンなどをビジネスツールとして販促活動などに使用できる。具体的には広告、チラシ、事業パンフレット、販促グッズなどだ。

五輪マークは大会組織委員会が知的財産として管理しており、使用にあたっては一件ごとの申請が必要になる。協賛企業以外の企業との共催事業には使えないなどの制約がある。

契約金は非公表になっている。年間三億円（推定）とも言われている。各新聞社はこの金額に見合うだけの広告収入を得ることができるのか。オリンピック・パラリンピックのパートナーとして歴史に名前を残すことを選んだのではないかとの見方もある。

三年後の一八年一月、大会組織委員会は新たに全国紙の産経新聞社、ブロック紙の北海道新聞社とオフィシャルサポーター契約を結んだと発表した。オフィシャルパートナーに次ぐカテゴリーで、すべての全国紙が東京大会にスポンサーとして関わることになった。

●「社員一丸」の願いを込め

オフィシャルスポンサーになったことを受けて、毎日新聞社は一六年四月、兼務者のみだった五輪・パラリンピック対策室を組織改編し、社長室の一角にオリンピック・パラリンピック室（オリ・パラ室）を設けた。説明によれば、会社として東京大会にどう関わるかを検討し、企画・調整していく部署と位置付け、会社のイメージアップを含めたビジネス面での成功を目指すとされた。専従者五人（編集二人、広告二人、販売一人）のスタートだった。

最初の一カ月余に手がけた活動は以下の通り。あいさつ回り（大会組織委員会、日本オリンピック委員会、日本パラリンピック委員会、スポーツ庁、日本スポーツ振興センター、五輪スポンサー各社）をはじめ、パラリンピック金メダリストを囲んでの意見交換会、障害者スポーツ体験イベントでのパネル展示、五輪パートナー各社対象の勉強会や各競技会への参加を通して人脈づくりなどに努めた。

毎日新聞社が東京大会にどう関わるのか、どんな役割を果たそうとするのか、どんなゴールを目指すのかなどの理念を一言で表すキャッチコピーが二〇一六年八月に決まった。

応募八十七点の中から選ばれたのは「感動を、毎日、伝えたい」と「記録を記憶に、一瞬を永遠に」の二点。前者のコピーを考えた男性社員は「この言葉の下で社員が一丸となってほしいという願いを入れました」、後者の女性社員は「速報性ではテレビやネットにかなわなくても、背景の深掘りや一瞬を切り取る表現によって事実をより印象深く記憶させる力が新聞の報道にはあるのではないか、という思いを込めました」とそれぞれコメントした。

オリ・パラ室によると、標語は「毎日新聞社が公式パートナー企業としてオリンピック、パラリンピックに取り組む姿勢を示すとともに、社内気運醸成を狙う」ことになる。

当時、社内でオフィシャルスポンサーになったことについて表立った抗議活動はなかった。ちなみに毎日新聞労働組合の委員長は二〇一六年九月二十七日の定例団体交渉の席で会社幹部に対し、こんな発言をしている。

「二〇二〇年東京オリンピック・パラリンピックはメディア企業としての将来がかかっている。どのように収益を上げるか、戦略は？」

これに対し、社長は「パラリンピックが終わったところで五輪担当とオリパラ室長には早急に総括して今後の4年間の大まかな戦略をつくることと、事業とデジタルについてどういう形でやっていくか検討を始めてほしいと言った。事業を展開しないといけない。早くやったものの勝ちだ。時間との競争だ」と答えた。

■一九六四年大会報道

●控え目な国民意識を反映

高度経済成長の中で開催された一九六四年大会は二〇二〇年大会を語る際、しばしば引き合いに出される。だが、招致決定時の報道は予想に反して、極めて抑制的だった。

招致は一九五九年五月二六日、ミュンヘン（西ドイツ）で開催された国際オリンピック委員会（IOC）総会で決まった。東京は第一回投票で過半数の三四票を獲得し、ウィーン、デトロイト、ブリュッセルの三都市を退けた。

翌日の毎日新聞は朝刊1面で記事を掲載した。主見出しは「聖火、初めてアジアに」だった。脇見出しは「東京オリンピック決まる」、日米安全保障条約の改定をめぐる混乱の末、退陣する岸信介首相の喜びの談話も掲載されている。翌年、社説「五輪大会への期待と不安」（一九五九年五月二八日）は多くの課題を挙げ、約三百億円と概算された開催費用を捻出するため公営ギャンブルの収益をあてにすることを批判した。資料的な価値が高いと判断し、全文を引用する。

東京オリンピックは意外なほどの賛成票を得て、とうとう本決まりとなった。招致に尽力した人たちは、鬼の首をとったようなよろこびであるが、よもやと思っていたのに、簡単にこの大仕事を背負いこんだことに驚きを感じている人たちも多いし、さらに全然ソッポを向いている人たちだっていることを考えなければならない。オリンピックというおびただしい金額の費用を要する競技大会は、招致に尽力にした人たちだけの力で実施できるものでなく、全国民の物心両面からの支持と協力がなければ、やりとげられない。ここに大きな問題が、横たわっているのだ。

もともとオリンピック招致は、いまの日本の力ではムリだとする意見もあったのであるが、こうした東京での開催が決定し、このスケールの大きい競技大会のための施設が、ととのえられるかどうか、と落着いて、現実の状態をながめてみると、はなはだ不安を感じる。目下のところ紙の上の設計図にすぎないものが多く、これを確実に具体化できるという裏づけに乏しいのである。五年後には、招致した責任からいって立派な総合施設がととのっていなければならないのに、現在は素手に近い状態だといっていい。実施を引受けてしまったいま、いかにして日本の責任を果たすかについて、おそれを抱かないでいられようか。ただうれしがっているときでないことを、警告しておこう。

やがて実施のための準備機関が組織されるであろうが、その運営のうえでも、いろいろな支障が起こりそうだ。オリンピックを利用しようとする野心家が介入して、利権の奪いあいを演じる場と化すことも予想されるし、関係機関の間の主導権のとりあい、責任のなすりあいなど、オリンピックそのものの準備よりは、内部抗争に明け暮れてしまう心配もある。こういったことで醜態をさらけだしてしまったら、招致国の責任は果たせまい。それに、概算三百億円にのぼる開催費用をどうやってつくるかという重大な問題がある。

公営バクチによって費用をつくるなどと、簡単に考えているらしい人もいたが、そういう手段は国民に対して無責任であり、すでに反対の声が高い。そこで募金ということになるが、これは国民に強制すべき性質のものでないことを、この際ハッキリさせておく。要するに、オリンピックの開催を引受けたことは、それが成功をみればたしかに日本は世界中へ誇れるし、また実利もあるにちがいないが、失敗すればとりかえしがたい恥をかくことになる。我我は成功を楽観できない状態にあることを知っている。関係者は退くことのできない道を、誠意と努力ですすむほかないことを覚悟し、国民の協力を得られるよう謙虚になるがよい。

二〇二〇年大会では主会場となる新国立競技場の整備費約千五百億円の大半をスポーツ振興くじ（ｔｏｔｏ）で実質的に賄うことになっている。そのことへの批判や疑問の声が取り上げられることが少ない現状とは隔世の感がある。

同じ日に掲載された一面コラム「余録」は、オリンピックに協力しない人を非国民扱いする風潮に警告を発し、国費による選手養成や会社に丸抱えさせることはアマチュア精神を汚すものだと厳しく批判している。こちらも全文を引用する。

東京オリンピックは、拍子抜けするほどあっさり決まった。来なければガッカリするし、来れば来たでたいへんだといわれていたが、まさにそのとおりである。しかしたいへんだからといって、思案ばかりはしていられない。きまった以上、何とか立派にやってのけて、責任を果たさなければならない▲いまはきまった喜びで有頂天になっているが、ほんとうに苦しいのはこれからだ。手放しで万歳を叫び、乾杯に酔っている連中をみると、多難な前途を認識しているのだろうかと気にかかる▲競技の施設には一応目鼻がついているにしても、宿泊、交通などの受入れ体制は心細い限りである。費用のメドもまだついていない。五年先のことだなどと、ウカウカしてはいられない▲しかしだからといって、目的のために手段を選ばぬやり方は慎みたい。カッカとしてしまって、オリンピックに協力しない人を、非国民扱いにするような風潮も心配だ。可能な範囲で全力をつくす、この心構えが必要だ。無理な背伸びは禁物である▲日本でやる大会には、一本でも多く日章旗をあげたい気持はもっともだ。だがそのために、国費で選手を養成しろだの、有力会社に丸抱えさせろといった議論はどうかと思う。勝ちさえすればいいと考えているのだろうか。オリンピックの根幹であるアマチュア精神を、これほど汚すものはない。選ばれた者だけを極端に伸ばす方法は、スポーツの普及振興をかえって阻害する▲オリンピックは参加することにこそ意義がある。この際この言葉を、もう一度よくかみしめておきたい。参加するからには勝たねばならぬなんていうこじつけは、オリンピックの精神をまったくはき違えたものと知るべきである。勝つことよりも、どうしたら参加国に満足してもらえるかの方がよほど大切である。それが主催国としての、第一の関心事でなければならない。

東京招致が決まった一九五九年は日本中が焦土と化した敗戦から十四年しか経過していない。どこか自信なげで控え目だった国民の意識を踏まえた、言い換えれば、身の丈をわきまえた報道だったのではないか。

アマチュア精神を重視する論調は開幕日（一九六四年十月十日）の朝刊一面に掲載された社説でも変わらない。「オリンピック精神に帰れ」という主見出しのほか、「政治の介入は許せぬ」「アマチュアリズムを貫け」「有意義な東京大会に」という三つの小見出しを配し、アジアで初めて開催されるオリンピックについてさまざまな提言をしている。

「政治の介入は許せぬ」では、競技を通じて国力の誇示が行われている現状を踏まえ、表彰式における国家と国旗の廃止を提案している。前年一九六三年のIOC総会で議論されながら、規約の改正に必要な三分の二の賛成を得られなかったことに触れている。

●取り戻した自信

大会前の予想に反し、開催国の日本は柔道、レスリング、体操などで計二十九個のメダルを獲得する。金メダル数（十六個）はアメリカ、ソ連の二大大国に次ぐ世界三位だった。

閉幕翌日（一九六四年十月二十五日）の社説が興味深い。主見出しは「オリンピックの成功を喜ぶ」。小見出しは「感動的な活躍ぶり」「国際感覚と国民感情」の二つ。

日本選手の健闘をたたえた後、オリンピックの華と言われる陸上、水泳の両競技とも一個の銅メダルに終わったことに触れる。「その原因がどこにあったか、これから究明されるだろうが、主として気力、意地など、精神的な面での欠陥を感じさせたのは遺憾であった」と精神力の不足に原因を求める。

オリンピックはナショナリズムを刺激する。「日本人は日本人なのだ、とオリンピックは教えてくれた。今日の国際感覚のなかで、それが間違いだとはいえない。敗戦後の私たちには、比較的国籍不明の感じがなくはなかったことを、このさい、改めて感じないわけにはいかないのである」。

当時の国民意識の一端がうかがえる記述だ。招致決定時は自信のなさが目についたが、代表選手たちが世界三位の金メダルを獲得したことで、日本国民としてのアイデンティティーを取り戻し始めたのかもしれない。

一面コラムの「余録」（一九六四年十月二十五日）は自衛隊に言及している。「自衛隊の活躍もメダルをもらっていいだろう。自衛隊といえば、率直にいって長い間〝日かげもの〟扱いされるふうがあったが、こんどのオリンピックでは、儀典の主役から選手村の警備まで、実によくやってくれた。そのうえ、マラソンの円谷選手、重量あげの三宅選手など、自衛隊の人気ものも出した。〝愛される自衛隊〟への前進は大きい」と書いた。

近年、東日本大震災をはじめ自然災害における救助支援活動などによって自衛隊への支持率が高くなっている状況と似ている。

●オールジャパン体制

東京が二〇二〇年大会の招致に成功したのは、国や政財界、スポーツ界などが「オールジャパン体制」を早期に確立したためだ、と言われている。

オールジャパン体制とは、言い換えれば「総力戦」であり、「挙国一致」でもある。かの「共産党宣言」（一八四八年）にならえば、「一匹の妖怪が二十一世紀の日本を徘徊している。総力戦という妖怪が」となる。

権力監視が役割のメディアも組み込まれている。

二〇二〇年大会組織委員会は、招致に成功した一年後の二〇一四年九月、国内の報道関係者で作るメディア委員会を設置した。全国紙や通信社、NHKや民放テレビ局、雑誌などのスポーツ担当幹部ら計三十六人で構成され、毎日新聞からは専門編集委員と取締役広報担当が入った。「大会を成功に導くための諸課題についてメディアの観点から助言、検討する」ことなどを目的としている。

初会合の冒頭、委員長に就任した日枝久氏（フジ・メディア・ホールディングス代表取締役会長）は「日本中を盛り上げる、日本中が一つになってオリンピック・パラリンピックを迎えるということが、我々に対する期待であり、務めであると考える」と述べた。大会組織委員会の森喜朗会長は「世界の人は映像や記事を介し、競技などを楽しむ。『オールジャパン体制』で盛り上げていくためにはメディアの協力が不可欠になる」とあいさつした。

多様な考えや属性を持って、この国に暮らす人たちを「オールジャパン」という言葉で括ってしまうことは乱暴過ぎないだろうか。

一九六四年大会招致が決まった際、毎日新聞の一面コラム「余録」は、オリンピックに興味や関心のない人たちを「非国民」扱いする風潮を危ぶんだ。

この指摘は今も生きている。

■「翼賛メディア」への反応

●「公正」への疑念

オフィシャルパートナーとなった新聞四社は翌日（二〇一六年一月二十二日）の朝刊一面にそろって社告を掲載した。

二〇〇二年から十四年間、新聞界唯一の日本オリンピック委員会（JOC）オフィシャルパートナーを務めた読売新聞東京本社は二〇一六年リオデジャネイロ五輪、二〇一八年平昌冬季五輪、二〇二〇年東京五輪の日本代表選手団を応援することを明記した。

日本経済新聞社は「日本代表の活躍を全面的に支援」するとともに経済を軸に据えた報道機関らしく「2020年に向けて成長する日本経済の姿を克明に報じていきます」と書いた。

朝日新聞社は「東京2020の成功、未来に向けたレガシー（遺産）創造への貢献」を目指すとした。

毎日新聞社は「スポーツの祭典を通じた平和、友好、平等の実現と進展に努めます」とオリンピックムーブメントを意識した文章を掲載し、点字新聞を発行する国内唯一の新聞社としてパラリンピックムーブメントに言及した。

気になったのは読売新聞東京本社と朝日新聞社の社告だ。読売は「契約後も、報道機関として読者や社会の信頼に応える公正な報道を続ける姿勢は堅持します」、朝日は「新聞社として、報道の面では公正な視点を貫きます」と書いた。

報道機関にとって「公正」は自明のことだ。いわずもがなの一文が追加されたことで、かえってオリンピック関連の報道内容への疑念を生じさせる結果になってしまった。

●知人からのメール

新聞四社がオフィシャルスポンサーに決定した後、当時取材を通して付き合いのあった方々からメールをいただいた。いくつか紹介する。

「（一面社告を）新聞社の廃業広告として読ませていただきました。権力と監視、社会の木鐸はどこに行ったのでしょうか。アウトですね。大日本体制翼賛新聞合同会社に社名変更をおすすめしたいです」

「オリンピック翼賛体制がいよいよ構築されるのでは。異論の存在場所がいよいよ縮まるのではと懸念する一方で、もともと新聞は十八世紀以来、スポーツと共に発展してきた経緯があるので、こうしたことが起こること自体いまさら驚くべきことでもないと思ったりもします。税金を使う以上、国民感情への配慮が大切かもしれませんが、国民感情を一色に塗りつぶすような言動に対しては注意深く見守りたいと思います」

「弱者の味方・見方でオリンピックを報じられることを貴

紙には大いに期待します。このオフィシャルスポンサーになるにあたって、オリンピックとは何か、オリンピズムとは何かを共有したり知識を得たりする研修などは企画されているのでしょうか?」

「いよいよ凄いことになってきましたね。(協賛企業のある新聞社の記者とのやりとりなどを通して)オリンピックを批判的に報道することにかなりおびえているように感じました。それくらい翼賛的な国民的イベントということなのでしょうね」

「日本の四大新聞が手を組んで五輪翼賛体制に入ると分かりました。一業種一企業協賛の原則を破ってまでネガティブな意見は封殺です。ここは産経に頼るか!?(笑)」

オリンピックのスポンサーになったことを読者はどう受け止め、どう評価するのか。その一端がうかがえるメールだった。

●「お国のために」

二〇一六年八月、東京大会の協賛宝くじが全国一斉に発売された。一枚二百円で、賞金は一等一億二百万円、二等は二千二十万円と、一等・前後賞を合わせると二億二百万円、東京二〇二〇大会にちなんだ金額になっている。

総務省の所管となる応援宝くじは二〇二〇年まで発売される予定。この宝くじの収益のうち百億円がオリンピック・パラリンピックに使われることになっている。

ポスターのモデルはバレーボールの元日本代表選手、大林素子さんが務めた。なぜかエプロン姿でスパイクを打つ瞬間がくじの真ん中に印刷されている。ポスターの文言は「私たちも、ニッポンのお役に立ちたい。」だった。戦時中、出征兵士の見送りや慰問袋の作成などを通じて銃後を守ったという○○婦人会の女性たちを想起させる。

国家のために自己を犠牲にして尽くす「滅私奉公」に代表される戦時標語と見間違うフレーズが政府の事業で公然と使われている。この言葉のセンスは時代錯誤なのか、新しいのか。いずれにしてもオリンピックが国家事業であることの証明と言える。

動画バージョンでは「二〇二〇年東京、私達は夢の舞台には立てないけれど、役には立てる」というナレーションが流れていた。「お金を出せば役に立てる」と言っているわけだ。

これにも違和感を覚えざるを得ない。

●「盛り上げ役」

二〇一六年十一月、ある大学で「メディアとオリンピック」というテーマで講演をした。その際、「メディアは盛り上げ役=感動伝達装置なのか」という問いを投げかけところ、大半の学生から「盛り上げ役でいい」というコメントが寄せられた。

一方で新聞四社がオフィシャルスポンサーになったことを否定的に受け止めている学生も複数いた。いくつか紹介する。

「オリンピックに対して批判的なことが書けなくなってしまう。オリンピックに対する報道が一本化されることにつながり、私たちが多様な意見を持つことが難しくなります」

「オリンピックに出てメダルを獲得する国民はほんのひと握りなのに国がそれに何億ものお金をかけているという状況に違和感を感じない国民に私は違和感を感じるし、その原因のひとつにメディアが盛り上げ役になってしまっていることが挙げられるのではないだろうか」

「メディアの報道が一色になってしまえば、私達はオリンピックの一面を真実のように受けてしまう」

「日本の国民全員が同じ意見であるかのように錯覚させる報道は思想操作につながっていくのかなと感じた」

「宝くじの『お役に立ちたい』の〝お〟にとても恐怖を感じた」

リオデジャネイロ五輪のメダリストたちがテレビのバラエティー番組などに出演していることに触れ、「オリンピアンが各局の視聴率を上げるための道具として使われている気がしてならない」と感想を寄せた学生もいた。

■オリンピックの従軍記者たち

イラク戦争では前線部隊と寝食を共にして行動する従軍取材がメディアに認められた。

実際に取材にあたった毎日新聞の記者は紙面で「記者が自らの命を張って戦場に赴くことは、カメラとペンが締め出された密室状態の戦場でしばしば起こる非人道的な残虐行為を未然に防止するという、重要な意義を持っている」と報告している。

しかし、別の記者によると、中立であるべきジャーナリストがアメリカや英国の兵士たちを親しくなるにつれて彼ら側に不利な報道をしなくなる「ストックホルム症候群」に陥る危険性について、各メディアは神経を使っていたという。

●ストックホルム症候群

ストックホルム症候群は精神医学の用語で、誘拐事件や監禁事件などの犯罪被害者が容疑者と長時間過ごすことで、容疑者に対して過度の同情や好意などを抱くことを指す。

軍隊と行動をともにしながら取材するジャーナリストが、自分の命が軍に依存することから、軍が戦争に勝つことを願い、軍の批判を回避する状態に置かれる場合にも当てはまると指摘されている。

記者生活の大半をスポーツ取材に費やした経験から言うと、オリンピックなどのスポーツ取材にも似たようなところがある。長年、特定の選手、または代表チームを取材することによって情が移り、批判的な視点や歴史的な批判を持ちづらくなってしまう。

オリンピックを取材する記者たちはストックホルム症候群の危険性と背中合わせにいることを常に自覚し、応援報道やメダル報道に陥ることなく、是々非々で記事を書いてほしいとOBとして願っている。

（元毎日新聞論説委員、現 Readin' Writin' BOOKSTORE 店主）

編者あとがき

有元　健

本書の構想は二〇一六年にさかのぼる。スポーツ社会学者だけでなく歴史学者や建築学者、新聞記者までを巻き込んで、スポーツにおける「日本代表」とはどういう現象なのかを歴史的・社会学的な視点から明らかにしようとする、「日本代表研究会」を立ち上げた。その後研究会を重ねながら、「日本代表」が歴史的に生み出されていく過程、アスリートが「代表」として国際大会に出場する経験、ナショナル・スタジアムが建設される背景、メディアコンテンツとしての日本代表の姿、代表とナショナリズム、ジェンダーの結びつき、といったトピックについてそれぞれが発表し、議論してきた。その成果が本書である。本来は研究会の立ち上げから一年以内には出版を目指していたが、編者の力量不足のために丸々四年かかってしまった。

しかしながらその間に、サッカー日本代表の守護神として長年活躍してこられた川口能活氏、そして女子サッカー界のレジェンドであり、現女子日本代表監督の高倉麻子氏にお話を伺うことができた。川口氏との対談は『スポーツ社会学研究』（第26号1巻）で発表され、日本スポーツ社会学会の許可をいただき本書第二章に収録させていただいた。また高倉氏との対談については日本サッカー協会の許可をいただいて本書第三章として収録させていただいた。代表選手として、また代表チームの監督として世界と戦うという経験の深い部分まで語ってくれた両氏にはあらためて感謝したい。またこれらの対談はともに成城大学グローカル研究センターの協力により実現したものであることを感謝をもって記しておきたい。

これまで編者二人はオリンピックやサッカーワールドカップをはじめとしたスポーツイベント、そしてそれらを映し出すメディアに対して数多くの批判的検討を行ってきた。それはともすればスポーツを通じた人々の盛り上がりに水を差し、スポーツ文化そのものを否定的に捉えるものだと受け取られたかもしれない。しかしながら私たちは、ともにスポーツを愛してきた人間として、スポーツが社会の中でいかに価値あるものとして存在しうるのかを示すことを目指してきたのである。社会に溢れる「スポーツとは本質的に良いものだ」という語りは、それを口実として機能する諸々の権力を覆い隠してしまう。歴史が証明しているように、スポーツは社会的に良いものにも悪いものにもなりうるのであって、そうであれば、良い価値を担うスポーツを構築するためにこそ、私たちはスポーツに対する批判的な視点を持たなければならないのだと考えてきた。したがって本書のねらいは、「日本代表」を批判し、否定することではない。序章でも述べたように、本書は「日本代表」という現象をめぐってどのような社会的・文化的・経済的諸力が作動してきたのかを明らかにしようとするものであり、そしてそれを紐解くことを通じて、人々がスポーツに関わるあり方を倫理的に磨き上げていく道筋を示そうとするものなのである。読者の方々が、自身の持つ日本代表への情熱を少しだけ客観視し、そこに含まれている歴史的・社会的な力に気づいていただけることを願っている。そしてそうした要素の中でどの部分がスポーツを、そして社会を、より良いものにし、あるいは逆に、どの部分がそれを非倫理的なものにしうるのかを考えていただければ幸いである。

最後に日本代表研究会の立ち上げから本書の出版の実現まで、我慢強く支えてくださったせりか書房の船橋純一郎氏に感謝します。

執筆者紹介

稲葉　佳奈子（いなば　かなこ）
1973年生まれ。成蹊大学文学部准教授。スポーツ社会学。スポーツをめぐる諸現象からフェミニズムの可能性を掘り起こし、言葉にする方法を模索中。

佐々木　浩雄（ささき　ひろお）
1975年生まれ。龍谷大学文学部准教授。体育史、スポーツ史。近代日本における体育・スポーツの展開と国民統合との関係性について考えている。

白井　宏昌（しらい　ひろまさ）
1971年生まれ。滋賀県立大学環境科学部教授。専門は建築・都市デザイン。2012年ロンドンオリンピックの会場マスタープランに関わり、その後もオリンピック都市に関する歴史的考察も進めています。現在は日本の地方都市における空間資源の活用に関する実践的研究に注力しています。

竹﨑　一真（たけざき　かずま）
1989年生まれ。学習院大学、関東学院大学等非常勤講師。専門はスポーツ社会学、身体とジェンダーに関するカルチュラル・スタディーズ。現在は、戦後日本における身体美文化（ボディビル、八頭身）の出現を舞台とした日本人の主体形成について、ジュディス・バトラーの系譜学的思考の視座から考察する博士論文を執筆中。

山口　理恵子（やまぐち　りえこ）
城西大学経営学部准教授。専攻はスポーツ・ジェンダー論。現在はグローバル・ガバナンスにおけるスポーツのジェンダー平等政策が、新自由主義経済とどのように関連し、どのような格差を新たにもたらしているのかについて研究している。

清水　諭（しみず　さとし）
1960年東京都生まれ。筑波大学体育系教授。身体文化論、スポーツ社会学。身体を拠り所にした民衆の日常的実践について、様々な事象をもとに探求している。

下竹　亮志（しもたけ　りょうじ）
1988年徳島県生まれ。筑波大学体育系特任助教。スポーツ社会学。主な研究業績に『一九六四年東京オリンピックは何を生んだのか』（共著、青弓社）など。日本のスポーツ文化が紡いできた言説や実践について、運動部活動、根性論を対象に研究している。

落合　博（おちあい　ひろし）
1958年生まれ。読売新聞大阪本社、毎日新聞社などを経て、2017年4月、東京メトロ銀座線田原町駅近くでReadin’ Writin’ BOOKSTOREをオープン。東海大学・流通経済大学非常勤講師。勝ち負けの熱狂から離れ、スポーツを通して社会について考えている。著書『こんなことを書いてきた　スポーツメディアの現場から』（創文企画）。

編者紹介

有元　健（ありもと　たけし）
1969年福岡県生まれ。国際基督教大学教養学部上級准教授。専門はカルチュラル・スタディーズ、スポーツ社会学。スポーツとメディア、ナショナリズムの変わりゆく関係を研究中。

山本　敦久（やまもと　あつひさ）
1973年生まれ。成城大学社会イノベーション学部教授。カルチュラル・スタディーズ、スポーツ社会学。主な著書に、『ポスト・スポーツの時代』（岩波書店）、『出来事から学ぶカルチュラル・スタディーズ』（ナカニシヤ出版）など。ビッグデータや先端テクノロジーによって変容するスポーツに関心がある。

日本代表論——スポーツのグローバル化とナショナルな身体

2020年　3月26日　第1刷発行
2020年　10月9日　第2刷発行
編　者　有元健　山本敦久
発行者　船橋純一郎
発行所　株式会社 せりか書房
〒112-0011　東京都文京区千石1-29-12　深沢ビル2階
電話 03-5940-4700　振替 00150-6-143601　http://www.serica.co.jp
印　刷　信毎書籍印刷株式会社
装　幀　工藤強勝＋勝田亜加里

ISBN 978-4-7967-0386-4